国家旅游局旅游业青年专家培养计划（TYETP201345）资助

西安文理学院专门史省级重点学科专项建设经费资助出版

关中文化旅游开发研究

● 崔琰 张曼 著

中国社会科学出版社

图书在版编目(CIP)数据

关中文化旅游开发研究 / 崔琰, 张曼著 . —北京: 中国社会科学
出版社, 2015.6
ISBN 978 - 7 - 5161 - 6281 - 1

Ⅰ. ①关… Ⅱ. ①崔…②张… Ⅲ. ①文化遗产 - 旅游资源开发 -
研究 - 西安市Ⅳ. ①F592.741.1

中国版本图书馆 CIP 数据核字(2015)第 131059 号

出 版 人	赵剑英
责任编辑	宫京蕾
特约编辑	高川生
责任校对	王 斐
责任印制	何 艳

出 版	中国社会科学出版社
社 址	北京鼓楼西大街甲 158 号
邮 编	100720
网 址	http://www.csspw.cn
发 行 部	010 - 84083685
门 市 部	010 - 84029450
经 销	新华书店及其他书店

印刷装订	北京市兴怀印刷厂
版 次	2015 年 6 月第 1 版
印 次	2015 年 6 月第 1 次印刷

开 本	710 × 1000 1/16
印 张	20.25
插 页	2
字 数	299 千字
定 价	78.00 元

目　　录

第一篇　研究背景篇

第二篇　综合分析篇

第一篇

研究背景篇

第一章　绪论

第一节　研究背景和意义

文化是旅游的灵魂，旅游是文化发展的重要途径。从文化层面看，旅游的本质特征是文化，现代旅游业竞争的核心要素就是文化内涵的竞争。文化产业作为新兴产业，作为知识经济时代的主导产业，与旅游、经济等要素相结合，极大地解放和发展了文化生产力，最大限度地实现了文化本身所蕴含的经济价值。从经济层面看，"十二五"期间，作为国民经济支柱性产业的文化产业和作为战略性支柱产业的旅游业，将会有越来越多的融合发展。从生态环境层面看，文化旅游产业相对而言是一种低消耗、高产出的"绿色"产业，有助于推动经济发展方式转变。文化产业本身具有资源消耗低、环境污染小的鲜明特征，是典型的绿色经济、低碳产业。

关中地区不仅是中华民族的发祥地之一，而且它以独特的优越地位，在秦汉迄隋唐时代，发展成中国古代黄河文化的中心。正因为如此，关中文化旅游资源呈现明显的特点，具体表现在文化旅游资源数量多、种类全、分布集中、内涵丰厚、等级高等多个方面。从这些特点可以看到，关中具有发展文化旅游的优越条件和巨大的开发潜力，其可以利用的资源在全国乃至世界都具有很高的知名度，并且具有很大的独特性。因此，发展关中文化旅游不仅重要，而且紧迫。但是，如何有效促进关中文化旅游发展，为关中文化旅游发展寻找适当的路径已经成为一个紧迫的课题。

本研究以文化旅游理论及实践背景为研究基础，从文化与旅游融合的角度、开发的视野，以关中文化旅游开发为实证案例，对关中的文化旅游资源，从历史文化、民俗文化、宗教文化、农业文化等视角分析梳理的基础上，探索文化旅游开发的现状、条件和市场需求等，最后以经典文化旅游景区、景点、区域为个案，探讨关中文化旅游的开发情况。通过对关中文化旅游从理论到现实进行分析，对于我们正确认识关中旅游文化具有重要意义，对于政府实现关中文化旅游开发与发展具有重要现实意义。

第二节　相关研究综述

一　关中旅游研究综述

关中地区有着得天独厚的历史人文旅游资源，旅游业发展迅速，在整个关中地区的经济发展中占有重要地位。关中旅游研究的主要内容有：关中旅游类型、关中旅游资源与开发研究、关中旅游环境质量研究、关中旅游开发模式研究、关中旅游业发展研究5个方面。

（一）关中旅游类型

关中地区旅游类型多样，有很强的旅游吸引力。随着生活水平的提高，人们对休闲活动的需求越来越迫切，城市生活的焦虑感和紧张感使得城市居民寄希望于短时间逃离日常生活环境，于是乡村旅游逐渐兴起，于全涛以陕西关中地区发展乡村旅游较为成功的袁家村作为范本，分析和研究了未来关中地区发展乡村旅游的可行性。[1] 林君飞、李玲从乡村体验旅游的角度，对陕西关中地区乡村体验旅游进行了研究。[2] 张清杉、杨尚英认为关中地区农业发达，陕西旅游产业要做大做强，有必要加大农业旅游资源的开发力度，并且结合关中的实际情况，对关中地区观光农业旅游进行了初步研究。[3] 张景群、马聃对陕

---

① 于全涛：《关中地区乡村旅游探析——以礼泉袁家村为例》，《现代商业》2013年第8期。

② 林君飞、李玲：《陕西关中地区乡村体验旅游开发探讨》，《安徽农业科学》2008年第28期。

③ 张清杉、杨尚英：《关中观光农业开发的初步研究》，《咸阳师范学院学报》2003年第4期。

西省生态旅游资源进行了分析，将陕西省划分为 4 个生态旅游区，即风沙滩地生态旅游区、黄土高原丘陵沟壑生态旅游区、关中平原生态旅游区和秦巴山地生态旅游区，为陕西生态旅游业的发展提供了科学依据。① 赵克礼结合关中地区当前的旅游发展趋势，将关中地区分为以西安为中心的"古代都城建筑遗址"旅游区、以渭河两岸黄土塬地和北部山系为主的"古代帝王陵墓"旅游区、以秦岭山脉北坡为主的"宗教建筑"旅游区三大主要人文景观旅游区域。②

（二）关中旅游资源与开发研究

高校校园旅游作为新兴的产业蓬勃发展，关中书院旅游资源丰富，史平认为关中书院地理位置优越、关学文化博大精深，极具文化旅游价值。在开发上，学院可以同专业的旅游机构合作，规范运作文化旅游，同时一定要根据其特点突出文化内涵，让游客了解书院文化，了解儒家文化的博大精深。③ 刘晓军对富有农耕文明的建筑群体——关中古民居进行了研究，并且对民居文化旅游资源的整合与开发过程中应该遵循的原则进行了简要介绍。④ 马耀峰、李旭等分析了陕西红色资源发展现状以及存在的主要问题，指出关中地区红色旅游资源挖掘不足，红色旅游的潜力没有得到真正的发挥。⑤ 杜忠潮对关中地区帝陵遗产旅游区的区位交通优势、经济基础、市场需求，以及政策倾向等因素进行了评价，分析了关中地区帝陵遗产旅游发展存在的问题，对其保护和开发提出了对策性的建议。⑥ 王建力、郭可雷采用文献资料、实地调研、逻辑分析等方法，对关中体育旅游资源的必要性与可行性进行了分析，并且对关中地区体育旅游资源的开发途径

① 张景群、马聘：《陕西生态旅游分区格局研究》，《生态经济》2005 年第 6 期。
② 赵克礼：《关中地区历史人文旅游资源的区域特征与综合开发》，《陕西师范大学学报》（哲学社会科学版）2002 年第 3 期。
③ 史平：《关中书院旅游资源开发浅析》，《文学理论》2013 年第 20 期。
④ 刘晓军：《关中民居文化旅游资源的整合与开发》，《中国商贸》2011 年第 26 期。
⑤ 马耀峰、李旭等：《陕西红色旅游发展战略研究》，《西北大学学报》（哲学社会科学版）2005 年第 4 期。
⑥ 杜忠潮：《陕西关中地区帝陵遗产资源保护与旅游资源开发研究》，《咸阳师范学院学报》2011 年第 6 期。

与方法进行了分析和探索。① 杜忠潮、李磊等采用层次分析法对关中地区县域乡村旅游资源综合性定量评价做了初步探讨，分析结果表明长安区的乡村旅游资源吸引力与可进入性较强，其乡村性较差；淳化县的乡村旅游资源吸引力与乡村性较强，可进入性较弱；杨凌区可进入性和设施完善性较强，但是缺少有吸引力的乡村旅游资源；岐山县的乡村性最强，其乡村旅游资源吸引力及设施较差。②

（三）关中旅游环境质量研究

杜忠潮、文琦等人认为，社会经济的发展及人们生活水平的日益提高，人们对旅游环境质量的要求也就越来越高，他们通过对关中西安、宝鸡、咸阳3个城市的实证研究指出，关中地区都市旅游环境现状整体处于中等偏上水平，3个城市共存的主要问题是在旅游资源互补性、气候舒适度、安全保障设施、服务效率和游客容量合理性诸方面还有待提高和改进；加之近年来旅游流过度膨胀，导致旅游环境质量明显恶化，旅游环境治理滞后。③ 杜忠潮还对陕西旅游开发对环境的影响进行了研究，指出陕西旅游开发对风景区的生态环境产生了很大的负面影响，主要对自然保护区的侵扰、对水源的污染、对文物古迹的损毁、对地史记录的破坏等。④

（四）关中旅游开发模式研究

李胜利、顾韬以陕西省关中地区为研究案例，根据民俗旅游资源的存在形态和表现形式，将关中地区民俗旅游资源分为物质民俗、社会民俗、精神民俗3种类型，并且将关中民俗旅游资源开发模式总结

---

① 王建力、郭可雷：《关中地区体育旅游资源的开发探析》，《中国商贸》2012年第12期。

② 杜忠潮、李磊等：《陕西关中地区乡村旅游资源综合性定量评价研究》，《西北农林科技大学学报》（社会科学版）2009年第2期。

③ 杜忠潮、文琦等：《关中地区都市旅游环境质量综合评价研究》，《干旱区资源与环境》2007年第9期。

④ 杜忠潮：《陕西旅游开发对环境的影响及旅游环境保护》，《西北农林科技大学学报》（社会科学版）2003年第1期。

为产品开发模式、区域开发模式两个大类。① 王小磊对杨凌区的旅游资源进行了分析,将杨凌区现有的旅游发展模式分为 5 种,即休闲度假旅游发展模式、文化旅游发展模式、观光旅游发展模式、会展旅游发展模式和生态旅游发展模式,并且基于 AHP 法对杨凌区旅游业总体发展模式进行了分析。② 张建忠对陕西关中的帝陵价值进行了研究,提出了黄帝陵以中华寻根—祭祖符号导向模式,构建遗产旅游利用范式,打造人文初祖,构建祖陵圣地旅游;秦始皇陵以大秦帝国—遗址公园符号导向为模式,坚持遗址公园旅游利用模式;乾陵以园林公园导向模式为方向,走大唐盛世—帝陵园林模式旅游。③

(五) 关中旅游业发展研究

金锐认为,关中—天水经济区旅游转型是促进地区经济增长、提高产业集聚度、提升区域整体形象的客观需求,经济区旅游业转型升级要通过旅游规划、产业集群、信息化建设、文化形象塑造、产品设计以及综合效益等方面的转型升级来完成。④ 宋咏梅对陕西省旅游产业发展潜力进行了综合评价,对陕西旅游业发展的优势与劣势进行了分析,提出了陕西省旅游产业发展的潜力提升和显化策略。⑤ 刘宏岐、张高举等对关中佛教圣地法门寺佛教文化旅游区进行了分析,对近期旅游业现状进行了总结,对景区未来旅游业的发展提出了对策。⑥ 张敏娜对陕西旅游业可持续发展的背景与现状进行了分析,建立了陕西

---

① 李胜利、顾韬:《基于游客体验的民俗旅游资源开发模式研究——以陕西关中地区为例》,《干旱区资源与环境》2009 年第 11 期。

② 王小磊::《杨凌旅游业发展模式研究》,硕士学位论文,西北农林科技大学,2008 年,第 21 页。

③ 张建忠:《中国帝陵文化价值挖掘及旅游利用模式——以关中杨凌为例》,博士学位论文,陕西师范大学,2013 年,第 35 页。

④ 金锐:《关中—天水经济区旅游业转型升级的路径研究》,《沿海企业与科技》2012 年第 12 期。

⑤ 宋咏梅:《区域旅游产业发展潜力测评及显化机制研究:以陕西为例》,硕士学位论文,陕西师范大学,2013 年,第 15 页。

⑥ 刘宏岐、张高举等:《法门寺佛教文化旅游区旅游业发展浅析》,《宝鸡社会科学》2004 年第 1 期。

省可持续发展评价指标体系，分析了旅游业可持续发展的限制因素，提出了具体的发展策略。①

二 旅游文化研究综述

（一）国外旅游文化研究综述

旅游文化是一种重要的资源，是旅游地可持续发展的源泉。国外学者对旅游文化的研究较早，有较高的重视。研究涉及文化学、社会学、人类学等多个学科，研究方法多样，研究内容主要涉及旅游文化概念研究、旅游文化影响研究等方面。

1. 旅游文化概念研究。

1942 年，瑞士教授汉泽克尔（Hunziker）和克雷夫（Kurt Krapf）在发表的《旅游总论概要》中提出："旅游现象是多方位、多层面结构的，需要通过多学科的研究；旅游现象不具有经济性质，其更接近于社会学的范围。"他们的思想可以看成旅游文化的萌芽。1977 年美国人罗伯特·麦金托什（Robert W. McIntosh）提出了"旅游文化"（the culture of tourism）的概念："实际上概括了旅游的各个方面，人们可以借助它来了解彼此之间的生活和思想"，它是"在吸引和接待游客与来访者的过程中，游客、旅游设施、东道国政府和接待团体的相互影响所产生的现象与关系的综合"。② 这是在国外学术领域真正对旅游文化较早的研究。在近期研究中，可雷克（Craik, 1997）的提法比较有代表性，她认为旅游文化是"最大限度地获取旅游文化的产品价值，重新确定游客的经历和经验，确定旅游的文化影响，适应旅游产业的文化变化"。③

2. 旅游文化的影响研究。

国外旅游文化影响是学者们研究的热点，其中居民的态度和居民

① 张敏娜：《陕西省旅游业可持续发展评价指标体系的构建及应用》，硕士学位论文，陕西师范大学，2007 年，第 8 页。

② Charles R. Goeldner, J. R. Brent Ritchie, Robert W. Mcintosh, *Tourism Principles Practices Philosophies* (*8th Edition*), Canada: John Wiley & Sons Ltd., 1999, pp. 448 – 452.

③ Craik J., The Cutlule of Tourism, In Rojek, C. Urry, J. *Touring Cultures: Transformtions of Traveland Theory*, London: Routledge, 1997, p. 113.

感知是一个普遍的热点内容。道克西（Doxey）在 1975 年提出，根据居民的态度，以及目的地文化的影响，可以将旅游分为陶醉阶段、冷漠阶段、恼怒阶段、对抗阶段和后续阶段 5 个阶段。① 20 世纪 60 年代开始，西方社会对旅游文化影响的研究方法和理论的探索开始加大。沃尔（Walle，1996）讨论了有关思想形态与文化旅游的问题，认为文化旅游者对他们游览方式的理解影响自身的旅游体验。伍德（Wood，2000）对加勒比海游轮旅游发展进行了研究，在此基础上提出雇员的种族主义会导致全球化过程中新的人文景观格局，并且会对旅游地的经济发展和社会文化发展产生影响。② 普雷斯顿·怀特（Preston Whyte）在 2001 年从社会、文化、政治等方面对南非加德班海滨旅游地的空间社会认同、空间竞争和空间变迁进行了研究，得出社会文化认同引起了海滨旅游地空间社会的分割。③

此外，国外旅游文化由最初的单一学科的纵向研究发展为跨学科的研究，跨学科交叉研究方法对其有着重要的影响。如史蒂芬·克利夫特、迈克尔·卢翁戈（Stephen Clift and Michael Luongo，2004）采用调查问卷的方法对旅游文化主体的性别、职业做了调查研究。④

（二）国内旅游文化研究综述

随着中国旅游业的大发展，学术界对旅游文化的研究已经成为了中国旅游研究的一个活跃领域。中国对于旅游文化的研究主要涉及旅游文化的概念界定、旅游文化的开发研究、旅游文化建设、旅游文化的特征研究 4 个方面。

---

① Doxey G. A., Causation Theory of Visitor Resident Irritants, Methodology and Research Inference, Proceedings of the Sixth Annual Conference on Travel and Research Association, San Diego: C. A., 1975: 195 – 198.

② Wood R. E., "Caribbean Cruise Tourism – globalization at Sea", *Annals of Tourism Research*, 2000, 27 (2).

③ Preston – Whyte R. A., "Constructed Leisure Space: the Seaside at Durban", *Annals of Tourism Research*, 2001, 28 (3).

④ Stephen Clift and Michael Luongo, "Gay Tourism: Culture, Identityand Sex", *Annals of Tourism Research*, 2004 (2): 481 – 483.

1. 旅游文化概念的界定。

中国最早探讨旅游与文化关系的是 1984 年出版的《中国大百科全书·人文地理学》。书中从文学艺术的角度对文化进行了阐释："旅游与文化有着不可分割的关系。而旅游本身就是一种大规模的文化交流，从原始文化到现代文化都可以成为吸引游客的因素。游客不仅吸取游览地的文化，同时也把所在国的文化带到了游览地，使地区间的文化差别日益缩小。"① 魏小安认为，旅游文化是通过旅游这一特殊的生活方式，满足旅游者求新、求知、求乐、求美的欲望，由此形成了综合性现代文化现象。② 马波认为，旅游文化是旅游者和旅游经营者在旅游消费或旅游经营服务过程中所反映和创造出来的观念形态及其外在变化的综合，是游客的社会文化和旅游接待地的社会文化通过旅游者这个特殊媒介相互碰撞作用的结果。③ 沈祖祥给旅游文化下的定义是，旅游文化是一种文明所形成的生活方式系统，是旅游者这一旅游主体借助旅游媒介等外部条件，通过旅游客体的能动活动，碰撞产生的各种旅游文化现象的总和。④ 章海荣认为，旅游文化是奠基于人类追求人性自由、完善人格而要求拓展和转换生活空间的内在冲动，其实质是文化交流与对话的一种方式，它是世界各区域民族文化创造基础上的后现代化、全球化趋势中的大众的、民间的休闲消费文化。⑤

2. 旅游文化的开发研究。

旅游文化的开发强调旅游文化的具体应用，以及多城市旅游建设的作用。徐小波在对南京、镇江和扬州旅游文化圈研究的基础上，对

---

① 李文明：《庐山旅游文化深度开发研究》，硕士学位论文，中南林学院，2004 年，第 6 页。

② 魏小安：《旅游文化和文化交流》，《旅游论丛》1987 年第 2 期。

③ 马波：《现代旅游文化学》，青岛出版社 1998 年版，第 371 页。

④ 沈祖祥：《旅游文化概论》，福建人民出版社 1999 年版，第 16 页。

⑤ 章海荣：《旅游文化学》，复旦大学出版社 2004 年版，第 17 页。

旅游城市连绵区的文化资源整合进行了研究。① 卢长怀对中国乡村旅游文化资源进行了分析,对其开发保护的对策进行了相关探讨。② 盛红提出滨海旅游度假区吸引力的关键是滨海度假文化所具有的度假性、外向性以及崇商性等特征,并且从旅游文化角度提出了滨海度假文化的开发意义和开发原则。③ 牟红、姜蕊提出了旅游景区文脉、史脉和地脉的文化分析与文化创新方法。④

3. 旅游文化建设。

文化已经成为了整个旅游业的灵魂和支柱,因此加强对旅游文化的建设,对促进中国旅游业的可持续发展具有重要的意义。⑤ 2004 年邹本涛在《旅游文化建设论纲》一文中,提出了中国旅游文化建设应该遵循的 3 个基本原则,即以商品经济为基础,大众化、民族化和借鉴、继承与创新相结合的原则。⑥ 夏建国在总结了西方发达国家旅游文化建设经验的基础上,得到了对中国旅游文化建设有益的启示。⑦ 此外,还有部分学者对中国城市旅游文化建设也进行了有益的探讨。郑昌盛分析了连云港市加强旅游文化建设的必要性、基础条件、旅游文化资源开发现状及存在的主要问题,提出了进一步加强连云港市旅游文化建设基本思路。⑧ 李建军、陈清等讨论了信息化时代广州的旅游文化建设,认为广州的旅游文化建设应该探索出一种旅游业与信息社会整体发展的全面互动的发展模式。⑨

---

① 徐小波:《纵横聚焦:旅游城市连绵区文化资源整合的必然趋势——以宁镇扬旅游文化圈为例》,《旅游学刊》2007 年第 11 期。

② 卢长怀:《我国农村旅游文化资源的开发与保护》,《北方经贸》2006 年第 12 期。

③ 刘住:《旅游学学科体系框架与前沿领域》,中国旅游出版社 2008 年版,第 78 页。

④ 牟红、姜蕊:《旅游景区文脉、史脉和地脉的分析与文化创新》,《重庆工学院学报》2005 年第 2 期。

⑤ 高科:《近十年国内旅游文化研究综述》,《乐山师范学院学报》2001 年第 1 期。

⑥ 邹本涛:《旅游文化建设论纲》,《渤海大学学报》2004 年第 2 期。

⑦ 夏建国:《西方旅游文化建设及其对我国旅游业的启示》,《广州大学学报》2005 年第 6 期。

⑧ 郑昌盛:《连云港市旅游文化建设探讨》,《连云港师范高等专科学校学报》2007 年第 4 期。

⑨ 李建军:《信息社会的广州旅游文化建设》,《广州大学学报》2001 年第 3 期。

4. 旅游文化的特征研究。

旅游文化是相对独立于社会文化的一种文化形态，它既有一般文化的特征，又有自身鲜明的特征。旅游文化具有传承性、创造性、服务性和大众性，还有学者认为旅游文化具有移传性。① 旅游文化是一种动态的文化系统，旅游者在旅游活动中需要跨越多个文化空间和社会环境，借助大量的旅游服务，完成跨文化的交流。同时从不同的角度看，旅游文化还具有时代性、地域性、世界性、神秘性、艺术性和教育性 6 个特征。② 时代性：不同的人文资源代表了不同时代的政治、经济和物质文化水平。地域性：旅游资源具有不可移动性，区域独特的地理环境和人文环境是景观赖以产生和发展的物质基础和精神基础。世界性：当代世界性的文化交流，经过文化冲突和文化交融实现文化的世界性。神秘性：人文景观中的某些部分渗透着神秘的文化成分，如宗教文化等神秘的东方文化遗产，同时也是一种永恒的旅游吸引因素。艺术性：附着于自然或人为物质景观上的艺术作品，人为艺术创造，如书法艺术、建筑艺术等超越时空的限制，拥有持久生命力，而且对特定目标市场具有极强的吸引力。教育性：政治、经济、文化等领域的历史遗迹，有着其特定的教育价值，可以满足旅游者的求知、考察、研究等旅游动机。

三　文化旅游研究综述

随着旅游深层次的发展需要，文化旅游逐渐成为了旅游可持续发展的重要形式。文化旅游实践始于 20 世纪 80 年代左右，但是对于文化旅游的研究始于 20 世纪 90 年代，进入 21 世纪以来，研究成果也在不断地增多。但是，从研究现状来看，国内外对文化旅游的研究还存在一定的差异。

（一）国外文化旅游研究综述

国外文化旅游研究开始较早，其中涉及的学科较多，包括人类

---

① 李淘：《论旅游者与旅游资源的双向吸引模式》，《经济地理》1993 年第 1 期。

② Charles R. Goeldner, J. R. Brent Ritchie, Robert W. Mcintosh, *Tourism Principles Practices Philosophies*（*8th Edition*），Canada：John Wiley & Sons Ltd.，1999，pp. 448 – 452.

学、传播学、心理学、社会学、地理学、行为学、城市学、经济学、营销学等学科。研究内容比较广泛，主要有：文化旅游概念研究、文化旅游环境与保护研究、文化旅游者及其市场研究、文化旅游资源开发与管理研究、文化旅游地研究、文化旅游理论与方法研究 6 个方面的相关内容。

1. 文化旅游概念研究。

文化旅游被作为专业名词最早提出是在 1977 年美国出版的《旅游学：要素·实践·基本原理》一书中，书中用文化旅游作为一章的标题，并且指出"文化实际上概括了旅游的各个方面，人们可以借助它来了解彼此之间的生活和思想"。1985 年世界旅游组织将文化旅游定义为，文化旅游就是"人们想了解彼此的思想和生活所发生的旅行"，具体来说，就是以某些具体的表达方式或载体为桥梁，提供机会让游客鉴赏、体验和感受旅游地地方文化的深厚内涵，使游客的体验活动获得更丰富的内容和意义。[①] 莱辛格（Reisinger，1994）认为，文化旅游多指那些对体验文化有特殊兴趣爱好的游客发生的旅游行为，文化旅游不仅包括一般的历史文化旅游，还包括了各地的文学、艺术和风俗习惯等，比如目的地民族宗教活动、具有地方特色的风味小吃、地方的音乐舞蹈和戏剧等都在文化旅游的范围之内。[②]

2. 文化旅游环境与保护研究。

文化旅游的环境问题是文化旅游研究的重要领域，文化旅游资源的脆弱性使得近年来文化旅游环境及可持续发展问题越来越受到关注。塔尔夫（Tufts，1999）[③]以加拿大蒙特利尔为例，说明了有着教育和文化功能的博物馆在城市经济发展和旅游发展中发挥着越来越重要的作用，但是博物馆面临着财政来源、新技术、劳动实践

① Thorburn A. Marketing Cultural Heritage, "Does It Work Within Europe", *Travel and Tourism*, *Analyst*, 1996, 11 (6): 39 –48.

② Reisinger Y., "Tourist – Host contact As Part of Cultural Tourism", *World Leisure and Recreation*, 1994, (2): 24 –28.

③ Steven Tufts, Simon Milne, Museums, "A supply – Side Perspective", *Annals of Tourism Research*, 1999, 26 (3): 613 –631.

和网络发展条件等的制约，因此，现代博物馆的重建，一方面要考虑公众传统的需求，另一方面要迎合旅游者对多样化旅游产品的需求。鲁索（Russo，2002）[1]讨论了城市遗产地旅游发展的"恶性循环"问题，并且认为旅游开发带来的负面影响，不仅会损害旅游地旅游业的长期发展，同时也不利于文化遗产的保护，在遗产地生命周期的最后阶段，应该以提高产品质量、增加目的地可达性来缓解这种局面。

3. 文化旅游者及其市场研究。

科恩（Cohen，1979）对文化旅游者的动机进行了研究，即旅游者希望离开日常生活去体验不同的文化，获得审美享受。[2]西尔布伯格（Silberg，1995）[3]讨论了博物馆和遗产地文化旅游及商机问题，认为文化旅游能够给博物馆和遗产地带来重要的经济利益，但是博物馆和遗产地文化旅游的发展需要从吸引力、社区合作和市场营销等方面加强保障，同时需要对经营者进行遗产保护和相关教育。威伯克（Verbeke，1996）[4]研究了城市博物馆旅游市场，并且通过梯度法对问卷数据进行分析，总结出了游客动机和市场行为模式。莫斯卡丹（Moscardo，1999）[5]研究了宗教旅游者问题。加特（Charters，2002）[6]对酒文化旅游者进行了研究，并且对酒文化旅游者的行为和特征进行了探讨，提出了一个基于游览目的、基本动机

① Antonio Paolo Russo, "The 'vicious circle' of tourism development in heritage cities", *Annals of Tourism Research*, 2002, 29 (1): 165-182.

② Cohen E. A., "Phenomenology of Tourist Experiences", *Journal of the British Sociological Association*, 1979, 16 (5): 361-365.

③ Ted Silberberg, "Cultural tourism and business opportunities for museums and heritage sites", *Tourism Management*, 1995, 16 (5): 361-365.

④ Myriam Jansen-Verbeke, Johan van Rekom, "Scanning museum visitors urban tourism marketing", *Annals of Tourism Research*, 1996, 23 (2): 364-375.

⑤ Gianna Moscardo, Philip L. Pearce, "Understanding ethnic tourists", *Annals of Tourism Research*, 1999, 26 (2): 416-434.

⑥ Steve Charters, Jane Ail-Knight, "Who is wine tourist", *Tourism Management*, 2002 (23): 311-319.

与旅游行为的三维分析模式。

4. 文化旅游资源开发与管理研究。

赫伯特（Herbert，1996）[1] 以法国 3 个小镇为例说明了名人遗址遗迹旅游地对有辨别能力的游客具有较强的吸引力，这些游客不仅包括大众游客，还包括专项游客，游客对这类旅游地的感知和期望是旅游地发展的重要促进因子。贝斯克尼迪（Besculides，2002）[2] 使用利益引导法对有着西班牙人和非西班牙人居住的美国卡罗拉多州居民文化旅游感知进行了调查。理查德（1996）对欧洲文化产品与消费进行了研究，指出遗产文化供给对需求有较大的影响，遗产旅游产品的生产局限性较大，因此很难增加旅游产品的供给。维格尔（Wager，1995）[3] 以有着众多历史遗迹的吴哥为例，提出了对遗产地保护和管理要实行分区制和法律保障途径。

5. 文化旅游地研究。

泰德（Ted，1997）希望保持遗产地原有风貌和相对封闭的生活空间。[4] 蒂莫（Timothy，1997）研究了文化旅游地购物市场的情况，结果表明非法经营者的行为影响到游客和当地居民关系以及游客的旅游体验。[5] 麦基谢尔（Mckercher，2004）认为香港大众文化旅游产品中产品、体验、市场营销这 3 个属性对文化旅游地发展至关重要。[6]

---

① D. T. Herbert, "Artistic and literary places in France as tourist attract ions", Tourism Management, 1996, 17 (2): 77 - 85.

② Antonia Besculides, Martha E. Lee and Peter J. McCormick, "Residents perceptions of the cultural benefits of tourism", Annals of Tourism Research, 2002, 29 (2): 303 - 319.

③ Jonathan Wager, "Developing a strategy for the Angkor world heritagesite", Tourism anagement, 1995, 16 (7): 515 - 523.

④ Peggy Ted, Brenda S. A. Yeoh, "Remaking local heritage for tourism", Annals of Tourism Research, 1997, 24 (1): 192 - 213.

⑤ Dallen J. Timothy, Geoffre Wall, "Selling to tourists Indonesian street vendors", Annals of Tourism Research, 1997, 24 (2): 322 - 340.

⑥ Bob McKercher, Pamela S. Y. Ho, Hilary duCros, "Attributes of popular cultural attract ions in Hong Kong", Annals of Tourism Research, 2004, 31 (2): 393 - 407.

6. 文化旅游理论与方法研究。

奥迪穆（Ondimu，2002）①对古斯当地居民进行了随机问卷调查和访谈，论述了社区文化遗产及其重要性，运用 SPSS 因子分析法对结果进行处理，提出了旅游发展模式，并且采用旅游中心和外围中心概念进行了解释。米迪尔（Median，2003）② 从人类学角度论述了有着玛雅文化遗存的伯利兹城文化旅游发展过程中文化商品化对传统旅游者旅游经历的影响，指出在其发展中，文化商品化是一把双刃剑。卡鲁（Cano，2004）③ 以墨西哥乡村社区的亡灵节为例，说明不同级别的政府组织作为文化旅游的规划者和市场行为及实践的仲裁者，如何协调文化旅游与社区居民的关系，研究结果表明，尽管政府对社区居民反对发展文化旅游的态度有所重视，但是政府为了社区经济发展，仍然提倡发展文化旅游。

（二）中国文化旅游研究综述

中国关于文化旅游的研究处于初级阶段，研究主要集中在文化旅游内涵研究、文化旅游资源及开发研究、区域文化旅游发展研究、文化旅游产品研究4个方面。

1. 文化旅游内涵研究。

中国文化旅游首次被提到是在魏小安《旅游发展与管理》一书中，书中指出，对于旅游者而言，旅游活动是经济性很强的文化活动，对于旅游经营者而言，旅游业是文化性很强的经济事业，同时中国的文化旅游活动具体体现在制度文化、传统文化、民族文化、民间文化4个方面。④ 马波在《现代文化旅游学》中首先明确指出旅游文

---

① Kennedy I. Ondimu, "Cultural tourism in Kenya", *Annals of Tourism Research*, 2002, 29 (4): 1036 - 1047.

② Laurie Kroshus Medina, "Commoditizing culture tourism and Maya identity", *Annals of Tourism Research*, 2003, 30 (2): 353 - 368.

③ Lucero Morales Cano Avis Mysyk, "Cultural tourism, the state, and day of the dead", *Annals of Tourism Research*, 2004, 31 (4): 879 - 898.

④ 魏小安：《旅游发展与管理》，旅游教育出版社1996年版，第41页。

化与文化旅游是两个不同的概念，同时指出文化旅游是旅游的一种类型。① 郭丽华认为，文化旅游不是独立具体的旅游产品，而是一种观念意识，是一种突出吸引物质文化气息的创意，消费者消费这种带文化色彩的旅游产品的过程即是文化旅游。② 蒙吉军认为，文化旅游产品是提供者为消费者提供的以学习、研究、考察旅游目的地文化的一方面或诸方面为主要目的的旅游产品，如历史文化旅游、文学旅游、民俗文化旅游等。③ 张国洪指出，文化旅游是人们对异地异质文化的求知和憧憬所引发，离开自己生活环境，观察、感觉、体验异地或异质文化，满足文化介入或参与需求冲动的过程。④ 中国对文化旅游的内涵研究认为是文化旅游时一种类型或一种旅游产品，文化旅游是一种思维方式，是感受异质文化的过程。

2. 文化旅游资源及开发研究。

孙文昌等人对祭祖旅游进行了分析，认为祭祖旅游是专项旅游产品，是一种文化旅游活动而不是宗教活动，最后他对鲁南祭祖文化资源进行了具体的分析。⑤ 郭颖对民族文化旅游进行了分析，认为少数民族文化旅游是中国旅游产品的重要组成部分，并且从人类学角度探讨了泸沽湖地区文化旅游资源的保护方式和开发模式。⑥ 王亚力在挖掘长城文化内涵、诠释凤凰三大文化景区之间成因联系的基础上，提出了以长城文化为旅游主题，以南方长城和民族文化分合的景观整合为线索，打造万里长城文化旅游精品的思路和措施。⑦ 余青、吴必虎分析了民族文化旅游开发中存在的问题，提出民族文化旅游开发和保

---

① 马波：《现代文化旅游》，青岛大学出版社 1998 年版，第 31 页。

② 郭丽华：《略论"文化旅游"》，《北京第二外国语学院学报》1999 年第 4 期。

③ 蒙吉军、崔凤军：《北京市文化旅游开发研究》，《北京联合大学学报》2001 年第 1 期。

④ 张国洪：《中国文化旅游——理论、战略、实践》，南开大学出版社 2001 年版，第 15—16 页。

⑤ 孙文昌、李培祥：《鲁南地区祭祖旅游的开发》，《旅游学刊》1997 年第 3 期。

⑥ 郭颖：《试论少数民族地区文化旅游资源的保护与开发——以泸沽湖地区为例》，《旅游学刊》2001 年第 3 期。

⑦ 王亚力：《南方长城与"长城文化之旅"的开发》，《旅游学刊》2003 年第 3 期。

护措施，最终认为生态博物馆是民族文化旅游开发的一种持续旅游发展模式。① 杨丽霞等从 7 个方面对中国文化遗产的保护和利用进行回顾和研究分析，提出中国文化遗产保护利用在理论技术方面和口述非物质文化遗产研究方面存在不足。②

3. 区域文化旅游发展研究。

区域文化旅游发展研究，对促进区域旅游业整体发展具有重要意义。徐菊凤在对北京文化旅游产品发展现状的分析基础上，指出了其发展文化旅游的难点，以及优势与劣势，并且提出了北京文化旅游发展的 6 项战略。③ 谢红吉分析了福州市文化旅游的资源概况和文化旅游发展中存在的问题，提出了福州市文化旅游产品和市场的开发策略，以及相应的对策和措施。④ 王好在分析和评价绍兴文化旅游资源的基础上，给出了绍兴文化旅游形象，并且探讨了绍兴文化旅游发展的基本思路。⑤ 秦学分析了宁波发展文化旅游的条件和优势，评价了其文化旅游的开发潜力。⑥ 刘晓霞对陕西文化旅游资源的潜力和优势及开发中存在的问题进行了分析，在此基础上以现有的文化资源类型为依据，提出了文化旅游资源开发的构想，探讨了具体的文化旅游开发的措施。⑦ 余雷分析了荆州市文化旅游产业开发现状和存在的主要问题、空间布局，在此基础上提出了荆州市文化旅游产业发展的对策建议。⑧

---

① 余青、吴必虎：《生态博物馆：一种民族文化持续旅游发展模式》，《人文地理》2001 年第 6 期。

② 杨丽霞、喻学才：《中国文化遗产保护利用研究综述》，《旅游学刊》2004 年第 4 期。

③ 徐菊凤：《北京文化旅游：现状·难点·战略》，《人文地理》2003 年第 5 期。

④ 谢吉红：《福州市文化旅游开发初探》，硕士学位论文，福州师范大学，2004 年，第 15 页。

⑤ 王好：《绍兴旅游建设中的文化资源开发》，《华东经济管理》2004 年第 6 期。

⑥ 秦学：《宁波发展文化旅游对策研究》，《宁波大学学报》2004 年第 1 期。

⑦ 刘晓霞：《陕西文化旅游资源开发研究》，《人文地理》2004 年第 5 期。

⑧ 余雷：《荆州文化遗产与文化旅游》，硕士学位论文，华中师范大学，2011 年，第 32 页。

4. 文化旅游产品研究。

袁成对文化旅游的特征及市场定位进行了探讨，提出了一系列有效开发文化旅游产品的措施，同时依据消费者的需求对文化旅游产品进行了分类。[①] 陶犁在民族文化旅游产品开发研究中，阐释了民族文化旅游产品类型与开发模式。[②] 皮平凡提出了体验经济时代的新型旅游消费，在体验经济时代，旅游业要坚持创新，采用先进的科学技术，增加旅游产品的互动性、参与性，开发体验式旅游产品，满足体验经济时代游客旅游的需求。

综上所述，近年来学者们对于中国文化旅游研究的广度和深度都有了很大的发展，同时国内外的研究侧重点有所区别。国外文化旅游的研究主要集中在遗产旅游、文化旅游消费、居民参与方式、政府职能的发挥等方面。中国学者对文化旅游的研究侧重于文化旅游资源及开发、区域旅游发展等理论研究，关心文化旅游资源的可持续发展。

---

① 袁成：《论文化旅游产品的开发对策》，《经济师》2004 年第 5 期。
② 陶犁：《民族文化旅游产品开发探析》，《思想战线》2002 年第 4 期。

第二章 文化旅游开发的相关理论与实践

第一节 相关概念分析

一 文化

文化是一个非常广泛的概念,具有多样性和复杂性,是社会科学中最容易理解又最难理解的一个概念。每一种文化都有它外在的表现形式,很多学者试图从不同的学科对文化的概念进行界定,然而至今都没有得到一个令人满意、公认的定义,同时也很难给出一个准确清晰的分类标准。

从词源角度来理解文化一词,中西方语境下有不同的解释。在中国古代,文化一词指的是"以文教化",即所谓的"文治武功",这样理解的前提是"人",这样才有文化的存在,其中文是基础和工具,包括语言和文字,而教化才是文化一词的真正重心,是人群精神活动和物质活动产生、传承、传递及得到认同过程和手段的共同规范。从西方词源角度理解,文化一词在英语中用"culture"来表达,源自拉丁文"cob",有耕耘的意思,而且还指照料土地、饲养动物等,与中国传统文化中"人文教化"的意义相去甚远。

文化本不属人类所独有,我们应该以更加开放和宽容的心态解读文化。文化有广义和狭义之分。从广义上讲,文化指的是人类在社会历史发展过程中所创造的物质财富和精神财富的总和。因此,文化是一种历史现象,是历史发展的体现。广义的文化着眼于人类存在于自然界的独特生存方式,其涵盖面非常广泛,所以又被称为大文化。按照这种广义的定义,整个世界可以分成两大块:文化和自然。凡是有人创造的均归于文化范畴；凡是没有人参与其中的均归于自然。①

从狭义角度理解，文化特指意识形态所创造的精神财富，包括宗教信仰、风俗习惯、道德情操、学术思想、文学艺术、科学技术、各种制度等。这种对于文化的理解专注于精神创造，排除了人类社会历史生活中关于物质创造及其结果的部分，主要包括的是心态文化，又称为小文化。这种狭义的理解也可以解释为社会的意识形态，以及与之相应的制度和组织机构。

文化是人类智慧和劳动的创造，其存在和发展与人和人类社会的存在和发展紧密相连。作为人类认识和实践活动的产物，文化的本质是一种精神存在和产品，它既体现在人们的精神活动和行为活动中，也体现在人们创造的各种物质产品和精神活动中，多样的文化造就了丰富多彩的文明。

二　旅游

从旅游研究的专业角度来讲，如何去界定旅游，是一个不容易回答的问题。"旅游"一词在中国最早出现在南朝梁诗人沈约的《悲哉行》一诗中，"旅游每年春，年春媚游人。"对于旅游的界定，国际上普遍接受的是"艾斯特（AIEST）"定义：旅游指的是"非定居者的旅行和逗留所引起的各种现象和关系的总和。这些旅行和逗留活动的开展不会导致长期定居，并且无涉于任何赚钱活动"。② 也有学者认为，旅游是人们处于移动和就业任职以外的其他原因离开自己的长住地，前往异国他乡的旅行和逗留活动所引起的各种现象和关系的总和。③ 谢彦君教授将旅游定义为，旅游是个人前往异地寻求审美和愉悦为主要目的而度过的一种具有社会、休闲和消费属性的短暂经历。旅游的根本目的在于寻求审美和愉悦体验，是一种经历和一种活动，

---

① 蔡红生：《文化概念的考证与辨析》，《新疆师范大学学报》（哲学社会科学版），2009 年第 4 期。

② 施海涛：《对文化概念及人类学研究范畴的思考》，《云南农业大学学报》2009 年第 3 期。

③ 李天元：《旅游学》，高等教育出版社 2006 年版，第 33 页。

具有社会性、休闲性和消费性。①

三　旅游文化

任何一种新的文化形态的产生、发展和完善，都是社会生产力和社会文化发展到相当水平的结果。随着旅游业在经济领域中地位的不断提高，它对社会文化发展的需求和依赖也越发明显。旅游行为的综合性、时间空间的延展性、景观形态的趣味性、旅游内容的丰富性，以及满足游客文化需求多样化的客观存在性，促使旅游业必须具有适合自身发展需要的文化形态，这就是旅游文化。旅游文化作为旅游和文化的分支，既有旅游的综合性，又有文化的延续性，它是与旅游紧密相连，并且对旅游者的旅游产生影响的各种文化现象，是旅游与文化的一种深层次结合，是旅游活动发展到一定阶段，以旅游活动为核心形成的一种全新的文化形态，是旅游业的灵魂。

旅游文化作为一种特定的文化形态，是人类过去和现在所创造的与旅游有关的物质财富和精神财富的综合，旅游文化的实质是文化交流与对话的一种形式。旅游文化以一般文化的内在价值因素为依据，以旅游诸要素为依托，作用于旅游全过程，以旅游学、旅游经济学、旅游心理学等学科为理论基础，涉及文学、哲学、民俗学等多个学科，体现在旅游者的旅游娱乐、旅游食宿、旅游服务等旅游形态中，渗透在与旅游有关的吃、住、行、游、购、娱等要素和相关的服务中。

旅游文化是一般文化在旅游活动中的特殊表现，对于旅游者而言，旅游文化涉及旅游者整个旅游的全过程，是一种和谐的文化、一种追求新奇和享乐审美的文化。它既包括旅游者的文化品格、文化需求以及对旅游地的文化感受，作为一种特定的社会历史现象，旅游文化的建设和发展，也可以为现代旅游业的发展提供最大效益效能的新型经营管理思路和措施，促进旅游资源科学正确的开发和旅游业文化的建设。

――――――――――

① 谢彦君：《基础旅游学》，中国旅游出版社1999年版，第49页。

四　文化旅游

文化旅游的旅游目的和方式都比过去单纯的山野旅游、休闲旅游、度假观光旅游等具有更高层次和意义。

文化旅游不是产品而是一个抽象的概念。文化旅游关键在文化，旅游只是形式。因此，文化旅游可以理解为通过旅游实现感知、了解、体察人类文化具体内容为目的的行为过程。由此衍生出不同的角度和不同的理解认识，站在旅游经营者的角度看，文化旅游是一种产品设计的战略思路或产品创意；站在旅游者的角度看，文化旅游是通过对文化认知和期望所采纳的旅游方式。[①]

文化旅游以旅游文化为消费品，旅游者为实现自己特殊的文化感受，用自己独特的审美情趣和文化理解力，将旅游资源的文化内涵进行深入的理解和体验，从而得到精神和文化上全方位享受的一种旅游活动。它包含哲理性趣味功能、审美情趣激发功能、教育启发意义和宗教情感功能。从内容形式上，可以分为历史文化旅游、建筑文化旅游、宗教文化旅游、园林文化旅游、民俗文化旅游、饮食文化旅游等。从时间跨度上，可以分为历史文化旅游、现代文化旅游。

同时，文化旅游也可以理解为以社会物质文化和精神文化作为旅游对象的一种旅游形式。物质文化是精神文化的载体，精神文化是物质文化的内核。精神文化包括了文化艺术等多种文化形式。文化旅游可以理解为旅游者为体验、考察、认识、了解、学习旅游目的地物质文化和精神文化而进行的旅游活动；是旅游地或旅游企业为显现旅游地文化特征和文化品格，凸显文化精神并获得经济利益所组织和从事的旅游活动。文化旅游并不是一种大众旅游形式，以其旅游动机和旅游目的地的特定性而与大众化旅游相区分，是知识经济时代，追求高品位、高层次旅游方式的人们的首要选择，其旅游者和旅游目的地是特定的，发展文化旅游的目的是以社会效益为核心，以经济效益为动

---

① 李巧玲：《文化旅游及其资源开发刍议》，《湛江师范学院学报》2003 年第 2 期。

力，但是经济效益不是文化旅游的最终目的。①

第二节　文化旅游开发的理论基础

一　比较优势理论

比较优势理论是大卫·李嘉图在 1817 年出版的《政治经济及赋税原理》一书中提出的。他认为，由于资本和劳动在国家之间不能完全自由地流动和转移，所以不能按照绝对成本的大小作为国际分工和贸易的原则，而是要依据比较成本来开展国际分工与贸易。即在两个生产率水平存在差异的国家之间，其中一个国家在生产任何一种产品时成本（或劳动生产率）都处于有利的条件，只是有利程度不同，而另一国家生产任何商品时成本（或劳动生产率）都处于不利地位，只是不利的程度不同，在这种情况下，两国就应该选择优势较大或劣势较小的产品进行生产，进口劣势较大或优势较小的产品，即"两利相权取其重，两弊相权取其轻"。这样各国在不同的发展阶段、不同的经济实力下，都可以找到自己国家的相对优势，即使处于劣势也可以发现其相对优势，各国就可以集中资本和劳动生产本国最有利的产品，利用国际贸易和分工，实现相互之间的互补，既提高了资源的利用效率，又可以实现本国经济的快速发展。李嘉图之后，瑞典经济学家伊莱·赫克歇尔和伯尔莱尔·俄林提出了要素禀赋说，进一步发展和完善了比较优势理论，从新的角度说明了比较优势产生的原因，成为分析比较优势的经典方法。

比较优势原理具有广泛的适用性，不仅被广泛应用到国际贸易学中，现在也被广泛地应用到各种竞争合作比较当中，任何可能发生比较和差异的地方都能用到比较优势原理，所以比较优势原理在文化旅游开发方面也具有很重要的意义。文化旅游开发就是挖掘旅游资源的

---

① 王远坤：《关于文化旅游发展的几点思考》，《中国旅游报》2007 年 7 月 11 日第 15 版。

文化内涵，这是发展旅游的重要途径，要注重旅游资源、旅游地和旅游客源地区的文化特征，开发具有文化特征和特色的旅游产品，全方位地展示和弘扬文化精品，将文化潜在价值转化为现实的旅游产品。首先，文化资源开发的最终目的还是促进区域旅游业的发展，促进经济的增长，但是同样受制于市场的运作规律。因此，比较优势理论可以作为区域文化资源开发战略选择的理论依据。其次，文化资源具有区域性、独特性，在文化资源开发中比较优势理论对区域文化资源开发战略的选择具有重要的指导意义。在区域文化资源开发中，要明确本区域的资源特色和存在优势，对本区域的文化资源、旅游发展状况与其他区域进行比较，在产品选择上突出区域优势，提高产品竞争力。最后，文化资源的多样性、系统性，决定了比较优势原理对区域文化要素禀赋及其结构的分析具有一定的科学性，在区域文化资源开发中才能够科学评估当地文化资源开发的科学性，以及如何整合优化资源，实现资源优势向经济优势的转化，最终促进区域旅游业的发展和经济的飞跃。

二·旅游地生命周期理论

旅游地生命周期是客观存在的现象。旅游地生命周期理论是描述旅游地演进过程的理论，其概念最早由克利斯特勒（W. Chistaller）在研究欧洲旅游发展事业中提出，他认为旅游地的发展都要经历一个相对一致的演进过程：发现、成长与衰落 3 个过程。1973 年，帕洛格（Plog）提出了另一个得到普遍认可的生命周期模式。1978 年，斯坦斯菲尔德（Stansfield）通过对美国大西洋城盛衰变迁的研究，也提出了一个类似的概念。到目前为止，被学者们公认并且广泛应用的旅游地生命周期理论是 1980 年由加拿大学者巴特勒（Butler）提出的。巴特勒在《旅游地生命周期概述》一文中，借用产品生命周期模式来描述旅游地的演进过程。他提出旅游地的演化要经过 6 个阶段：探索阶段、参与阶段、发展阶段、巩固阶段、停滞阶段、衰落或复苏阶段，每个阶段都具有自身的特点和内在规律。

1. 探索阶段（Exploration）。只有少量的旅游者，简单的旅游服务设施，以自然型或文化型旅游资源为主，自然和社会环境未发生显著变化。

2. 参与阶段（Involvement）。旅游社区参与度加强，旅游者人数增多，旅游活动的季节性和规律性开始凸显，广告宣传开始出现，基础设施和辅助设施开始完善。

3. 发展阶段（Development）。旅游者数量开始迅速增加，在大量广告宣传的影响下，旅游客源市场开始明确，外来投资开始剧增，并且开始占据主要地位，旅游目的地开始开发新的吸引物，出现人造景观，基础设施全面完善。

4. 巩固阶段（Consolidation）。游客数量继续增长，但是增长率减缓并趋于下降，旅游地经济与旅游业关系密切，旅游市场营销加大，以扩大市场范围和延长旅游季节性，这一阶段有了界限分明的娱乐区和商业区。

5. 停滞阶段（Stagnation）。游客量达到最大，旅游环境容量已经趋于饱和或被超过，环境、社会、经济问题开始产生。旅游地形象吸引力大幅度下降，主要依靠回头客，接待设施过剩，保持现有游客规模难度大，人为改造自然和人文资源的痕迹明显。

6. 衰落或复苏阶段（Decline or Rejuvenation）。客源市场在时间和空间上压缩，旅游地失去吸引力并逐渐衰落，外来投资大量撤出，本地机构和居民开始以相当低的价格购买旅游设施，介入旅游业的程度增加，旅游基础设施闲置或改作他用，当地的旅游功能大幅度衰落或者完全丧失。

另外，旅游地也可能在停滞期后进入新一轮的发展，进入复苏阶段。这主要可以通过两种途径实现：一是增加人造景观，用全新的吸引物代替原有吸引物；二是开发新的旅游资源，重新启动旅游市场。

旅游地生命周期理论的应用主要集中在 3 个方面：作为旅游地的解释模型；指导市场营销和旅游规划；作为预测工具的研究。① 具有生命力的旅游产品可以使更多的潜在游客变为现实游客，延长旅游地

---

① 保继刚、义芳：《旅游地理学》（修订版），高等教育出版社 1999 年版，第 87 页。

生命周期。在区域文化旅游发展中旅游地生命周期理论具有重要的意义，在进行文化旅游开发时，要对当地的文化旅游资源进行全面的考察，明确旅游地的文化资源数量和品质，对旅游区建立一个明确、清晰、客观的认识，为后期进行旅游地生命周期理论的研究奠定基础。同时，旅游地生命周期理论主要用于描述和分析旅游地的发展轨迹，可以使目的地的管理和营销机构（DOM）意识到旅游地的生命周期的变化，在不同的生命周期采取不同的营销策略和应对措施，增强旅游地的竞争力和吸引力。此外，旅游地生命周期理论还可以帮助旅游目的地的管理和营销机构，在已有的旅游吸引物的基础上，对新的旅游吸引物进行开发，对所产生的吸引力进行预测。当然，旅游地生命周期理论只是一个参考性的预测，这种预测有很大的误差性，同时每个旅游地都具有独特性，有自己独特的生命周期，我们进行具体的文化旅游资源开发的时候，要做到具体区域具体分析，这样才能够真正做到服务旅游业。

三　文化变迁理论

文化变迁伴随着人类社会的发展，是人类社会文化系统发展的不变定律。文化变迁也称社会变迁或社会文化变迁。对于文化变迁不同学派有不同的认识，早期进化学派认为人类文化普遍是由低级向高级、简单向复杂不断发展进化的。他们主要涉及的是历史上的文化变迁，不太重视民族之间的文化接触以及正在发生的文化变迁过程。传播学派重视文化的地理、空间的地方性变异，注重研究文化的横向散布，认为文化主要是在传播过程中发生变迁，他们忽视了人类自身的创造能力。功能学派注重对社会文化功能、结构的研究，同时注意研究在调查中所发现的文化变迁。心理学派认为，文化变迁是不同民族认识和忘却人体心理的过程。历史学派认为，文化变迁是历史发展的合乎规律的相应变化。结构主义学派认为，文化变迁是文化特质和文化模式的变化，或是文化内容的增量或减量所引起的结构性的变化。

文化变迁是文化的任何方面所发生的任何的变迁，它既包括物质文化的变迁和非物质文化的变迁，也包括文化特质、文化特质丛等文化内容的变迁和文化结构上的变迁。① 同时，文化变迁也指由于民族社会内部的发展，或由于不同民族间的互相影响而引起的一个民族文化系统从内容到结构、模式、风格的变化。② 文化变迁是绝对的，永恒的，但是文化稳定的均衡现象则是相对的。

促使文化变迁的原因主要来自两方面：一是由社会发展的变化而引起的，即内部因素；二是由自然环境和社会环境的变化如迁徙、与其他民族的接触、政治制度的改变等引起的，即外部因素。当环境发生变化时，社会成员以新的方式对此做出反应，便开始发生变迁，而这种方式一旦被这一民族足够数量的人所接受，并且成为它的特点，那么文化就已经发生了变迁。此外，文化变迁又可以分为有意识变迁和无意识变迁两种模式。有意识变迁又称为自愿变迁，是指作为变迁主体的人们自觉发动的一场有意识地对部分文化特质或整体文化体系进行发展和变化的文化变迁过程，又分为主动变迁、指导性变迁和强制性变迁 3 种类型。无意识变迁又称为自然变迁，指文化变迁的一种无计划状态，是无意识的、偶然的、没有规划的。文化变迁的模式主要有创新、进化、传播和涵化 4 种模式，这 4 种模式都包括了有意识变迁和无意识变迁这两种类型。其中涵化是文化变迁中的一个重要概念，它是指 2 个或 2 个以上不同的文化体系间持续接触、相互影响，而导致的一方或双方文化体系发生的大规模变迁。

区域文化旅游资源的开发，有助于文化的传播和交流，旅游者既可以学习目的地的文化，又可以将自己所在地的文化带到旅游目的地，并且通过自己的言行传播给当地的居民，有助于区域文化旅游资源的保护，以及旅游目的地社会环境和生态环境的改善。但是，随着旅游市场的稳定化和成熟化，外来游客和文化会对当地的社会文化和道德观念产生影响，对当地的文化产生一定的同化作用，当地的特色产品和文化被过度的商品化，影响当地传统文化的真实性。因此，文

---

① 石奕龙：《应用人类学》，厦门大学出版社 1996 年版，第 90 页。
② 田敏：《民族社区社会文化变迁的旅游效应再认识》，《中南民族大学学报》（人文社会科学版）2003 年第 5 期。

化变迁理论及其研究成果对区域文化资源的开发可以起到一定的指导作用。我们要对旅游开发对区域社会、经济、文化等带来的影响进行理性的思考和分析，用辩证的眼光去审视文化资源开发对区域影响的利弊，客观地分析文化资源开发对区域文化、人民心理、社区关系等方面的变化，以便构建和谐的社会关系和文化关系。

四　可持续发展理论

可持续发展理论的形成经历了相当长的历史过程，1962 年美国生物学家莱切尔·卡逊发表了一部引起很大轰动的环境科普著作《寂静的春天》，在世界范围内引起了人们对环境问题的热切关注，并且引发了人们关于发展观念的争议，环境问题从一个边缘学科问题开始走向全球政治、经济议程的中心；1972 年由《生态学家》杂志发起并组织编写的《生存的蓝图》，首次提出了社会经济的"可持续发展"理念；1980 年世界自然保护同盟（IUCN）、世界野生动物基金会（WWF）和联合国环境规划署发表了《世界自然保护大纲》（Word Conservation Strategy），第一次正式提出了可持续发展的概念。

可持续发展概念最广泛的定义和核心思想是：既满足当代人的需要，又不对后代人满足其需要的能力构成危害的发展。[①] 人类"应享有与自然以和谐的方式过健康而富有的生产成果的生活权利"，并且"公平地满足今世后代在发展和环境方面的需要，求取发展的权利必须实现"（《里约宣言》）。可持续发展的目标是实现人口、资源与发展关系的协调；追求自然、经济、社会复合系统的健康、持续、稳定和谐发展。此外，可持续发展有着丰富的内涵：共同发展，地球是一个复杂的巨系统，每个国家或地区都是这个巨系统不可分割的子系统，因此我们要追求的是整体发展、协调发展、共同发展。协调发展，包括经济、社会、环境三大系统的整体协调，也包括世界、国家和地区 3 个空间层面的协调，还包括一个国家或地区经济与人口、资

---

① 颜军、李荃辉等：《论文化旅游是实现旅游可持续发展的有效途径》，《改革与战略》2009 年第 12 期。

源、环境、社会以及内部各个阶层的协调，可持续发展源于协调发展。公平发展，可持续发展的公平有两个层面的意思，一是时间层面上的公平，当代人的发展不能以损害后代人的发展能力为代价；二是空间层面上的公平，一个国家或地区的发展不能以损害其他国家或地区的发展能力为代价；高效发展，经济、社会、资源、环境、人口等协调下的高效率发展；多维发展，在可持续发展这个全球性目标的约束和指导下，各国与各地区在实施可持续发展战略时，应该从国情或区情出发，走符合本国或本地区实际的、多样性、多模式的可持续发展道路。

　　1995 年，联合国教科文组织、环境规划署和世界旅游组织在西班牙加那利群岛的兰沙罗特岛召开了"可持续旅游发展世界会议"，会议通过了《可持续旅游发展宪章》和《可持续旅游发展行动计划》，明确指出："可持续旅游发展的实质就是要求旅游与自然、文化和人类环境成为一个整体。"文化旅游资源的开发满足了旅游者多元化的旅游需求，同时人文旅游资源具有很强的延续性和可持续性的优势，因此在区域文化旅游开发中，我们要坚持可持续发展的理念，保证文化资源的永续性和独特性，保证区域文化旅游的可持续发展，真正做到区域自然、社会、人文的和谐统一。

五　"增长极"理论

　　"增长极"概念最早是由法国经济学家佛朗多瓦·佩鲁（Francois Perroux）提出，他的主要观点是：增长并非发生在所有地方，它以不同的强度首先出现在一些增长点或增长极上，通过不同的渠道向外扩散，并且对整个经济产生不同的影响。[①] 后来法国经济学家布代维尔（J. B. Boudeville）将增长极理论引入区域经济理论中，之后美国经济学家弗里德曼（John. Frishman）、瑞典经济学家缪尔达尔（Gunnar Myrdal）、美国经济学家赫希曼（A. O. Hischman）分别在不同程度

---

　　① 王记军：《河南旅游产业增长极研究》，硕士学位论文，河南科技大学，2012 年，第 38 页。

上进一步丰富和发展了这一理论，使区域增长极理论发展成为了区域开发工作中的流行观点。

增长极理论是以区域经济发展的不平衡规律为出发点，区域经济发展中，经济的增长并不是同时出现在很多地方，一般是少数几个具有发展优势的点率先发展，逐渐发展成区域经济增长中心即极核。同时，增长理论重视创新在区域经济发展中的重要作用，因为增长极的形成在一定程度上依赖于具有创新能力的企业和企业家，同时所在区域要有一定集中相当规模的资本、技术、人才，形成一定规模经济的能力，还要具有良好的区位环境条件。增长极通过支配效应、乘数效应、极化和扩散效应对区域经济活动产生影响。增长极具有技术、经济方面的先进性，能够通过与周围地区的要素流动关系和商品的供求关系对周围地区的经济活动产生支配作用。增长极的发展对周围地区的经济发展产生示范、组织和带动作用，并且这种作用会不断地加大和强化即为乘数效应；极化效应即增长极的推动性产业吸引和拉动周围的要素和经济活动不断趋向增长极；扩散效应指增长极向周围地区输出要素和经济活动，从而刺激和推动周围地区的经济发展。①

旅游产业增长极以旅游产业和增长极为理论基础，是产业理论与增长极理论在旅游产业中的新应用，它既有增长极的一般特征，又具有旅游业的基本特征，旅游产业的增长极是以旅游产业为基础，旅游产业集聚为标志，在区域经济中具有较强的扩散作用和带动效应。增长极经济发达，实力雄厚，基础设施发展完善，交通网络的通达指数高，城市规划明确，旅游发展方向明确，在与周边旅游资源的竞合分析中占有明显的优势。

文化旅游资源开发中，以增长极理论为基础，对区域旅游增长极的选择要从本地区的经济现状出发，综合本地区的科技发展水平、地理环境、政策倾向、交通条件、基础设施条件与旅游资源状况等条件，增长极一般要选择区域经济较发达、发展潜力巨大的城市，这样

---

① 陶云：《旅游产业增长极理论与应用研究——以安徽省为例》，硕士学位论文，安徽师范大学，2006年，第30页。

最先形成区域旅游业发展的增长极，促成某知名旅游地区的发展，实现旅游开发中点的突破，即实现增长极理论中的"极化效应"，再实现面的发展，即增长极理论中的"扩散效应"，这样在区域文化旅游资源的开发中最终实现全面发展。

六 "点—轴系统"理论

"点—轴系统"理论是中国著名经济地理学家陆大道提出的，这个理论以克里斯泰勒的中心地理论、郝格尔斯德兰的空间扩散理论、佩鲁克斯的增长极理论为理论基础发展而来的。是关于社会经济空间（组织）的理论之一，是有效的国土开发和区域发展的空间结构模式。[①]"点—轴系统"的核心是"点"与"轴"的有机结合。国家和地区在社会经济发展过程中，大部分的社会经济要素在"点"上集聚，并且由线状基础设施联系在一起而形成"轴"。这里的"点"指的是各级中心地，即区域内的各级中心城镇、居民点，也是各级区域的集聚点，是区域内重点开发的对象。"轴"指的是对附近区域有很强的经济吸引力和凝聚力。轴线上集中的社会经济设施通过产品、信息、技术、人员、金融等，对附近区域有扩散作用。扩散的物质要素和非物质要素作用于附近区域，与区域生产力要素相结合，形成新的生产力，推动社会经济的发展。

"点—轴系统"模式发展有利于城市之间、区域之间、城乡之间增进联系，同时也顺应了经济发展在空间上集聚成点并沿轴线渐进扩散的客观要求。此外，"点—轴系统"还可以适用于区域旅游资源的开发，是旅游资源开发规划与布局过程中的理论依据，对区域旅游产业规划布局和空间组织具有重要的指导意义。在旅游开发中，"点—轴系统"开发模式有利于把区域重点旅游资源的开发、旅游设施的空间布局和旅游线路的设计等区域旅游发展的轴线进行宏观考虑，形成统一的有机体，这样就避免了旅游发展实践中出现的脱节现象，可以

---

① 陆大道：《关于"点—轴"空间结构系统的形成机理分析》，《地理科学》2002 年第 1 期。

统一规划，统一布局，相互配套，协调发展。

　　"点—轴系统"在区域文化资源的开发中同样具有重要的意义，在进行文化资源开发时也要以"点—轴系统"作为布局规划的理论基础，统筹考虑区域的基础设施、旅游资源、重点景区设置等，促进区域旅游业的健康可持续发展。

第二篇

综合分析篇

第三章 关中旅游文化的分类与整合

第一节 历史文化——关中文化的根脉

关中历史文化悠久，概括起来主要有始祖文化、故都文化、丝路文化、黄河文化等。

一 始祖文化

关中是中国大地上古人类的发现地之一，是中华文化的发祥地、发达地之一。蓝田猿人遗址、西安半坡遗址、长安客省庄遗址、周原遗址、炎帝文化等有口皆碑，传承着几千年的中华民族文化之源，是凝聚全世界炎黄子孙的民族之魂。

（一）蓝田猿人遗址

距今约 115 万年时，关中境内就栖息繁衍着处于旧石器时代的蓝田猿人。蓝田人遗址，位于西安市东南蓝田县公王岭和陈家窝两地，1963 年科学工作者在蓝田县公王岭考古时发现。蓝田猿人是已经发现的亚洲北部最早的直立人，蓝田猿人的发现为研究中国远古文化和中国古人类的发展提供了宝贵的实物资料，被列为全国重点文物保护单位。现在，蓝田县公王岭上已经修建了蓝田猿人遗址文物陈列室和纪念亭，成为中国古人类学、古生物地质学和考古研究的重要场所。

（二）西安半坡遗址

位于西安市东郊灞桥区浐河东岸，是黄河流域一处典型的原始社会母系氏族公社村落遗址，属新石器时代仰韶文化，距今 6000 年左右。半坡遗址是中国现已发现的 1000 多处仰韶文化遗址中最为典型和比较完整的一处遗址，1953 年春被西北文物清理队在西安东部浐河东岸的二级阶地上发现，遗址面积约 5 万平方米。1954—1957 年，先后进行了 5 次较大规模的发掘，揭露面积 1 万平方米，发掘出 46 座房屋、200 多个窖穴、6 座陶窑遗址、250 座墓葬，出土生产工具和生活用品约 1 万件，还有粟、菜籽遗存。1957 年建成半坡遗址博物馆，是中国第一座遗址性博物馆。

（三）长安客省庄遗址

龙山文化是父系氏族公社时期的文化，因 1928 年首次发现于山东省章丘县龙山镇而得名。关中地区的长安客省庄遗址是龙山文化的代表。长安客省庄位于西安市西南 20 余千米处的沣河西岸，地处古代西周都城丰京所在地。周朝时，客省庄是京畿重地，热闹繁华，来往的旅客及商贾很多。"客"就是客人的意思，"省"则取探望、问候、省亲之意。据当地老人讲，客省庄这个村子在西周时期名为客省宫，是周天子分封各地的诸侯回京觐见天子、省亲祭祖时临时居留之所，到了东周改名为客省庄。

（四）周原遗址

周原遗址是公元前 11 世纪到前 8 世纪的大型古遗址，出土了大量卜骨和卜甲，以及大量珍贵的国宝青铜器。周原遗址属全国重点文物保护单位，其中心在宝鸡市扶风、岐山一带，东西长达 70 千米，南北宽约 20 千米，是周文化的发祥地和灭商之前周人的聚居地。"钟鼎彝器甲天下，金甲陶文冠古今"，博大精深的周文化，是中华文化的根，华夏文明的源。周原博物馆是在周原遗址大规模考古发掘基础上建立起来的一个专题性博物馆，馆内收藏有周原遗址出土的万余件珍贵文物。

（五）炎帝文化

《国语·晋语》载："黄帝以姬水成，炎帝以姜水成。成而异德，故黄帝为姬，炎帝为姜。二帝用师以相济也，异德之故也。"这是我们目前所能够看到的最早记载炎帝、黄帝诞生地的史料。在距今约 5000 年前，宝鸡渭水流域的姜水，生息着一个古老的氏族部落——姜炎族，诞生了一位伟大的人物，即中华民族的人文始祖——炎帝。宝鸡是炎帝的原生地，是姜炎文化的发祥地，是中国文化、中华文明、中华民族重要的起源地之一。境内有海内外炎黄子孙寻根问祖、祭拜华夏始祖的炎帝陵和炎帝祠，有著名的仰韶文化北首岭遗址等人文景点。每年清明节和农历七月七日，宝鸡民众都有祭祀始祖炎帝的习俗，"炎帝祭祀大典"已经成为国家级非物质文化遗产。

二　故都文化

《资治通鉴》上讲"关中沃野富饶，乃帝王之居"。先后有周、秦、汉、唐等13个王朝在此建都，形成关中独特的故都文化，留下了丰富的历史文化资源（见表3-1）。

表3-1　　　　13个王朝、都城及对应的历史文化资源统计

朝代	京城	历史文化资源
西周（前1046—前771年）	丰镐	西周丰镐遗址、西周车马坑、周公庙等
秦（前350—前206年）	咸阳	秦都雍城遗址、秦都咸阳遗址、秦阿房宫遗址、秦公大墓、秦始皇陵、秦始皇兵马俑博物馆等
西汉（前200—公元9年）	长安	汉长安城遗址、灞陵、西汉帝陵与陪葬墓、司马迁祠等
新莽（9—23年）	长安	汉长安城遗址
东汉（190—195年）	长安	汉长安城遗址
西晋（313—316年）	长安	汉长安城遗址
前赵（319—329年）	长安	汉长安城遗址
前秦（351—383年）	长安	汉长安城遗址
后秦（384—417年）	长安	汉长安城遗址
西魏（535—556年）	长安	汉长安城遗址
北周（557—581年）	长安	汉长安城遗址
隋（581—681年）	长安	隋大兴城遗址、隋唐天坛遗址、隋文帝泰陵等
唐（681—907年）	长安	唐长安城遗址、唐华清宫御汤遗址博物馆、唐代帝陵与陪葬墓、桥陵、唐代艺术博物馆、大雁塔、小雁塔、大唐芙蓉园等

对后世影响较大的故都文化主要有西周礼仪文化、秦汉雄风文化、大唐盛世文化。

（一）西周礼仪文化

西周不仅是一个文化之国，更是一个礼仪之邦。古老中国真正意

义上比较完整、比较系统的礼仪制度始于西周时期。由儒家学者整理成书的礼学"三礼"，即为《周礼》《仪礼》《礼记》，比较详细地记录和保存了许多西周时期的礼仪活动和礼仪制度，全面反映了传统的"五礼"，即吉、嘉、宾、军、凶等诸多门类礼仪的基本内涵。西周的礼仪制度和礼仪文化，是在周公"以礼治国"的过程中，在"明德恤祀""敬天保民"的思想基础上形成的，它从"明王道之德""明天道之德""明人道之德"等3个方面，构成一个多层次的以血亲伦理为特色的"道德"文化结构模式，凸显了西周礼仪文化古朴笃信、纯真率性的一面。目前，以西周礼仪文化为依托，开发了中华礼乐城、西周礼仪文化年等旅游项目。

（二）秦汉雄风文化

秦始皇统一六国，结束了长期分裂割据局面，建立了中国历史上第一个统一的多民族封建国家，推动了民族的融合。西汉张骞开通丝绸之路，打通了通往西域的黄金之路，为世界各国之间的文化艺术、经济、宗教等方面的交流做出了巨大的贡献。文景之治，开创了历史上第一个盛世，基本奠定了中国多民族的国家，形成了汉民族。秦汉"大一统"的社会环境促进了文学、史学、艺术、科技等高度成熟、快速的发展，如司马迁的《史记》。

被誉为"世界第八大奇迹"的秦始皇陵，是世界上规模最大、结构最奇特、内涵最丰富的帝王陵墓之一，充分表现了2000多年前中国人民巧夺天工的艺术才能，是中华民族的骄傲和宝贵财富，先后列入全国重点文物保护单位、世界文化遗产保护清单。秦始皇陵及其博物馆已经成为海内外游客进入关中首选的游览景区。此外，汉长安城遗址、司马迁祠、灞陵、西汉帝陵与陪葬墓等景区也逐步得到保护与修复，接待了不少游客。

（三）大唐盛世文化

大唐王朝是中国古代史上最光辉灿烂的时期，唐朝长安既是中国的政治中心，又是亚洲各国经济文化交流的中心。这一时期中国经济和文化处于世界先进地位，对外交通发达，与亚洲、欧洲等各国之间的往来出现前所未有的盛况。盛唐时期的中国，通过由国都长安直抵地中海沿岸的丝绸之路，将古老而灿烂的中华文明传播四海，世界各国的国君、使臣、客商、僧侣、学生、工匠、医生、"胡姬"纷至沓来。

如今，历史遗留下来的唐长安城遗址、大雁塔、小雁塔、唐华清宫御汤遗址等成为国内外游客感受大唐繁荣、盛世、太平文化的主要景区。同时，以大唐盛世文化为核心依托开发的历史文化主题公园——大唐芙蓉园深受游客喜爱。

三　丝路文化

丝绸之路是指起始于古代中国的政治、经济、文化中心——古都长安（今天的西安），连接亚洲、非洲和欧洲的古代陆上商业贸易路线。它跨越陇山山脉，穿过河西走廊，通过玉门关和阳关，抵达新疆，沿绿洲和帕米尔高原通过中亚、西亚和北非，最终抵达非洲和欧洲。同时，它也是一条东方与西方之间经济、政治、文化交流的主要道路。它的最初作用是运输中国古代出产的丝绸，因此当德国地理学家李希霍芬（Ferdinand Freiherr von Richthofen）最早在19世纪70年代将之命名为"丝绸之路"后，即被广泛接受。

丝绸之路的历史沿革可以概括如下：西汉时期，张骞于公元前138年和公元前119年出使西域，开辟通往西域之路，丝绸之路逐渐形成；东汉时期，班超经营西域，派甘英出使大秦（罗马），甘英到达波斯湾，拓展了形成丝绸之路的完整路线；五代十六国到宋代时期，丝路几乎废弃；蒙元时期，丝绸之路再度畅通；明清时期，欧洲与中国通商变得越来越困难，丝绸之路成为地方贸易通道。

古丝绸之路起点是中国的长安，长安是汉朝和唐朝的国都，当时各地丝绸和其他商品集中在长安以后，再由各国商人组成商队，浩浩荡荡爬上陕甘高原，越过乌鞘岭，经过甘肃武威，穿过河西走廊，到达当时的中西交通要道敦煌。目前，关于丝绸之路起点的相关历史遗迹主要有大唐西市、终南山北麓"古丝绸之路"。

（一）大唐西市

1300多年前，世界上最大的商贸中心——唐长安西市，商贾云集，市井繁荣，被誉为"金市"，闻名遐迩的丝绸之路从这里起始。而今，在唐长安西市原址上再建的以盛唐文化、丝绸之路文化为主题的国际商旅文化旅游区——大唐西市，先后荣获"国家文化产业示范基地""国家 AA 级旅游景区""国家级非物质文化遗产生产性保护示范基地""中国文化遗产保护与传承典范单位"，成为西安的城市新名片和关中旅游的新亮点。

（二）"古丝绸之路"遗址

世界地质公园秦岭终南山北麓有一条古道，名"神仙路"，又称"古丝绸之路"，宽度为 0.1—2.0 米，绵延 1000 多千米，是一条最为古老的长安连通西域的陆上丝绸之路。这条路历史遗迹众多，沿途有唐代僧侣留下的数不完的圣迹及传说，现保存最完好的一段地处陕西省户县石井镇钟馗故里欢乐谷内，其余路段虽然古迹不再，多有毁弃和断阻，但是如今相当一部分依然可供当地乡民耕作和行走，是难得的丝绸之路历史遗迹和古丝绸之路考古遗址。

四　黄河文化

黄河是中华民族的母亲河，经过亘古不息的流淌，孕育出世界最古老、最灿烂的文明，被誉为中华民族的摇篮、华夏文明的发祥地。自人类迈进旧石器时代开始，关中先民就在此劳动生息，创造了光辉灿烂的古代文化，形成了关中平原独特的黄河文化。关中地区黄河文化旅游景区主要有韩城龙门景区、洽川黄河湿地旅游区、黄河魂水利风景区、潼关黄河风情旅游区、大庆关等。

（一）韩城龙门景区

龙门位于秦晋大峡谷之中，此处两岸悬崖相对如门，传说唯有神龙可越，故称龙门。相传为夏禹所凿，又名禹门。龙门宽 80 米，形如闸口，扼黄河咽喉，水流急湍，汹涌澎湃，正如诗人所描绘的"禹门三级浪，平地一声雷"。沿龙门逆水而上约 4 千米为"石门"，两岸断崖峭壁，如同刀砍斧劈，山水相映，极其壮美。沿途还有千尺梯子崖、深渊石头城、玉女莲花洞等。大禹治水、鲤鱼跳龙门的美丽传说，"黄河西来决昆仑，咆哮万里触龙门"的千古绝唱，会勾起游客无限神往。

（二）洽川黄河湿地旅游区

洽川风景名胜区，2004年被列为国家重点风景名胜区，堪称中华一绝。景区内有黄河流域最大的芦苇荡（10万亩）和最大的湿地保护区（15万亩），白天鹅、丹顶鹤、黑鹳、大鸨等百余种国家一、二级保护动物在此栖息。景区的7处瀵泉天下独有，其中"处女泉"最为神奇，人入水不沉，泉涌沙动，如绸佛身，如沙浪浴，是名副其实的"华夏一绝"。"万亩芦荡，千眼神泉，百种珍禽，十里荷塘，一条黄河，秦晋相望"，是洽川风景名胜区的真实写照。观洽川景，游处女泉，住农家院，享农家乐，拥抱母亲河已经成为许多国内外游客的选择。

（三）黄河魂水利风景区

景区地处黄河小北干流中段，总占地面积12平方千米，现有水上游乐、黄河漂流、高亭观鸟、天亭祭奠、龙洞探幽、休闲垂钓、文化探源、现代水利工程观光等12个观光游乐项目。2003年被水利部评为国家级黄河魂水利风景区，2005年被评入中华100大生态亲水美景口碑金榜，成为秦东抢眼的旅游景点和新兴的旅游热线。

（四）潼关黄河风情旅游区

潼关黄河风景区位于闻名遐迩的古军事名关——潼关古城边，距西安140千米，距华山仅20千米，奔腾南下的黄河，穿秦晋峡谷，"河出潼关，因有太华抵抗而益增其奔猛"（毛泽东语），在潼关古城外，兼容了西来东去渭、洛河水，三河交汇后在此忽急折东流。区内有黄河、渭河、女娲陵、潼关西城及众多的古战场遗址。

（五）大庆关

故址在今陕西大荔东。本蒲津关，宋大中祥符四年（1011）改名。明置巡司、税课局于此，为陕西、山西间黄河重要渡口。

第二节　民俗文化——关中文化的华章

"民俗是指民间广泛传袭并流传至今，具有一定形式、表现在人们的行为上、口头语言上、心理上的文化事物及现象。"① 民俗具有典型的民族性、集体性、历史性、传承性、地域性、原始神秘性等多种属性特征。其特点是从古至今或文字传承的约定俗成的一种习惯，而每种民俗的形成都必须经过几代或者多代人的传承发展，才能被称为民间风俗。

同时，民俗不仅是社会意识形态之一，更是一种历史悠久的文化遗产。1989 年联合国教科文组织在巴黎召开的第 25 届大会上通过的《关于保护传统文化与民间创作的建议》中所指的"传统文化与民间创作"，以及在《人类口头及非物质遗产代表作宣言》中关于"口头及非物质文化遗产"定义的表述内容，与我们所熟悉与研究的"民间文化""民俗文化"没有本质区别，可以说内容是完全一致的。② 可见，"非物质文化遗产"和"民俗""民间文化"的概念是可以互相置换的。其实，"非物质文化遗产"就是指我们以往熟悉和研究的民间文化、民俗文化。

早在《汉书·王吉传》中就有"百里不同风，千里不同俗"的记载，形象地说明了地域环境的不同导致的民俗文化的差异。关中作为中华古老文明的发源地之一，受中国古代传统文化的深远影响，13 朝古都的辉煌历史给关中这片沃土积淀了异常浓厚、丰富而具有鲜明特色的民俗文化。截至目前，关中地区的西安鼓乐已经入选世界级非物质文化遗产名录，共有 29 项入选国家级非物质文化遗产名录（见表 3－2）。

表 3－2　　　　　　关中地区国家级非物质文化遗产项目统计

入选批次	入选国家级非物质文化遗产名录的项目	数量
第一批	宝鸡民间社火、凤翔木版年画、凤翔泥塑、华县皮影戏、阿宫腔、合阳提线木偶戏、秦腔艺术、蓝田普化水会音乐、华阴老腔、耀州窑陶瓷烧制技艺、澄城尧头陶瓷烧制技艺	11

---

① 宋思蜀：《关中地区传统文脉传承的探索——以西安曲江民俗商业街设计为例》，硕士学位论文，西安建筑科技大学，2009 年，第 14 页。

② 百度百科：《民俗文化》（www.baidu.com）。

入选批次	入选国家级非物质文化遗产名录的项目	数量
第二批	韩城行鼓、同州棒子、华阴迷胡、合阳跳戏、韩城秧歌、西秦刺绣、炎帝祭典、药王山庙会、猪皮纸制作技艺（北张村）、眉户曲子、红拳、澄城刺绣、蒲城杆火技艺、同盛祥牛羊肉泡馍制作技艺	14
第三批	蔡伦造纸传说、牛郎织女传说、高陵洞箫艺术、旬邑彩贴剪纸	4
总计		29

资料来源：陕西省非物质文化遗产网。

　　魅力多彩的关中民俗文化主要由民间戏曲、民间音乐、民间美术、传统技艺、民俗活动和特色饮食等组成，浓浓的地域和乡土气息无处不在，每一种民俗艺术，都展现了关中人民精神生活的风貌。对这些充满地域乡土特色的民俗艺术进行萃取、提炼、传承与演绎，将极大地丰富关中文化旅游的内涵，增强旅游产品的参与性、体验性，提升旅游产品层次，完善产品体系。

一　民间戏曲

　　民间戏曲是在民间传统文化和历史故事的基础上衍生出来的一种地方戏曲形式。关中地区的民间戏曲主要以秦腔、华县皮影戏和合阳木偶戏三大著名戏种为代表，同时还包括阿宫腔、华阴老腔、合阳跳戏、华阴迷胡、同州棒子、眉户曲子等。这些民间戏曲的出现，推动了中国地方戏剧的发展，并且对现今的戏曲艺术起到了承上启下、至关重要的作用。

　　（一）秦腔

　　秦腔是中国汉族最古老的戏剧之一，以秦地渭水流域中下游地区的方言语言为基础，融诗歌、音乐、声腔、表演、美术、服饰等于一体的综合性戏曲艺术。它起于西周，源于西府（核心地区是陕西省宝鸡市的岐山［西岐］与凤翔［雍城］），成熟于秦。秦腔又称乱弹，流行于中国西北的陕西、甘肃、青海、宁夏、新疆等地，其中以宝鸡的西府秦腔口音最为古老，保留了较多的古老发音。又因其以枣木梆子为击节乐器，所以又叫"梆子腔"，俗称"桄桄子"（因为梆击节时发出"咣咣"声)，2006 年 5 月 20 日经国务院批准列入第一批国家级非物质文化遗产名录。

秦腔唱腔的特点是"宽音大嗓，直起直落"；角色有"十三门二十八类"之说；脸谱讲究庄重、大方、干净、生动和美观，颜色以三原色为主；传统剧目大多出自民间文人之手，题材广泛，内容纷繁，剧目数以万计；最主要的乐器是板胡，其发音尖细清脆，最能够体现秦腔板式变化的特色；乐队分文、武场面，拥有"吹火、变脸、顶灯、打碗、鞭扫灯花、踩跷、牙技、尸吊"八大传统绝技。受自然环境、民风民俗和文化传统的影响，秦腔形成了一种浑厚深沉、慷慨悲壮、气势豪迈的风格，如同关中人的性格一般。如今，秦腔的专业和业余演员及团体遍布关中地区，秦腔的内容和形式也随着时代的变化与时俱进、不断创新，逐步成为关中地区欢迎各方游客的一张亮丽的名片。

(二) 华县皮影戏

皮影戏，又称"影子戏"或"灯影戏"，是一种以兽皮或纸板做成的人物剪影，在蜡烛或燃烧的酒精等光源的照射下用隔亮布进行演戏，是中国汉族民间广为流传的傀儡戏之一。表演时，艺人们在白色幕布后面，一边用手操纵戏曲人物，一边用当地流行的曲调唱述故事，同时配以打击乐器和弦乐，具有浓厚的乡土气息。所谓皮影，是"皮影戏"中用驴皮或牛皮雕镂绘制成的人物、道具、花草树木、飞禽走兽等的造型统称。因此，除了作为一种表演艺术，皮影还经常作为一种装饰艺术品出现在人们的生活中。

中国有秦晋影系、滦州影系等七大皮影流派，而其中堪称皮影"活化石"的是陕西华县皮影。华县皮影戏始于秦汉，当时主要是为帝王宫廷服务，唐朝以后就流传到民间，开始成为民间艺术，是流行于关中地区的传统娱乐形式。华县皮影独具魅力、身怀四绝：一是皮影雕刻作品造诣高。工艺复杂精细，需经过制皮、雕刻、上彩 3 大工艺 24 道工序。华县皮影一般由牛皮刻成，皮质优，雕工精细，造型逼真，含义深刻，个个堪称艺术精品。二是演唱功力极深。选用碗碗腔，生旦净丑各种角色，全由 1 人包唱，非绝等深厚之演唱功底者所不能为。三是表演者功力精湛。一个剧团一般仅有 5 人，除演唱和对白之外，还有挑线、二弦、板胡、月琴、碗、锣、鼓、钗、梆、唢呐、号等 20 多件乐器，每个人都要充当 4 个以上的角色，因此可以说个个都是身怀绝技。特别是挑线手，外地皮影至少需要 2 人，华县皮影则 1 人独挑，1 人操作数十个乃至上百个皮影造型，临乱不惊，游刃有余，堪称一绝。四是华县皮影博大精深，综合艺术水平炉火纯青，堪称戏曲艺术之绝唱。华县皮影不仅是中国乃至世界上最古老的艺术品种，同时也被国内外皮影界公认为所有中国地方皮影乃至世界皮影艺术种类之集大成者。因其最古老、最精粹、最成熟、最完美、最经典和最有资格代表中外皮影艺术的最高水平，被誉为"中华戏曲之父"和"世界皮影之父"。

近年来，在各级党政、文化部门的领导下，华县皮影的保护与传承工作成绩斐然。2004 年，华县人民政府命名柳枝镇梁堡村为皮影专业村。2006 年 5 月，华县皮影被国务院列入国家首批非物质文化遗产名录。2008 年 9 月，华县皮影产业群被文化部命名为国家文化产业示范基地；同年 10 月，华县因皮影被文化部命名为国家民间文化艺术之乡。如今，全县从事皮影雕刻的就有 800 多人，产品畅销国内，远销德、意、日、英、法、美、加等十余个国家，年收入近千万元，成为当地农村经济新的增长点。

（三）合阳木偶戏

合阳提线木偶戏渊源十分久远，它起于汉代，兴于唐朝，盛于明清。是陕西东府特有的剧种之一，广泛流传于陕、甘、晋、豫等地，深受民众喜爱，同现存的福建泉州提线木偶戏形式相似，但是又特点鲜明，民间俗称"线戏""线猴""线胡"或"小戏"，是中国提线木偶戏剧种中的活化石。明末清初，"关中八高士"之一的合阳举人李灌（向若）对线戏的唱腔、音乐、剧目及木偶制作等方面做了较大改革，使其更趋于完整化、戏曲化。1957 年后为了和搬上大舞台由人扮演的大戏相区别，一度曾经称为"线腔戏"。它的音乐、唱腔、道白、偶人造型及舞台艺术都别具一格，主要具有以下特色。

一是合阳木偶戏的唱腔在音乐间歇中进行，只以铮子打节奏，听起来悦耳动听。合阳人看提线木偶戏主要是"听",所以许多人干脆背对戏台,一饱耳福。

二是提线是合阳线戏的主要表演方法,偶人系线根据角色的不同,分别为5根到12根不等,按具体情况还有增加到十七八根甚至多到20余根的。偶人通常高80—90厘米,重3.5—5.0千克。通过线戏艺人巧妙地运用提、拨、勾、挑、扭、抢、闪、摇等方法,赋予木偶以艺术生命,动作栩栩如生,却又有浓厚的木偶特色,可以自然地做卸帽子、脱衣服、搬椅子、抢杆子、单双闪官翅等特技动作。

三是合阳提线木偶的偶头早先用柳木雕刻,现在改用桐木。雕刻工具有各种雕刀;上彩工具有小油漆刷、海绵块、油画笔、毛笔及各色油画颜料。"唐俑头"和"拟真头"两种风格偶头并存,又有"猪八戒""孙悟空变脸""活眼木偶"等特型偶头,近年又发展有供欣赏用的"玩偶头"。还有偶人的活动手亦属艺人制作。

四是合阳提线木偶偶头制作工艺为纯粹的手工艺术。每雕刻1个偶头,造型全在艺人心中,即使画眉眼,亦是心中有数,融入个人的感情色彩,栩栩如生。

五是线腔传统剧目颇丰,大致分为爱情戏、历史戏、公案戏3类,约500种,向有"十二鸳鸯""十二龙凤""二十四卷""七十二图"之说,常演《西厢记》《谪仙楼》《金琬钗》等脍炙人口的精彩剧目,本戏后还加演诙谐幽默的折子戏。

合阳木偶戏虽然于2006年入选首批国家级非物质文化遗产名录,但是保护、传承与发展现状十分窘迫。如今,合阳能制作精美偶头的仅有鲁兆兴1人,合阳提线木偶剧团目前在编人员19人,能够上台演出的仅有13人。合阳木偶戏急需寻找一条适合自身发展的路子,将这一最能代表关中文化的宝贵遗产传承与发扬光大。

二 民间音乐

民间音乐,又称民间歌谣、民俗音乐、民间短篇诗歌等,简称民谣、民歌、民乐或民曲。民间音乐的散布过程,纯粹是由演奏者或音乐接收者记录教习,并且亲自相传所得。关中民间音乐尤其以西安鼓乐最为著名，常见的乐曲调门及表演形式有上阳化鼓乐、五圆鼓、八仙鼓、南留锣鼓、华阴素鼓等。

（一）西安鼓乐

西安鼓乐，也称长安古乐、西安古乐、西安乐古。是千百年来流传在西安（古长安）及周边地区的汉族民间大型鼓乐，起源于隋唐，历经宋、元、明、清，至今仍然保持着相当完整的曲目、谱式、结构、乐器及演奏形式，是迄今为止在中国境内发现并且保存最完整的大型民间乐种之一，是中国古代汉族音乐的重要遗存，被国际音乐界和史学界誉为"中国古代音乐活化石"，2011 年 1 月 14 日被联合国教科文组织列入《人类非物质文化遗产代表作名录》。西安鼓乐以竹笛为主奏乐器，分为"坐乐"和"行乐"两种演奏形式。多在每年夏秋之际（农历五月底至七月底），为了庆贺丰收在各地举行的乡会、庙会上演奏，演奏者为各村、镇组织的"鼓乐社"以及大寺院、大庙宇的鼓乐乐队。

（二）上阳化鼓乐

上阳化鼓乐是流行于周至县上阳化村鼓乐的专称。据传，上阳化村的先祖，在清同治十二年（1873）耍社火时，为了渲染气氛，将附近各村鼓乐社的鼓点经过筛选，整理编排成 10 段，称为《十样景》，又名《风搅雪》，在社火队前做先导。光绪十六年（1890），人们认为 10 段太长，鼓点也显得重复，后删去前 5 段，补充了后 5 段，加进了小乐器。上阳化鼓乐层次分明，鼓点刚柔兼备，有紧有慢，并且有鼓点指挥，颇有情趣。

（三）五圆鼓

五圆鼓，也称"打五圆"，民间传统打击乐。流行于陕西合阳、澄城县一带。因为打鼓时用一面大鼓和四面小鼓，故称。有时用二面小鼓，也称"打三圆"。"打五圆"在做寿诞时敲打，被称为"五枝梅花"；娶亲时敲打，被称为"五子登科"。合阳县把"打五圆"当作办丧事、摆路祭的压轴戏。演奏"五圆鼓"时还要配上大锣、铙钹、唢呐等乐器，一般为 5—9 人，新中国成立后鼓面按键盘乐器定音，敲起来音调和谐中听。

（四）八仙鼓（板）

八仙鼓（板）流传的地方较多，在西安附近的叫"杨贺锣鼓"，系民间打击乐。八仙鼓（板）流行于西安市新筑镇杨贺村一带，由清代光绪时过庙会兴起至今。新中国成立后已经为群众普遍敲打，在多种乐器配合下，可以演奏"龙虎头""二龙戏珠""和尚撞钟""曲江流吟"等乐曲，其音色高亢激越、细腻缠绵兼有，民间多有"仙乐仙鼓"之誉。流行于铜川一带的称"八仙板""八阵鼓"两种，其不同于他地，有一套文武、粗细打法，其艺术音响之美，在铜川可称一绝。

（五）南留锣鼓

南留锣鼓系民间鼓舞，流行于陕西朝邑县（今大荔县）韦林镇的南留村（后又传至大荔县的汉村乡），故名。南留锣鼓的行进、定场表演，均为自由敲打。其鼓点有"热闹鼓""常庆鼓""竹马鼓"等。敲打演奏人数不限，可几人，也可数百人，一般乐队配有大鼓6面、社锣8面、社钗8副、马锣2面。行进时，前面3面鼓开道，后面3面鼓压阵，其他人分3路纵队行进；敲社钗的为上首，站队伍左边；敲社锣的为下首，站队伍右边；敲马锣的站队伍中间，共为1支锣鼓队。锣鼓队中，由1人手执绕杆（彩绸、彩纸糊成2米多长的竹竿），不停地面向队伍左右上下绕动，指挥队伍表演。

（六）华阴素鼓

素鼓流行于陕西华阴市的东部地区双泉、马村一带，在节日和庙会表演，民间称其为"素鼓"。其内容善于抒情、叙事，多表现古代军旅故事，如《敬德一条鞭》《三战吕布》《六出祁山》《五龙二虎逼彦章》《十里埋伏》等。表演者以手、眼、身、步示意传神，鼓姿灵活优美，步法轻快。因为素鼓在表演中又有拳术招式和造型，故又称其为"拳鼓"。

三　民间舞蹈

民间舞蹈起源于人类劳动生活，是由人民群众自创自演，表现一个民族或地区的文化传统、生活习俗及人们精神风貌的群众性舞蹈活动，所以也称为"土风舞"。关中各地的民间舞蹈，种类繁多、形式多样，表现内容既有古代原始社会的狩猎生活、战争经历、图腾信仰及生殖崇拜，也有现代生活中各种传统节日里人们表达欢喜之情的娱乐活动，有的则渗透了各种民俗、祭祀、礼仪活动的遗风，具有鲜明的北方民族风格、浓郁的关中地域特色。著名的民间舞蹈主要有韩城行鼓、牛拉鼓、蛟龙转鼓、云垛、跑鼓、转鼓、牛虎斗等。

（一）韩城行鼓

韩城行鼓历史悠久，起源可以追溯到元代初期。元灭金后，蒙古骑兵为欢庆胜利，敲锣打鼓，从而成为一种军鼓乐。后来韩城群众沿袭模仿，成为民间鼓乐。在保留原有军鼓乐艺术风格的同时，不断创新，特别在表演的艺术效果上进行了深加工，增强了宏伟气势。在表演时，韩城行鼓总离不了"绕杆子"，其目的是更好地渲染气氛，增强视觉效果。韩城行鼓的鼓谱有20余种，其典型鼓谱有《老虎磨牙》《钉圪巴》《肚里痛》《上坡》《走锣鼓》《呆锣子》《司鼓子》《摘豆角》等十多种，有表现气势的，也有表现技巧的。

如今，韩城行鼓已经日趋成熟。在韩城，起码有数十支民间锣鼓队以其成熟的艺术，不同的流派，活跃在韩城的不同演出场合中。几支突出的锣鼓队已经走出韩城，在全国各地受邀演出，广受赞誉。2003年3月，文化部以"韩城行鼓"命名韩城市为"民间艺术之乡"。

（二）牛拉鼓

陕西咸阳市的牛拉鼓，为民间鼓舞中的独特项目。牛拉鼓表演时，2只牛身披红彩，各拉1车，上置大鼓，鼓手背向前方，面向后面数百名锣鼓手，边敲边做指挥鼓，落音铿锵，回音相配的锣鼓声响彻云霄，鼓手个个身着彩装，头戴白巾，腰系彩带，前后呼应，配合默契。每逢大型庆典或节日，牛拉鼓为必演的节目，使观众一饱眼福。

（三）蛟龙转鼓

蛟龙转鼓是关中民间民俗活动的独特项目，流行于乾县王村乡一带，以其粗犷豪放、完整优美的色彩和表演，成为享誉省内外的民间打击乐艺术活动。据传，明代大王村一个叫梁梅的宦官，神宗万历二十一年（1593）告老还乡，曾经组织过多种娱乐活动，其中蛟龙转鼓就是他亲自教习的。数百年来，这个传统节目扎根于民间，完善于民间，历久不衰。每年的正月十三日，大王村各锣鼓队从各条街道边打边行，最后汇集于村东三义庙前，对阵擂打，热闹非凡。

蛟龙转鼓乐队一般有6锣、7鼓、14铙，另有2人吹长号，1人指挥，共30人。乐器以饰有蛟龙图案的大鼓为主，打时常有跳跃、旋转等象征龙腾虎跃的舞蹈动作，故名蛟龙转鼓。具体打法是分坐鼓、转鼓两种。音调高亢粗犷，节奏激烈紧张，具有振奋人心、激励向上的气魄，表现乾县民俗激昂豪放的气概，与其他民间鼓乐的《十样景》《闪电铙》相比，独具风格。

（四）云垛

流行于宝鸡扶风县的民间舞蹈云垛，相传已经有千年以上的历史，源自汉代汉族节日游艺，因为小巧灵活，便于制作，便代代相沿。表演时，参与的青少年男女，均按古代人物扮演，穿着红绿不等，但是成双成对，多至数百人，步踏乐曲，翩翩起舞。每个扮演者，脚面上结扎1个横形梅花状彩云，手执火把或花扇，碎步前行，如仙女驾云而舞。

云垛是群体舞蹈，演出时按广场、路途、白天、黑夜等情况区分。在广场演出，其套数有"掏八字""雁南归""扑四门"等；平时演出，按一般舞蹈表演进行。各种表演，都有锣鼓伴奏，并且配合龙灯、竹马、狮子等社火项目。

（五）跑鼓

流行于宝鸡麟游县的跑鼓，是汉族传统的鼓舞之一。表演时，场内架大鼓2面，2个鼓手身着武士衣裤，头戴包巾或武士帽，边舞边到鼓前打鼓，打鼓的鼓点要和锣、铙、钗配合默契，浑然一体。鼓手击鼓时，由慢到快，由缓到紧，都按一定的节拍进行；到激烈处，不但铙钗拍打变化多端，锣声插空相配，而且出现号子喊声，一阵接连一阵，声声互相呼应，气氛浓烈而不乱调。

（六）转鼓

流行于西府凤翔、岐山、千阳、扶风等县市的转鼓，以场面大、气氛浓烈而著名。表演时，一般挑选 10—20 名鼓手，准备 18—20 面大鼓，由其中 1 个鼓手任总指挥，众鼓手把鼓摆成一圈，几十名锣、钹手环立周围（随乐器数定人），鼓手打鼓，众锣手、钹手呼应配合，边拍边舞，雄伟壮观。鼓手多为技艺超众者，他们的鼓点有正打、倒打、定位打、转圈打等多种打法；锣、钹手也有配合拍打的锣钹点。扶风县揉谷石家的转鼓，是西府享誉一时的表演单位，新中国成立后多次赴关中多个地区、省城西安演出。

（七）牛虎斗

牛虎斗是一种民间舞蹈娱乐活动。西安周至县的楼观镇、哑柏镇、马台乡等地的牛虎斗较各地有名。表演时，由 2 名男青年分别身披仿牛仿虎的衣罩（如毛皮一般），模仿牛、虎动作，你争我斗。仿虎的动作，一般有"四大势""八小势""二十四个平阳势"；仿牛动作有"望月""趔叉""舔背""吃草""挖耳""缩叉"等。这些动作，看似粗笨，但是活灵活现，惹人喜爱。周至县的牛虎斗，新中国成立后曾经多次赴北京和省城西安演出，获民间音乐、舞蹈比赛一、二等奖。

四　民间美术

民间美术是由人民群众创作的，以美化环境和丰富民间风俗活动为目的，在日常生活中应用和流行的美术。民间美术与民俗活动关系极为密切，如民间的节日庆典、婚丧嫁娶、生子祝寿、迎神赛会等活动中的年画、剪纸、春联、戏具、花灯、扎纸、符道神像、服装饰件、龙舟彩船、月饼花模、泥塑等。关中地区的民间美术极具北方特色，作品中流露出北方人民的豪迈与奔放。户县农民画、凤翔木版年画、凤翔泥塑、关中剪纸、关中刺绣等在全国都享有很高的声誉，与日常生活联系紧密，是关中人民日常生活中提炼出来的艺术精品。

（一）户县农民画

户县农民画源于民间，与当地戏剧、舞蹈、民间社火、竹马、旱船、龙灯等丰富的民间文化形式有着深厚的渊源，富于明显的地域特色，民间风情强烈，乡土气息浓郁。户县农民画内容多取材于人物、动物、花鸟等，勾画出户县美丽的自然田园风光；采用白描形式，构图简洁而饱满，想象大胆而丰富；注重色彩对比，以大红大紫的色彩，夸张化的描述，追求强烈的直观效果，讲究装饰性；风格浪漫稚拙，怪诞抽象，浑厚质朴，气韵生动。粗犷里蕴含着细腻，浓艳而不失淡雅，古拙中流露天工。陕西户县被国家文化部命名为"中国现代民间绘画之乡"，它以其绚丽多彩的农民画艺术为关中这片古老的土地增添了一道浓重的印迹。如今，户县农民画逐渐形成产业化发展之路，创作队伍不断壮大，由最初的十余人发展到如今的 2000 余人；精品力作层出不穷，创作作品共计 3 万余件，其中 1200 余件在国内获奖，600 余件被国家和地方美术馆收藏，18700 余件被国外博物馆和外国收藏家珍藏；个体经营户日益增多，目前户县共计农民画专业户 30 多家；农民画在全国各大城市文化艺术旅游市场基本都有经销店，每年创造的经济效益在 300 万元左右；农民画展览范围不断扩大，数千件作品在美、英、德、法、日等 68 个国家和地区展出；28 位农民画家先后 35 次出国访问、讲学、办展和表演。户县农民画展览馆成为迄今为止全国规模最大的民间艺术殿堂，全馆占地面积 7338 平方米，建筑面积 2811 平方米，设有 8 个展厅，陈列作品 500 余件，迄今共接待世界 90 多个国家和地区的 80 万余名国际友人和 350 万人次的国内游客。

（二）凤翔木版年画

据《西凤世兴画局》记载，凤翔木版年画源于凤翔南肖里邰姓，始于唐宋，盛于明清。凤翔县的木版年画，有文字记载的年代，可以追溯到明正德二年（1507），这个县的邰氏家族就有 8 户从事木版年画的制作。邰氏凤翔年画迄今已经有 500 多年的历史，传承至第 20 代。凤翔木版年画是中国汉族民间年画的一大流派，被国外收藏家赞誉为"东方智慧的结晶"，在世界各著名博物馆皆有收藏。凤翔木版年画主要分为门画、十美画、风俗画、戏剧故事画、家宅六神画和窗花画 6 类；品种最多的时候有 600 多种，现在经过木版年画第 20 代传人邰立平数十年的恢复、挖掘、整理和创新的有 400 多种。2006
年 5 月 20 日，凤翔木版年画经国务院批准列入第一批国家级非物质
文化遗产名录。

凤翔木版年画是关中民间艺术中一朵古老独特、别具风采的艺术
奇葩，数百年来在陕、甘、宁、青、川地区一直深受百姓欢迎，是西
北农村千家万户辞旧迎新必不可少的装饰品。凤翔木版年画继承和发
扬中国传统绘画艺术的线条手法，同时吸收了历代寺庙壁画、石刻笔
法、刀功特点，以线刻为主，线条刚劲有力、简明质朴、生动大方；
色彩以红、绿、黄、紫为主，再衬以黑色线条，对比强烈，生活气息
浓郁，形象丰满逼真。印刷时先用颜色印染天地，再开红光、涂胭
脂、加重彩，后套黑线主版。画面既和谐朴实，又生动别致。凤翔木
版年画内容，首先以人物为主，以门神见长。门神中有历史名人、神
话人物，如秦琼、敬德、包文正、赵公明及天官赐福、福禄寿三星
等。其次是《西游记》神话故事和花鸟虫鱼。无论人物还是花卉，
造型都优美大方，生动逼真，各有情态。特别是门神中的秦琼、敬
德，从体态到神情，都能够给人一种既慈祥善良，又杀气腾腾，颇具
镇妖除邪之神威的感觉。

（三）凤翔泥塑

凤翔彩绘泥塑为陕西省宝鸡市凤翔县的一种民间美术，当地人称
"泥货"，出土的春秋战国及汉唐墓葬中均有泥塑的陪葬陶俑，可见
其泥塑工艺历史之久。传说明代朱元璋的军队驻扎此地，士兵大都是
江西老表，会制陶手艺，落户为农后，他们在农闲时制模做偶彩绘，
然后到各大庙会出售。当地老乡购泥塑置于家中，用以祈子、护生、
辟邪、镇宅、纳福。六营村的脱胎彩绘泥偶由此出名，并且代代相
传，成为中国民间美术中独具特色的精品，在国内外享有盛誉。

凤翔彩绘泥塑有 3 大类型：一是泥玩具，以动物造型为主，多塑
十二生肖形象；二是挂片，有脸谱、虎头、牛头、狮子头、麒麟送
子、八仙过海等；三是立人，主要为民间传说及历史故事中的人物造
像。凤翔泥塑共有 170 多个花色品种，其中有半人高的巨型蹲虎、虎
挂脸，也有小到方寸的小兔、小狮；制作中使用黑黏土、大白粉、皮

胶等，有模具定型，造型洗练、夸张，装饰华美富繁，色彩艳丽喜庆，形态稚拙可爱，在全国众多的民间泥塑中独树一帜。凤翔泥塑的工艺程序为制模、纸筋、入泥、脱胎、挂粉、勾线、彩绘和涂漆。凤翔泥塑制作方法简便易行，造型生动，色彩别具一格。其用色不多，以大红大绿和黄色为主，以黑墨勾线和简练笔法涂染，对比强烈，使人爱不释手。在数百年的历史当中，泥塑作品不断继承和发展，众多优秀的传统泥塑作品都得以不断传承，尤为典型的是虎的形象。凤翔泥塑具有浓郁的乡土气息及较高的民俗文化、民间艺术和美学研究价值，深为有关专家所瞩目。2006 年 5 月 20 日，经国务院批准列入第一批国家级非物质文化遗产名录。如今凤翔泥塑已经远销海外，如美、德、法、日等国，同时每年有着大量的到访者参观和购买，年人流量可达 10 万人次，六营村也被评为陕西省文化产业示范基地。凤翔彩绘泥塑以造型优美、色彩艳丽、生动逼真而享誉海内外。随着旅游事业的发展，这朵古老的民间艺术之花更加繁盛，成为关中地区重要的旅游纪念品。

（四）关中剪纸

剪纸艺术在中国起源是很早的，宝鸡民间就有周成王剪玉圭的传说。据有关资料记载，在 2000 年前的西汉墓葬里，发现了用金箔剪成的虎、象、怪兽、鸟和云纹图案。宝鸡当今仍然广泛使用银箔剪纸，装饰面花、礼馍、蜡烛、亭子、花帐等。《对猴》《对马》一类团花仍然是沿用至今的主要题材。剪纸已经在某种意义上成为中国文化的一种象征，是中国最普及的民间传统装饰艺术之一。

关中民间剪纸题材广泛，形式多样，与劳动人民的生活息息相关，具有浓郁的乡土气息和地方特色，主要流行于华阴、大荔、户县、周至、富平、咸阳、乾县、永寿、旬邑、凤翔、岐山、陇县等地。原大荔剪纸多以“小皮影”式的戏人和神话故事人物为主；周至多戏人或染色戏人；长安一带多花鸟；富平一带多戏人、花鸟和吉祥物；凤翔多花鸟博古；岐山多烟格花（窗格不糊纸，直接贴上方形图案或转动的立体果花，空隙可走烟）；陇县曾经有过染色戏人剪纸；旬邑的剪贴彩色剪纸独有特色。关中剪纸形式有团花（圆花），角花，长格花、烟格花，窗围花，吊帘（门挂）和一般单样剪纸。关中农村一般窗户较小，为16格，最大的为32格。眉县有些村民喜将窗花摆贴成八卦形式，称"八卦窗"，题材多为花鸟、博古、走兽、人物、古建、生活器皿及各类吉祥物图案等，风格与陕北相比偏于写实，给人以古朴、典雅之感。关中著名剪纸艺人有旬邑县的库淑兰、曹佃祥。陕西剪纸无论陕北或关中，大都有4种形式：色彩渗染剪纸、色彩拼染剪纸、立体窗花剪纸和单色剪纸。

这些民间剪纸风格古朴淳厚，线条流畅多变，造型粗犷简洁，具有浓郁的关中地域特色。在漫长的历史长河中，这种深受人们喜爱的民间艺术形式在关中的这片沃土上不断丰富与发展。

（五）关中刺绣

关中民间刺绣的历史早在《诗经》中就有记载。随着丝绸之路的开通，其技法受蜀绣及西域织毯工艺影响最大，清代以后又吸收了苏绣、湘绣、粤绣的工艺，兼具粗犷与细腻2种风格。陕西民间布艺刺绣，是传统手工艺术，品类繁多，工艺精细，美观大方，立体感强，既有剪纸的效果，又有刺绣的特点，将形、色、意、情融为一体，构思新奇，夸张而又合理，具有对比鲜明、造型生动逼真。刺绣的内容包括传统吉祥图案、龙凤狮虎、花鸟鱼虫、四季蔬果、戏曲人物、成语典故、字画楹联等。它不仅装饰和美化着人们的生活，而且与当地人民的生活和民情风俗紧密结合，渗透人们的生辰、婚嫁、寿诞、祭祀、宗教及日常生活的各个领域，具有浓郁的传统风格和鲜明的地方特色。关中地区最具有代表性的主要有西秦刺绣、澄城刺绣。

五 传统技艺

传统技艺是指人类在历史上创造并以活态形式传承至今、充分代表一个民族的文化底蕴、审美情趣及艺术水平的最为优秀的传统手工技艺与技能。关中地区传承至今的最具有代表性的传统手工技艺与技能主要有耀州窑陶瓷烧制技艺、澄城尧头陶瓷烧制技艺、楮树皮纸制作技艺（北张村）、蒲城杆火技艺、同盛祥牛羊肉泡馍制作技艺等。

（一）耀州窑陶瓷烧制技艺

耀州窑陶瓷烧制技艺是中国传统手工技艺之一。耀州窑以铜川黄堡镇为中心窑场，沿漆河两岸密集布陈，史称"十里陶坊"，同时还有立地、上店村、陈炉镇、玉华村等窑场，依次排列，绵延百里。耀州窑在唐代就是中国陶瓷烧制的著名产地，宋代更是达到鼎盛，成为中国"六大窑系"中最大的一个窑系，其产品则成为北方青瓷的代表，被列为宋朝贡品，并且远销世界各地，在陶瓷发展史上影响深远。

耀州窑的传统工艺主要体现在原料的采配、成分及加工，泥料的储备及练揉，手工拉坯及修坯，手工雕花、刻花、划花、贴花、印花，釉药的选配、制备及敷施，匣钵、窑具的制作及装窑，火焰气氛及烧成等7个方面。其烧造工艺和装饰技法，对全国各地的影响较大，除陕西境内的一大批窑仿烧外，它的技艺还传到河南省的临汝、禹县、宝丰、内乡等窑，广东省的西村窑，广西省的永福窑，形成了以黄堡镇窑为首的一个庞大的窑系。如今流传了1000多年的传统陶瓷技艺面临着后继无人的危险，亟须抢救。为更好地保护、传承与发扬这一传统技艺，2006年耀州窑陶瓷烧制技艺被列入国家级非物质文化遗产名录。

（二）澄城尧头陶瓷烧制技艺

陕西关中东部的澄城县尧头镇出产粗瓷。这个地区煤炭资源丰富，又有坩土矿分布于沟涧的石崖中，夹生白、紫两色的原料，便于烧制陶瓷、砂器。当地农民利用农闲，夏秋制坯彩绘，入冬烧窑销售，代代相传。尧头粗瓷是陕西渭北历史上著名的民间瓷窑，其窑址也是历代民间陶瓷文化遗存的重要地方。据明朝县志记载，澄城"瓷砂始于唐"，这是尧头窑最早的文字记载。在明清时期尧头镇陶瓷业发展到兴盛阶段。据民间流传，在鼎盛时期，有窑百余处，年产陶瓷220多万件，不仅占据了渭北各县市场，而且远销山西、甘肃、内蒙古等地。

尧头瓷全部用土法手工生产，原料采自当地坩土，加工过程包括泥浆、制坯、施釉、煅烧4道工序。在尧头村周家洞一带的塬坡上，后来还有几户烧制黑釉大缸和盆碗的瓷窑（当地称"黑窑"），仍旧保留着祖辈传下来的古老烧瓷技艺。然而，随着岁月的沧桑变迁，作为历史上著名的民间瓷窑，澄城尧头粗瓷逐渐失去了往日的风采与繁荣。如今，资源闲置浪费，古窑遗址在碎瓷片中长眠，民间艺人失传，据有关资料统计，全县所有的民间陶瓷艺人尚不足20人，而且年龄大都已经六七十岁，并且有的体弱多病，精熟几十道制瓷工艺的艺人更是凤毛麟角。尧头传承的陶瓷技艺和文化已届濒危，亟待抢救。为了更好地传承与发扬这一民间文化遗产，2006年澄城尧头陶瓷烧制技艺被列入国家级非物质文化遗产名录。

（三）楮皮纸制作技艺（北张村）

"仓颉字，雷公碗，沣出纸，水漂帘……"这是流传在陕西西安的一只民谣，说的正是位于沣河边北张村的一项传统手工技艺——楮皮纸制作技艺。楮皮纸制作技艺是传统造纸技艺的一种，使用楮树皮为原料，手工抄制而成。相传东汉时，蔡伦因他人之错受到牵连，朝廷要抓他去京都接受审判，蔡伦不愿忍受屈辱，在他的造纸发明地和封地龙亭县服毒自尽。蔡伦家族中人也受到连累四处逃命藏匿，其中一部分人逃至安康，经子午道越秦岭，向北走出秦岭山口时将当时最先进的植物纤维造纸技术传授给北张村一带。

1000多年来，长安北张村的纸匠们一直使用原始、简单的工具，按照东汉蔡伦发明的复杂、完整的流程，制造着纯天然的楮皮纸。这套工艺被专家们称作研究手工纸工艺演化进程的活化石。然而，在现代化市场经济冲击下，楮皮纸市场不断萎缩、作坊收入减少、传承后继乏人，使得这一古老的工艺处于濒临灭绝的境地。在北张村，仅剩几户人家还在坚持手工制纸，张逢学一家便是其中之一。2008年，楮皮纸制作技艺入选第二批国家级非物质文化遗产名录。2009年，张逢学被命名为这一项目的国家级代表性传承人。这几年，随着各级政府的重视、媒体的宣传和非遗保护工作的深入，越来越多的人了解了楮皮纸，张逢学的家访客日渐增多，还开发了游客亲身体验竹帘捞纸的过程，其家已经成为楮皮纸制作技艺的传习所。

（四）蒲城杆火技艺

蒲城杆火技艺是陕西渭南蒲城县传统手工技艺。杆火是唯一存世的低空造型焰火艺术，是古老焰火的主要形式，因所有造型都是绑在木杆上燃放而得名。杆火又叫架子花，专家则称为"吊花傀儡"或"药傀儡"。从南宋时期开始，每年的农历正月二十三日为"敬火神"日，杆火艺人都会按长幼排列，聚集在村外的火神庙，焚香虔诚地跪拜祭祀火神，并且燃放烟花、杆火，以求在一年的生活、劳动和烟花、杆火生产制作中能够平安免灾。后因火神庙被毁，艺人们则以每年4家联合轮流主持在原庙遗址上进行"敬火神"活动。近千年来，这一传统的祭祀活动都完整地保存下来，也使杆火这一古老的焰火艺术流传至今。

蒲城杆火全部为手工制作，工艺繁复，从安装燃爆器件（上活）算起，有"要做花炮，七十二套"之说，分为文火和武火。以民间传说、神话故事、建筑造型、人物活动为内容制作表演，造型涉猎广泛、包罗万象、趣味高雅、形象逼真、如梦如幻。燃放时，变化无穷、绚丽多彩、五光十色、神奇莫测，令人目不暇接、瞠目结舌，被人们誉为"焰火奇观"。改革开放后，党和政府对蒲城杆火艺术进行了保护，杆火艺术获得了新生，多次受邀到国内许多城市和国外进行演出，在世界范围内赢得了声誉。

（五）同盛祥牛羊肉泡馍制作技艺

牛羊肉泡馍是西安独具特色的著名小吃。传说牛羊肉泡馍是在公元前11世纪"牛羊羹"的基础上演化而来的，西周时曾经将"牛羊羹"列为国王、诸侯的"礼馔"。据《宋书》记载，南北朝时，毛修之因为向宋武帝献上"牛羊羹"这一绝味，武帝为其封官，后又升为尚书光禄大夫。近代以来，牛羊肉泡馍更是成为驰名中外的西安饮食文化的代表。

西安"同盛祥"建于80多年前，牛羊肉泡馍制作历史悠久，配料考究，做工精细，烹饪技术要求严格，煮肉工艺特别讲究：先将优质的牛羊肉洗切干净，煮时加葱、姜、花椒、八角、茴香、桂皮等佐料煮烂，汤汁备用。馍，是一种白面烤饼，吃时将其掰碎成黄豆般大小放入碗内,然后交给厨师在碗里放一定量的熟肉、原汤,并且配以葱末、白菜丝、料酒、粉丝、盐、味精等调料,单勺制作而成。牛羊肉泡馍的吃法也很独特,有羊肉烩汤,即顾客自吃自泡,也有干泡的,即将汤汁完全渗入馍内。吃完馍、肉,碗里的汤也被喝完了。还有一种吃法叫"水围城",即宽汤大煮,把煮熟的馍、肉放在碗中心,四周围以汤汁,这样清汤味鲜,肉烂且香,馍韧入味,如果再佐以辣酱、糖蒜,别有一番风味,是一种难得的高级滋补佳品。

六　民俗活动

(一) 西府社火

以陈仓血社火、陇州社火、凤翔社火、岐山社火为代表的西府社火已经成为世界文化中的一朵奇葩,展示着中华民族的灿烂文化。现今宝鸡当地的凤翔社火脸谱已经成为民间工艺品,展示着美丽朴实的中国工艺。

西府社火是在继承周、秦、汉、唐时期的百战、散乐和古代锣鼓舞蹈的基础上,不断创新而形成的民间群体性游艺活动。起源于原始社会的文面、文身、巫术、祭祀、宗教,古代的角抵、驱傩、祭社活动。宝鸡地区每年在春节期间开展社火游演活动,尤其在正月十五元宵节前后最为集中。游演社火,主要是庆贺丰收、保佑平安、辟邪惩恶,内容多以神话戏剧故事为主。主要类型有山社火、车社火、马社火、背社火、抬社火、高芯社火、高跷、地社火、血社火、黑社火等。以陇县和陈仓区的社火最具有代表性,其脸谱造型奇特,色彩质朴粗犷,代表了西府社火的最高水准。

宝鸡社火脸谱以悠久的历史,神秘、深厚的文化内涵,声势浩大的场面,受到学术界和摄影界的广泛关注,每年专程来宝鸡拍摄社火的影友不下百人,已经成为关中地区春节民俗活动的最亮点。

(二) 炎帝祭典

宝鸡是炎帝故里,是姜炎文化的发祥地。民间传说,宝鸡地区的炎帝祭祀活动可以追溯至黄帝。约在 5000 年前,炎帝因为误尝火焰子(俗名"断肠草")而逝于宝鸡天台山。黄帝闻听后,从姬水(为渭水一支流,《国语·晋语四》:"黄帝以姬水成。") 急速赶往天台山祭奠。现在天台山还留有烧香台遗址,传说为黄帝祭祀炎帝之地。

如今,每年的清明节、炎帝忌日,宝鸡市政府和渭滨区政府在炎帝祠、炎帝陵举行规模宏大的炎帝祭祀典礼。重修的炎帝陵、炎帝祠以及其他与炎帝、姜炎文化有关的景点、庙宇,已经成为宝鸡重要的文化旅游景点。以炎帝、姜炎文化为主要内涵的天台山,也成为国家重点风景名胜区。近 10 多年来的各种祭祀活动,吸引了数百万游人来宝鸡寻根祭祖,观光旅游。"宝鸡炎帝故里——全球华人老家",已成为宝鸡的旅游品牌、城市名片,享誉海内外。寻根祭祖,不仅促进了宝鸡旅游业的发展,而且带动了其他相关产业的发展。

(三)关中庙会

"庙会",《辞海》解释:"亦称'庙市',中国的市集形式之一,唐代已经存在,在寺庙节日或规定日期举行,一般设在寺庙内或其附近,故称'庙会'。"作为一种非物质文化遗产,关中庙会历史悠久,内涵丰富,保存着民众的精神信仰,是"活着的民俗"。它的渊源,可以追溯到远古的神灵祭祀。在漫长的历史发展中,庙会由最初隆重的神灵祭祀活动,渐渐发展成神灵祭祀、商品贸易、休闲娱乐和交流感情的综合性社会活动。至今,关中地区仍然保留着几百个大大小小的庙会,尤其以大慈恩寺庙会、法门寺佛教庙会、华山庙会、城隍庙会、楼观台庙会等最具有代表性、最具规模、最受人们欢迎。庙会期间,人山人海、游人如织,"逛庙会、赏民俗"已经成为关中文化旅游不可或缺的重要部分。

七　特色饮食

关中历史悠久,长期以来形成了独具特色的饮食习惯与文化,本文主要从茶、酒、面食、风味名菜、特色小吃、干鲜果品等 6 个方面阐述关中特色饮食。

(一)茶

茶在关中人的日常饮料中,有着悠久的民俗传承。老百姓俗话说:"开门 7 件事,柴、米、油、盐、酱、醋、茶。"来客必有烟酒茶。茶饭、茶饭，至今关中农村以饭食论优劣，往往说"谁家茶饭好，谁家茶饭不好"，茶与关中人饮食密切于此可见一斑。关中虽然不产茶，但是人们饮茶已成习惯，这在城乡都是司空见惯的。除了冲泡饮用之外，西府山区还有一种罐罐茶，属羌人的遗俗。

（二）酒

酒是我们祖先最早发明的饮料之一。关中人在日常礼俗中，处处事事离不开酒，酒的品种多，酒的佳话也多，名酒的传说洋溢着沁人心脾的酒香味而传遍天下。白水县是杜康仙师的故乡，在那里流传着"杜康美酒醉刘伶"的传说。全国名优酒"西凤酒"，素有"醉倒蜂蝶十里香"的美誉。其中享有国际声誉的黄桂稠酒，远在唐代已经久有盛名了。"斗酒诗百篇"的诗仙李白和他的酒友"酒中八仙"，当年就是常到长安酒肆畅饮黄桂稠酒而吟诗论文的。

（三）面食

关中地区面食的种类很多，主要分为面条、锅饼和蒸馍三大类。

面条有近千种，如臊子面、旗花面、麻食面、炸酱面、油泼面、长面、短面、细面等。同时，东府面和西府面又有不同。西府的面条特点在于一个"细"字，最细的像头发丝那么细；东府的面条特点在于一个"宽"字，最宽的像宽皮腰带。

锅饼类主要有乾县锅盔、煎饼菜卷、千层油酥饼、石子馍、合页饼、烧饼、韭菜盒子等日常必备食品。

蒸馍主要有蒲城蒸馍、合阳花花馍、兴平云云馍，金线油塔、蒸饺、包子、蒸麦饭、米面皮子等也是生活中常吃的食品。

（四）风味名菜

陕西风味名菜历史悠久，品类繁多。编入《中国菜谱·陕西卷》的就有201种，故有"长安美肴，华夏古馐"之称。陕西菜以关中菜为代表。在取料上以猪、羊肉为主，具有料重味浓香肥酸烂的特点，而取料单一、滋味纯正又是它的独特风格。传统名菜有带把肘子、葫芦鸡、枸杞炖银耳、三皮丝（猪皮、鸡皮、海蜇皮）、奶汤锅子鱼、口蘑氽双脆、煨鱿鱼丝、烩三鲜、金边白菜等。汤类有菠菜豆腐汤、酸辣肚丝汤、金针银耳汤、肉丝汤、鸡丝汤、鸡蛋汤等。饭食中首推天下第一碗羊肉泡馍。近年来，菜饭合一，又开发出了仿唐宴、长安八景宴、饺子宴、灌汤包子宴、羊肉泡馍宴等。

（五）特色小吃

西安是中国的小吃王国，羊肉泡馍、腊牛肉、腊羊肉、腊汁肉夹馍、秦镇凉皮、宝鸡擀面皮、岐山臊子面、西府扯面、泡泡油糕、金线油塔、西府荞面饸饹、葫芦头、黄桂柿子饼、灌汤包子等都是老少皆知的名小吃。

（六）干鲜果品

关中地区首推临潼的石榴、火晶柿子，其他如关中红杏、彬县晋枣、三原鸡心黄柿子、富平庄里合儿饼、华县草莓、同州西瓜、周至猕猴桃、大荔花生等都是历史上有名气的传统果品。

第三节 宗教文化——关中文化的诗篇

一 关中宗教文化概述

关中地区宗教信仰以佛教、道教、伊斯兰教为主，同时有少部分民众信仰天主教、基督教。

（一）佛教概况

关中素有"佛教的第二故乡"之称。中国汉传佛教的八大宗派中有 6 个宗派发祥于关中：三论宗之草堂寺，法相宗之慈恩寺，华严宗之华严寺，净土宗之香积寺，律宗之净业、丰德二寺，密宗之大兴善寺、青龙寺。另外，被佛经中誉为"最上福田，甚难可得"，世所仅见的佛指舍利，就安奉在宝鸡法门寺。佛教史上的 4 大译师鸠摩罗什、玄奘、不空、义净都曾经在关中常住译经弘法，历史上关中一直是中国佛教的中心。

（二）道教概况

道教是中国土生土长的宗教，教规和教义紧贴民众生活，与民间风俗习惯联系密切，崇拜的仙、神较多，因而人民群众称为多神教。关中是道教的发源地之一，1983 年国务院批准的全国 21 座重点宫观中关中地区就有 3 处 5 个点：楼观台、八仙宫、华山（玉泉院、东道院、镇岳宫）。楼观台和八仙宫又为道教十方丛林，还有全真派祖庭重阳宫，龙门派祖庭龙门洞等，这些著名宫观在中国道教界均有较大影响。

（三）伊斯兰教概况

伊斯兰教传入关中的历史悠久，唐永徽二年（651）即传入长安，是中国伊斯兰教经堂教育的发祥地。信仰伊斯兰教的穆斯林群众散居在关中各地，并且大多生活在城市，信仰虔诚，大分散小聚集特点明显，主要分布在西安市区的周边县区。其开创者胡登洲大师的基地在咸阳原上。

（四）基督教概况

基督教从《大秦景教流行中国碑》的记载算起，传入关中已经有1300 多年的历史。基督教的大量传入并有较大发展主要是在鸦片战争以后。西安市现有基督教礼拜堂点 115 处。建于唐代的基督教景教大秦寺，位于周至县终南山下，楼观台西侧，该寺现仅存一古塔。目前，影响较大的基督教堂有南新街礼拜堂、东新巷礼拜堂等。

（五）天主教概况

天主教传入西安是在明末的 1625 年。在那一年耶稣会士金尼阁神父从山西绛州来到西安，在糖坊街购地设堂传教。到 1664 年，陕西已经有教徒 62000 人，在中国 13 行省中排名第二，仅次于江南。1696 年，成立陕西宗座代牧区，由方济各会负责。1701 年，首任主教意大利人叶宗贤设主教府于泾阳鲁桥。西安市现有天主教堂点 99处，影响较大的有五星街天主教堂、糖坊街天主教堂、高陵县通远镇天主教堂、周至教区天主教总堂、户县围棋寨天主教堂等。

二　主要宗教旅游资源

（一）佛教旅游资源

关中地区自古以来就是佛教中心，佛教旅游资源丰富，代表性景区主要有法门寺、大慈恩寺、大兴善寺、卧龙寺、广仁寺、青龙寺、兴教寺、香积寺、净业寺、草堂寺、华严寺等。

法门寺始建于东汉末年，发迹于北魏，起兴于隋，鼎盛于唐，被誉为"皇家寺庙",因为安置释迦牟尼佛指骨舍利而成为举国仰望的佛教圣地,现为国家5A级景区。

大慈恩寺是世界闻名的佛教寺院,唐代长安的四大译经场之一,也是中国佛教法相唯识宗的祖庭,迄今已历经1350余年。位于古城西安南郊,创建于唐太宗贞观二十二年(648),是唐高宗李治为了追念他的母亲文德皇后而建,被国务院确定为汉传地区佛教重点寺院、第一批全国重点文物保护单位和国家首批4A级旅游景点。

大兴善寺始建于晋,初称遵善寺。隋文帝开皇二年(582)扩建,更名大兴善寺。印度僧人曾经住在寺内译经。唐玄宗开元年间,"开元三大士"善元畏、金刚智、不空到此寺传授密宗,成为当时长安翻译佛经的三大译场之一、中国佛教密宗的发源地,现为国家3A级景区。

卧龙寺创建于汉灵帝时(168—189),隋朝时称福应禅院,距今已经1800多年。历史上以禅宗道场为主,兼传播其他宗派的经典、教义,被称作"各宗并弘道场"。寺内碑石林立,文物荟萃。1957年7月31日被西安市人民政府列为陕西省第二批重点文物保护单位,被国务院确定为汉族地区佛教全国重点寺院。

西安广仁寺,又名喇嘛寺,1703年由清圣祖康熙帝敕建,寓意"广布仁慈"。位于西安古城墙内西北角,为国家3A级景区,被国务院列为全国重点寺院,是陕西省唯一的藏传佛教寺院,是关中一处具有浓郁神秘色彩的藏式人文景区。

青龙寺,又名石佛寺,中国佛教密宗寺院。位于西安市城东南铁炉庙村北的乐游原上。青龙寺极盛于唐代中期,当时有不少外国僧人在此学习,尤其是日本僧侣,著名的入唐八家,其中六家(空海、圆行、圆仁、惠运、圆珍、宗睿)皆先后在青龙寺受法。日本著名留学僧空海法师事惠果大师长期驻于此地,学习密宗真谛。后回日本创立真言宗,成为开创"东密"的祖师。1996年,青龙寺遗址被国务院公布为全国重点文物保护单位。

兴教寺是唐代樊川八大寺院之首,也称护国兴教寺。位于西安长安区杜曲镇少陵原畔,樊川北原(少陵塬)。是唐代著名翻译家、旅行家玄奘法师长眠之地。兴教寺由殿房、藏经楼和塔院 3 部分组成，现为全国重点文物保护单位。

香积寺是中国佛教净土宗祖庭，位于西安市西南约 17 公里的神禾原，南临滈水，西傍潏水，是国务院确定的汉族地区佛教全国重点寺院之一。唐高宗永隆二年（681）净土宗创始人之一善导大师圆寂，弟子怀恽为纪念善导功德，修建了香积寺和善导大师供养塔，使香积寺成为中国佛教净土宗正式创立后的第一个道场。香积寺的善导塔为全国重点文物保护单位。

净业寺始建于隋末，唐初为高僧道宣修行弘律的道场，因而成为佛教律宗发祥地。位于西安市长安区终南山北麓凤凰山上，距西安市区约 35 公里，是国务院确定的 142 座汉族地区佛教全国重点寺院之一，律宗祖庭。凤凰山山形如凤，地脉龙绵，山势奇古高峻，林壑幽深。净业寺居处山腰，坐北朝南，东对青华山，西临沣峪河，南面阔朗，可眺观音、九鼎诸峰，是净心清修的道场，现任方丈为本如师。

草堂寺位于陕西省户县圭峰山北麓，东临沣水，南对终南山圭峰、观音、紫阁、大顶诸峰，景色秀丽。约创建于距今 1500 多年的东晋末年，不仅是佛教的著名古刹，也是三论宗祖庭和华严宗祖庭，还是名闻关中的古迹胜境。因其以草苫为寺中一堂屋顶，故名。北周时毁，唐宋以后多次重建。今有大殿 3 间及鸠摩罗什舍利塔等，是国务院确立的汉族地区佛教全国重点寺院。

华严寺是唐代长安城南樊川八大寺之一。位于西安市南 15 公里的少陵塬半坡，居高临下，俯瞰樊川。李白描述道："南登杜陵上，北望五陵间。秋水明落日，流光灭远山。"唐代樊川是长安城南著名风景区，是春秋宴乐、夏日避暑的胜地。华严寺是中国佛教华严宗的祖庭之一，由初建到以后数百年间，无高大殿堂建筑的记载，而只记有凿塬为窟，以安置佛像及僧众居住，可谓是黄土高原上一座典型的窟洞寺院。

（二）道教旅游资源

关中是中华文明的重要发祥地之一，在中国道教发展史上具有重要的地位，肥沃的关中平原和巍峨的秦岭终南山脉为道教活动提供了理想的教事活动空间。代表性道教旅游资源有华山道院（玉泉院、镇岳宫、东道院）、西安八仙宫、周至县楼观台、户县重阳宫、太白山道院、龙门洞道院等。

华山道院：自古有道之士多遁居山林，择洞天福地古迹灵坛隐居修道。故华山之形胜，宫观之富丽，历来是道家所仰慕的修仙之处。道教中很多著名的炼师、学者都曾经在这里隐居修炼过，至今华山还流传有不少传说。为此，历代信徒和官府在华山修建过很多宫观，但是经历天灾人祸，所剩不多了。如今，除依然存在的玉泉院、东道院、镇岳宫3座全国重点宫观外，有道士居住的还有群仙观、王母宫、苍龙岭的龙王殿、中峰的玉女庙、南天门的雷祖殿、西峰上的斗姆殿等6处。

八仙宫：为道教主流全真派圣地，又名八仙庵，是西安最大、最著名的道教观院。位于西安市东关长乐坊，始建于宋，系唐兴庆宫局部故址。八仙宫以其美丽动人的"八仙"传说而享誉海内外，被视为道教仙迹胜地，八仙是道教传说中的8位神仙，即铁拐李、汉钟离、张果老、何仙姑、蓝采和、吕洞宾、韩湘子、曹国舅。

楼观台：世界公认的道教祖庭，是中国著名的道教主流全真派圣地。古人云"关中河山百二，以终南为最胜；终南千峰耸翠，以楼观为最佳"，真实地反映了楼观台丰富的自然景观和众多的人文景观价值。道教祖庭楼观台是中国古代著名道教创始人老子李耳著书立说、传道讲经之道教发祥地，已经有3000余年历史，素有"天下第一福地""洞天之冠"的美誉，道教史称为"仙都"。西楼观大陵山是老子修道、羽化之所，有吾老洞、老子墓等道教古迹；宗圣宫建于唐初，是唐王朝奉老子为族祖、礼祭圣祖玄元皇帝——老子的宗祠。内计存文物古迹、碑石百余处，名人诗词佳作150余篇，还有许许多多脍炙人口的关于道教创立的传说故事。

重阳宫：中国著名道教宫观，世界道教主流全真道的圣地。重阳宫位于户县祖庵镇，是中国道教全真派的三大祖庭之首，是全真道祖师王重阳早年修道和葬骨之地，金庸小说《神雕侠侣》中多有艺术化描述。王重阳主张儒、释、道三教合一，以"三教圆通，识心见性，独全其真"为宗旨，故名其教为全真。其弟子丘处机受到元太祖的器重，全真教在北方愈益兴盛。王重阳、丘处机都有著述流行，以阐述全真教义。

太白山道院：太白山是道教名山。汉祀谷春神，魏晋归入道教楼观派，唐代鼎盛，宋元渐衰，明清稍兴，民国时不振，至今复兴。隋末唐初，被道教奉为药王的孙思邈，隐居太白山南坡 10 余年，钻研医药学，两次拒绝了做官的机会。后世在太白山修建规模宏大的药王殿，世世代代祭祀药王。

龙门洞道院：位于宝鸡市陇县新集川乡的龙门山上。因全真道龙门派祖师丘处机（号长春子）曾经于金世宗大定二十年（1180）至大定二十六年（1186）在这个山洞窟中隐居修炼 7 年而闻名。丘处机隐居龙门山时，不建宫观，与诸弟子分别栖息于混元峰下的几个洞窟中，修身养性，磨炼意志。有长春洞、磨性石等遗迹。历经多次维修和重建，现有太上殿、药王殿、救苦殿、混元顶、二郎殿、土神殿、子孙宫、王母殿、黑虎殿、玉皇阁等殿堂。

（三）伊斯兰教旅游资源

西安自古有"七寺十三坊"之说，七寺是指化觉巷清真大寺、大皮院清真寺、小皮院清真北大寺、广济街清真小寺、大学习巷清真寺、小学习巷营里寺和洒金桥清真古寺；十三坊是指化觉巷、西羊市、北院门、麦苋街、大皮院、小皮院、北广济街、狮子庙街、大学习巷、小学习巷、大麦市街、洒金桥和城南的回回巷。而最具代表性的清真寺院有化觉巷清真大寺、大学习巷清真寺。

化觉巷清真大寺位于西安鼓楼西北的化觉巷内，为国家第三批重点文物保护单位。建于明初，与西安大学习巷清真寺并称为中国西安最古老的两座清真大寺，因其在大学习巷寺以东，故又叫东大寺。全寺总面积 1.3 万平方米，建筑面积约 6000 平方米，是时代较早、规模较大的回族伊斯兰建筑，基地南北窄东西长，两座寺门分设在基地东端南北两角。总布局采取沿东西向轴线纵深串联多重院落的形式，一共四进，被联合国教科文组织列为世界伊斯兰文物之一。

大学习巷清真寺位于西安市西大街大学习巷内北侧，与化觉巷清真大寺东西遥遥相对。全寺建筑规模较大，仅次于东侧的化觉巷清真大寺，故又称西大寺。据寺内现存石碑记载，该寺创建于唐中宗乙巳年（705），赐名清教寺。玄宗朝改名唐明寺，元中统间赐名回回万善寺，明洪武时赐名清真寺，是西安最古老的清真寺之一。寺院建筑形式，略同化觉巷清真大寺，唯规模较小，而寺内亭、台、殿、阁布局得当。

（四）基督教旅游资源

基督教代表性寺院有周至县大秦寺。

大秦寺位于终南山北麓，距古城西安 70 余公里，是历史上基督教传入中国最早的寺院之一。公元 7 世纪中叶，罗马基督教（聂斯托利派）传入中国内地，当时称为"景教"，因为唐代时称罗马为大秦国，所以称该教为"大秦景教"，称景教寺院为"大秦寺"。《大秦景教流行中国碑》记载了基督宗教于唐代首次传入中国的历史，被誉为"天下第一碑"，现该碑存于西安碑林博物馆。大秦寺宝塔作为古代"丝绸之路"的产物和中西文化交流之见证，已经受到国际学术界的关注和有关国际组织的重视，2000 年 8 月联合国教科文组织将大秦寺的保护纳入"中国丝绸之路保护项目"，2001 年 10 月世界纪念性建筑基金会将大秦宝塔及大秦寺列入《世界建筑遗产名录》，大秦寺也因此而闻名海内外，景教寺已经成为许多基督宗教信仰者的仰慕之地。

三　宗教文化特点归纳

（一）历史悠久，文化底蕴深厚

佛教于东汉明帝时由印度传入关中，至今已有近 2000 年的历史，从魏、晋、南北朝直到隋、唐时期，长安一直是汉传佛教重要的活动中心。同时，关中是中国道教的发祥地之一。周至县楼观台是东周末年老子讲授《道德经》之地，《道德经》成为后世道教的思想理论基础。基督教（唐朝时称作景教）于唐太宗贞观九年（635）传入关中。伊斯兰教传入关中已经有 1300 多年的历史。

（二）影响力大，开发潜力较大

在中国历史上，汉传佛教的 8 个宗派中就有 6 个宗派的祖庭在关中。这些佛教宗派对日本、朝鲜等国的宗教和文化都产生过重要的影响。1987 年，扶风县法门寺佛指舍利的发现，更是在国内外引起巨大的轰动，法门寺成为国内外佛教徒朝拜的圣地。周至县楼观台被举为道教第一福地，户县重阳宫是举世公认的全真派道教祖庭，在国内外道教信仰者中有着广泛的影响。西安古老的化觉巷清真大寺、大学习巷清真寺等在历史上均具有一定的影响力。周至县景教寺已经成为许多基督宗教信仰者的仰慕之地。高品级、高知名度的宗教人文资源是关中地区重要的旅游资源，大多数已经成为开放的旅游景点，开发潜力较大，必将大有可为。

（三）知名度高，品牌优势明显

关中地区共有 14 座佛、道教寺观被国家确定为全国重点寺观，佛教的有：西安大慈恩寺、大兴善寺、卧龙寺、广仁寺、兴教寺、香积寺、净业寺、户县草堂、扶风法门寺；道教的有：华阴县华山玉泉院、镇岳宫、东道院、西安八仙宫、周至县楼观台。这些道教寺观在国内知名度都很高，在东南亚、日本、印度、澳大利亚等国家和地区备受称道，具有很高的旅游开发价值，吸引了海内外信徒、专家学者和一般游客。品牌优势明显，从而为开发宗教旅游资源提供了良好的条件。

（四）相互融合，资源综合性强

无论佛教寺院或是道观都不是作为单一的资源类型而存在，而是与山水自然、历史遗迹、民俗风情等多种资源类型相互融合、互为补充，资源综合性强，游客在参观朝觐宗教圣地的同时，也可以领略到独特优美的山水自然风光、体验浓郁的民俗民风等。

（五）门类齐全，观赏价值极高

关中地区既有寺观、佛塔等传统的建筑，又有清真寺、教堂等宗教建筑，这些风格多样、各具特色的建筑本身就是一道亮丽的城市风景。众多的寺庙、道观和教堂，不仅是各教信众活动的场所，也是历代书法、建筑、雕刻、园林、音乐等艺术荟萃之地，仅至今保存的教堂、寺庙，建筑风格亦是多姿多彩，异彩纷呈，观赏性很强，对中外游客有着极大的吸引力。

第四节　农业文化——关中文化的新亮点

一　古法农业文化

关中素有中国农业发祥地之称，农业历史悠久，农耕文化深厚。传说中的炎帝神农氏在关中始创刀耕火种，以生命作为代价为众生寻找食源；农业始祖后稷"教民稼穑，树艺五谷"，开创了中华农耕文明的先河，开始了中国古代管理化的农业生产；在半坡遗址中发现了中国最早的粟和菜籽；长武发现了中国最早的高粱；古代第一个水利工程郑国渠首先出现在关中平原，"井渠法"首创于关中，传至西域。

如今，为了纪念农业始祖后稷及展示农耕文化，建立了后稷教稼园；同时，张家山郑国渠首遗址被列为国家重点文物保护单位，成为游客游览观光的景点。

二　现代农业文化

关中地区最具有代表性的现代农业文化主要有杨凌高科技农业文化、户县葡萄文化、周至猕猴桃文化、临潼石榴文化、富平柿饼文化等。

（一）杨凌高科技农业文化

杨凌农业高新技术产业示范区，是中国唯一的农业高新技术产业示范区，是中国三大农业示范区之一。杨凌被誉为"农科城"，是国家旅游局命名的首批全国农业旅游示范点，区内旅游资源独具特色。杨凌现代农业示范园区和新天地农业科技示范园等基地的无土栽培技术和智能化温室大棚，为现代高科技农业做了生动而形象的定义，展示了现代农业发展的无穷魅力；农林博览园是中国国内规模最大的博物馆组群，园内拥有亚洲最大的昆虫博物馆，收藏国内外各类昆虫标本 100 万号，是人们学习和了解纷繁多变的昆虫世界的最好去处；拥有世界上最大的胚胎克隆羊基地，世界上首例体细胞克隆羊"阳阳"及其家族诞生于此。每年一度的杨凌农高会已经成为国际知名的科技展会品牌和农业科技推广的重要载体。

（二）户县葡萄文化

户县葡萄是中国地理标志产品。户县位于关中平原中部，属暖热带半湿润大陆性季风气候区，四季冷暖干湿分明，光、热、水资源丰富，是适宜农业生产和多种经营的地区，素有"银户县"之美誉。户县葡萄栽种历史悠久，唐代诗人王翰"葡萄美酒夜光杯"的诗句流传千古。户太 8 号、红提、红贵族、新华 1 号等品种的葡萄质量优良，获"中国户太葡萄之乡"和"中国十大优质葡萄基地"等荣誉称号。到 2012 年，全县葡萄种植面积近 1700 公顷，以户太葡萄为主的中晚熟葡萄 1500 公顷，年葡萄总产量约 2.4 万吨，产值 3 亿元。同时，户县以西安葡萄研究所为龙头的葡萄深加工不断取得新进展，其研究开发的"户太 8 号"甜葡萄酒、干红葡萄酒、半干红葡萄酒和浓缩葡萄汁等系列加工产品，在市场上供不应求。

（三）周至猕猴桃文化

周至县自然条件优越，历史悠久，风光秀丽，素有"金周至"之美称。周至县是中国最大的猕猴桃生产县，是世界上最大的猕猴桃种植基地。全县猕猴桃种植面积 40 万亩，年产量 35 余万吨。全县半数村种植猕猴桃，占耕地面积 80% 以上，被誉为"猕猴桃之乡"。周至猕猴桃质地柔软、品种多样，其鲜果及加工品屡获国际国内多项大奖，并且远销 26 个国家和地区。"周至猕猴桃"已经成为国家地理标志保护产品，取得欧盟有机食品认证、中国绿色食品认证。国家质检总局认定周至县为全国唯一的猕猴桃标准化管理示范县，全国 60% 猕猴桃鲜果产自周至，80% 的猕猴桃果干产自周至，2013 年周至猕猴桃跃上航天事业"神舟"。

（四）临潼石榴文化

临潼石榴是陕西一大特产。它集全国石榴之优，素以色泽艳丽、果大皮薄、汁多味甜、核软鲜美、籽肥渣少、品质优良等特点而著称。名居全国五大名榴之冠，被列为果中珍品，历来是封建皇帝的贡品，享誉九州，驰名海外。白居易曾经写诗赞美："日照血球将滴地，风翻火焰欲烧人。"凡是来到临潼的中外游客，都以能够品尝到这里出产的石榴为一大快事。临潼石榴畅销国内各省市和港澳地区、东南亚各国，年出口量数十万公斤。

（五）富平柿饼文化

富平栽植柿子历史悠久，汉初就有栽植习惯。明朝时，富平柿饼的制作工艺已经十分成熟。相传，当年朱元璋为生活所迫，靠乞讨度日，流落到富平北部金瓮山下，因食当地鲜美的大柿子才得以活命。朱元璋当上皇帝后，便下令将那棵有救命之恩的大柿子树封为"凌霜侯"，并且建庙永为纪念。

富平柿饼所在地作为世界闻名的柿子优生区，富平建有优质柿子基地 10 万亩。在日本吉野市全球唯一的柿子博物馆里就有"世界上柿子的主产国为中国，柿子的优生区在富平"的记载。2001 年，富平县被国家林业局命名为"中国名特优经济林之乡——中国柿乡"。富平柿饼连年出口韩国、日本、朝鲜、俄罗斯、越南、加拿大等国家，深受消费者青睐，市场前景广阔。

第四章　关中文化旅游客源市场与旅游者行为模式分析

第一节　关中文化旅游客源市场特点分析

一　关中文化旅游客源市场概述

关中文化旅游客源市场发展具有以下五大特点。

第一，客源市场规模不断扩大，总体增长势头良好（见图 4 - 1）。2007—2012 年，关中游客接待量由 2007 年的 6239.6 万人次，增长到 2012 年的 1.7 亿人次，年平均增长率达 22.5%。

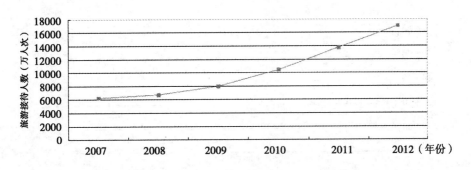

图 4 - 1　2007—2012 年关中旅游客源市场规模增长趋势

资料来源：关中各市 2007—2012 年的国民经济和社会发展统计公报。

第二，由于气候、地理环境、大气污染、产品结构等各种因素的影响，客源市场呈现一定的季节性变化特征，夏秋季节是旅游旺季，游客接待量骤增，而冬春季节是旅游淡季，游客数量较少。

第三，受外部突发因素或事件的影响，具有波动性和敏感性特征。如受 2003 年"非典"、2005 年"禽流感"、2008 年汶川地震等影响，文化旅游客源市场均呈现了不同程度的波动。

第四，在陕西客源市场中关中占有绝大部分市场份额，2007—

2012 年,除 2009 年外,各年的市场占有率高达 70% 以上(见表 4 - 1)。

表 4 - 1　　　2007—2012 年关中客源市场在陕西客源市场中的市场占有率

年份	2007	2008	2009	2010	2011	2012
市场占有率(%)	76.7	73.0	68.9	71.7	74.8	73.1

资料来源:根据 2007—2012 年关中与陕西游客接待量计算所得。

第五,在全国客源市场中占有一定市场份额,市场占有率逐年提高。以入境客源市场为例进行分析,2011—2012 年陕西入境游客人数在全国连续 3 年排名第 11 位,[①] 而关中又占有陕西绝大部分客源市场份额,因而由此可以推断关中文化旅游客源市场在全国客源市场中占有一定的市场份额。同时,根据相关数据统计计算得出,2007—2012 年,关中客源市场在全国客源市场的市场占有率由 3.58% 逐年增长到 5.5% (见图 4 - 2)。

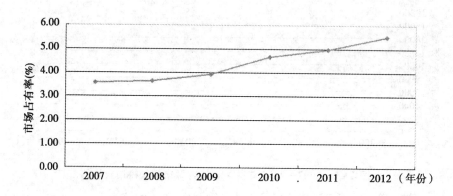

图 4 - 2　2007—2012 年关中客源市场在全国客源市场中的市场占有率
资料来源:根据 2007—2012 年关中与中国游客接待量计算所得。

---

① 马秋芳、杨新军、康俊香:《传统旅游城市入境游客满意度评价及其期望—感知特征差异分析——以西安欧美游客为例》,《旅游学刊》2006 年第 2 期。

二　关中文化旅游入境客源市场特点分析

关中历史悠久，文化资源丰富，素来"文化旅游"独大。西安作为举世闻名的世界古都，文化旅游业发展迅速，吸引了众多海内外游客前来参观游览。而西安客源市场占关中客源市场近一半的市场份额，[①] 是关中客源市场的核心构成部分。本书将以西安入境客源市场为例，分析总结关中文化旅游入境客源市场的特点。

（一）入境文化旅游者数量变化的特点

关中文化旅游入境旅游者数量发展具有增长性、阶段性特点，数据变化曲线呈现明显的"W"或"V"形状。具体是：（1）增长性。西安作为世界"四大古都"之一，是中国入境旅游接待的重要目的地。西安文化旅游业不断发展，入境客源市场呈现良好的增长势头。2001年西安接待入境旅游者 67 万人次，2013 年增长到 352.06 万人次。（2）阶段性。由于自然（如"非典"、"禽流感"、汶川地震和冰雪灾害）、社会（如 1989 年政治风波、2008 年"3·14"事件）和经济（如1998—1999 年亚洲金融危机、2008—2009 年全球金融危机）等因素，文化旅游者数量出现震荡、波动、回落、起伏等特点，其中 2002—2012 年西安入境旅游者数据变化曲线为"W"形（见图4-3）。

（二）入境文化客源市场份额增长的特点

以 1998—2012 年西安入境旅游客源数据为例分析得出：入境客源市场份额总体上不断增长，但是受到外部因素的影响也出现过跌宕，增长速度缓慢。受 2003 年"非典"和 2008 年美国次贷危机引发全球金融危机的影响，出现两次折线，跌宕显著，可见西安旅游市场发展缓慢，抗风险能力脆弱。15 年间，西安入境游客由 1998 年的 47.45 万人次增长到2012 年的 115.35 万人次，增长 2.43 倍。从排名来看，西安在中国主要旅游城市中的位次与知名度不相匹配，入境旅游人数与外汇收入一直徘徊在第 12 名左右，2008 年一度跌至第 18 名。可见，关中入境文化旅游客

---

① 鶱姣：《基于亲景度的西安入境旅游客源市场拓展研究》，《经济师》2010 年第12 期。

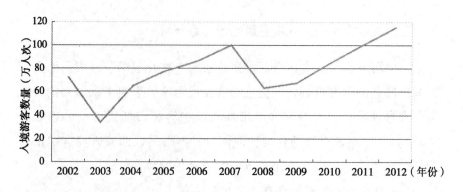

图 4 - 3 2002—2012 年西安入境旅游者数据变化

源市场开发并不乐观,亟待审视和优化。

(三)入境客源市场客年际集中度的特点

年际集中指数(AMCI)是用于描述某种社会经济要素在某一时段内各年度间集中分布和离散均匀分布的度量指标。其计算公式为:

$$Y = \sqrt{\frac{1}{n_{i-1}} \sum_{}^{n} (X_i - X^{\cdot})^2} (i = 1,2,3\cdots)$$

其中:Y 为年际集中指数;X_i 为客源地第 i 年游客人次数占时间段内总人次数百分比的分子值;$X^{\cdot}$ 为时段内各年数量指标平均分布时的百分比的分子值;n 为时段中包含的年度数。Y 值越小,说明客源国旅游需求年际变化不大,客流随时间变化稳定;反之,Y 值越大,则变化强度大,客流随时间变化越不稳定。

陕西师范大学旅游管理博士毕丽芳以 2002—2011 年西安入境旅游统计数据为样本,采用以上公式计算得西安 16 个主要客源地年际集中指数,如表 4 - 2 所示。[①]

表 4 - 2   西安 16 个主要客源地年际集中指数统计

客源地	中国香港	中国澳门	中国台湾	日本	韩国	马来西亚	菲律宾	新加坡
AMCI	4.68	10.65	3.92	8.40	4.01	10.07	10.89	10.27
客源地	泰国	美国	加拿大	英国	法国	德国	俄罗斯	澳大利亚
AMCI	10.31	5.34	8.57	4.81	5.73	5.22	10.67	8.02

① 毕丽芳:《西安主要入境旅游客源市场的演变分析》,《旅游经济》2013 年第 2 期。

根据表4-2可知，台湾是西安16个主要客源地中年际集中指数最小的客源地，表明它是西安最稳定的客源市场；中国香港、韩国、英国是较为稳定的客源市场，但是均呈现波动中略有下降的态势；美国、澳大利亚、加拿大、日本、法国、德国属于波动较大的客源市场，其中美国于2007年成为西安最大的客源市场，而日本长期是西安入境旅游最大的客源市场，但是游客一直呈下滑状态；中国澳门、马来西亚、菲律宾、新加坡、泰国、俄罗斯等客源地年际集中度指数更大，说明它们的波动更大。对于多数客源地游客数量下降的事实，一方面是由于西安入境旅游文化市场产品亟须转型换代升级，朝休闲化、体验化发展；另一个方面的重要原因就是周边文化旅游目的地竞争的加剧。

（四）入境客源市场聚类的特点

随着旅游业的发展、同行业竞争的加剧和游客需求的提高，关中入境旅游客源市场已经逐步转向多元化，大致形成了港澳台市场、东南亚市场、欧美市场等几个主要的客源集聚地。但是，要深入了解客源市场变化，还要依托市场增长率变化细分市场类型，制订不同的营销方案，为进一步开拓国外客源奠定基础。陕西师范大学旅游管理博士毕丽芳采用客源市场聚类分析法对西安入境客源市场发展进行深入分析得出，西安入境旅游客源市场基本可以分为5类[①]：第一类为美国、英国、中国香港，是现阶段入境游客的重要客源地；第二类为法国、澳大利亚，属于距离西安较远且其第二阶段相比第一阶段增长率下降很大的类型；第三类为马来西亚、菲律宾、韩国、泰国、俄罗斯，在两个时间段内的游客人次数增长速度下降很大的邻近客源地；第四类为加拿大、新加坡、德国，是在两个阶段内都保持着正增长速度的客源地；第五类为中国澳门、中国台湾、日本，是距离西安较近的入境旅游客源地，但是其第二阶段的增长率都为负值，尤其是日本客源市场。

（五）入境客源市场亲景度的特点

市场亲景度模型的基本理论有以下3点。

---

① 毕丽芳：《西安主要入境旅游客源市场的演变分析》，《旅游经济》2013年第2期。

　　1. 模型构建：此模型最早由马耀峰教授于 1999 年提出，以全国与某地某客源市场份额变化对比为依据，分析某地旅游者对目的地的向往及偏爱程度，从而深度透视某时期旅游市场竞争格局和演化机制，进而提出开发对策。

　　2. 模型表达：$P_i = O_1/O_2$。P_i 为亲景度，$O1$ 为某客源国旅景率，$O2$ 为该客源国旅华率。

　　3. 模型意义：P_i 大于 1 则该客源国为亲景市场，反之为弱景市场；如果再细分，客源市场可以划分为以下 4 类：强疏景客源市场（$O_i \leqslant P_i \leqslant 0.5$）；弱疏景客源市场（$0.5_i \leqslant P_{ii} \leqslant 1$）；弱亲景客源市场（$1i \leqslant ? P_{ii} \leqslant 2$）；强亲景客源市场（$2i \leqslant P_{ii} \leqslant +\infty$）。亲景度反映了客源国对于某旅游目的地的偏爱程度，同时也反映了市场竞争力的强弱。P_i 越大，客源国与旅游目的地内在关系就越为紧密，旅游目的地竞争力越强；反之，客源国与旅游目的地内在关系就越为疏散，目的地竞争力越弱。

　　从《西安统计年鉴》公布的统计数据得知，西安近 10 年的客源市场分布广泛，陕西师范大学教师骞姣以地理区域为划分标准，选取 1998—2008 年西安入境旅游市场相关统计数据进行国际主要客源国亲景度变化趋势研究发现，西安入境旅游客源市场亲（疏）景度呈现如下特点[①]。

　　1. 高位震荡、中位波动和低位平稳的态势。西安市各入境客源国亲景度随时间变化显著，最大值为 5.80（法国，2008 年），最小值为 0.02（俄罗斯，1998 年），二者之间相差 290 倍，差异明显。根据亲景客源国划分标准，英国、法国、德国属于严格意义上的强亲景客源国，11 年间亲景度值均大于 2，变化幅度依次为 2.87、3.83 和 1.88；自 2005 年以来美国一直稳居西安入境客源国人数排名第一位，亲景度已经由 1998 年时的 1.74 升至 2008 年的 3.91，变化幅度为 2.17，成为强亲景客源国。澳大利亚市场发展稳定，起步良好并且连年走高，变化幅度为 2.17，2008 年由弱亲景国跃升至强亲景国。日本、韩国为洲内传统市场，2004 年以前日本入境人数一直位列第一，却是弱亲景客源国，

---

　　①　骞姣：《基于亲景度的西安入境旅游客源市场拓展研究》，《经济师》2010 年第12 期。

2004 年以后转为弱疏景客源国，变化幅度为 0.95；韩国亲景度变化随时间呈现抛物线状，顶点在 2004 年，达到 1.23 随即下降，至 2008 年才有所回升，为弱疏景客源国，变化幅度为 1.0。新加坡、马来西亚、泰国和菲律宾属于强疏景客源国，这几个国家波动幅度不大，依次为 0.20、0.37、0.52 和 0.06。俄罗斯为严格意义上的强疏景客源国，年际最高值为 0.07。西安国际旅游市场亲景度变化总体呈现高位震荡、中位波动和低位平稳 3 种态势。

　　2. 区域之间差异显著，波动后整体呈现上升走势。以地理分布为划分依据，可以得出西安入境旅游市场区域之间差异显著，区域内部波动相似，但是整体呈现上升走势，这说明西安国际旅游城市影响力逐渐增强。以英国、法国、德国为代表的西欧市场亲景度值波动范围在 2—6，并且不断上升，反映出近年来西安在欧洲市场的宣传促销方案取得成功，竞争势头强劲。而以俄罗斯为代表的北欧市场似乎对西安并不感兴趣，亲景度平均值不足 0.1。美洲市场、大洋洲市场亲景度一度增长，平均值在 1—2。以日本、韩国为代表的东亚市场，亲景度值与入境人数呈现巨大反差，受到中日政治关系和"非典"影响持续低迷，虽然有上升仍未恢复到历史最好水平的 1.63 和 1.23，平均波动在 0—1，亟须推出适合日本、韩国的新产品来增强吸引力。东南亚市场一直为强疏市场，考虑到东盟成立，免税贸易区开放，都会增加入境人数，西安顺势营销取得成功，2008 年泰国亲景度达到 0.67，成为东南亚市场首个弱疏景国。

　　由相关数据可知，西安入境旅游客源市场存在一定的市场变化。具体表现为：欧美文化客源国亲景度明显增大，其中加拿大、澳大利亚由弱疏景客源国演化为弱亲景客源国；美国由弱亲景客源国发展为强亲景客源国；同宗文化客源国亲景度演化堪忧，作为西安入境旅游重要客源国的日本由弱亲景国演化为弱疏景国，韩国一直处于弱疏景客源国，而近年来西安针对日本、韩国市场的宣传促销从未中断，值得深思；东南亚客源国的强疏景与西欧市场的强亲景形成鲜明对比。毋庸置疑，西安东方文化的神秘对西欧游客形成了强大的吸引力，以华人居多的东南亚市场更应该激起共鸣才是，应当从东南亚客源国亲景度的缓慢上升趋势中得出启示，对其引起重视是拓展入境市场的途径之一。

（六）入境客源市场竞争态的特点

市场竞争态模型基本理论[①]有以下 3 点。

1. 模型构建：也称"波士顿矩阵（BCG Matrix）分析法"，由美国大型商业资讯公司——波士顿咨询公司（Boston Consulting Group）创立。这个模型依据市场占有率和增长率两项指标组合模型分析或估算投资风险，避免了占有率或增长率不能反映同等条件下不同市场对比态势的缺陷。

2. 模型表达：旅游市场占有率是指旅游商品供给者所在的旅游市场上拥有的地位或在所处旅游市场商品总量中所占的比率。令 X_i^t 为第 i 个分市场第 t 年的旅游统计量，则可以定义区域旅游市场的市场占有率和增长率。具体公式如下（其中，αi 为市场占有率，βi 为市场增长率）：

$$\alpha i = \frac{x_i^t}{\sum_{i=1}^n x_i^t} \times 100\%$$

$$\beta i = \frac{x_i^t - x_i^{t-1}}{x_i^{t-1}} \times 100\%$$

3. 模型意义：通过绘制市场占有率和增长率散点图，根据均值 α 与 β 直观地将客源市场划分为瘦狗市场、幼童市场、明星市场、金牛市场 4 种类型。

太原大学旅游系教师王鑫应用市场占有率和市场增长率指标对 1999—2008 年西安市 13 个主要入境客源国旅游统计数据进行分析，得到均值 $\alpha = 0.3$，$\beta = 10$，并且以此为基础将西安市入境旅游市场划分为明星市场、金牛市场、幼童市场和瘦狗市场，具体如下。[②]

（1）1999—2008 年西安市入境旅游客源国的市场占有率波动很大（见表 4 – 3），表现为同一客源国在不同年份的市场占有率不同，不同

---

① 窦开龙：《甘肃文化旅游开发论》，人民出版社 2010 年版，第 124—125 页。

② 王鑫：《西安入境旅游客源市场结构发展演变分析》，《山西师范大学学报》（自然科学版）2013 年第 2 期。

年份所占市场份额最大的客源国也不同，日本、韩国、美国、泰国的市场占有率相对较高。

表 4 − 3　　　　1999—2008 年西安市主要入境客源国的市场占有率

国家	1999 年	2000 年	2001 年	2002 年	2003 年	2004 年	2005 年	2006 年	2007 年	2008 年
日本	0.45	0.39	0.88	0.30	0.35	1.14	0.16	0.22	1.42	0.16
韩国	0.04	0.10	2.50	0.14	0.06	0.40	0.17	0.22	1.33	0.17
美国	0.20	0.19	0.95	0.19	0.20	1.05	0.24	0.14	0.59	0.24
英国	0.08	0.08	0.94	0.09	0.09	1.06	0.10	0.09	0.95	0.10
德国	0.08	0.09	1.18	0.10	0.09	0.85	0.08	0.07	0.89	0.08
泰国	0.01	0.00	0.59	0.02	0.03	1.71	0.01	0.01	1.08	0.01
俄罗斯	0.00	0.00	2.13	0.00	0.00	0.47	0.01	0.00	0.38	0.01
加拿大	0.02	0.02	1.13	0.03	0.03	0.88	0.04	0.03	0.76	0.04
法国	0.07	0.07	0.95	0.07	0.08	1.05	0.10	0.03	0.34	0.10
澳大利亚	0.03	0.02	0.92	0.03	0.03	1.09	0.06	0.03	0.56	0.06
新加坡	0.01	0.01	0.97	0.01	0.01	1.04	0.01	0.01	0.73	0.01
马来西亚	0.01	0.01	1.02	0.01	0.01	0.98	0.01	0.02	0.54	0.03
菲律宾	0.00	0.00	0.64	0.00	0.01	1.57	0.00	0.002	0.38	0.004

（2）2001 年和 2003 年西安市主要入境客源国的市场增长率都为负值，这主要是受到国际国内大环境的影响（见表 4 − 4）。

表 4 − 4　　　　2000—2008 年西安市主要入境客源国的市场增长率

国家	2000 年	2001 年	2002 年	2003 年	2004 年	2005 年	2006 年	2007 年	2008 年
日本	0.08	− 0.97	36.33	− 0.69	1.13	− 0.31	0.13	0.09	− 0.24
韩国	2.06	− 0.94	27.70	− 0.36	1.13	− 0.26	− 0.16	− 0.10	0.25
马来西亚	0.24	− 0.87	15.78	− 0.41	1.13	0.80	− 0.28	− 0.04	0.05
菲律宾	− 0.22	− 0.99	141.60	− 0.82	1.13	1.56	− 0.07	0.17	− 0.32
新加坡	0.18	− 0.94	12.45	− 0.54	1.13	0.34	0.05	0.31	− 0.49
泰国	− 0.28	− 0.97	152.04	− 0.63	1.13	− 0.09	− 0.06	0.08	− 0.12
美国	0.16	− 0.98	79.11	− 0.69	1.13	0.67	0.04	0.20	− 0.32
加拿大	0.39	− 0.97	43.80	− 0.62	1.13	0.29	0.15	0.45	− 0.82
英国	0.16	− 0.97	49.33	− 0.55	1.13	0.03	0.08	0.13	− 0.16
法国	0.17	− 0.99	100.64	− 0.79	1.13	1.86	− 0.01	0.19	− 0.26
德国	0.44	− 0.99	141.28	− 0.71	1.13	0.10	0.10	0.23	− 0.35

续表

国家	2000 年	2001 年	2002 年	2003 年	2004 年	2005 年	2006 年	2007 年	2008 年
俄罗斯	1.61	-0.97	45.00	-0.65	1.13	1.56	0.28	0.26	-0.54
澳大利亚	0.12	-0.97	51.84	-0.48	1.13	0.75	0.03	0.21	0.03

　　（3）分析1999—2008年西安市主要入境客源国的平均市场占有率和平均增长率（见图4-4）得出：日本的平均占有率最高，达到0.54，其次是韩国（0.51）、美国（0.4）、英国（0.36）、德国（0.35）、泰国（0.35）、俄罗斯（0.3）、加拿大（0.3）、法国（0.29）、澳大利亚（0.28）、新加坡（0.28）、马来西亚（0.27）、菲律宾（0.26）；俄罗斯的平均增长率排第一，为27%，其次是澳大利亚（15%）、加拿大（15%）、马来西亚（14%）、泰国（12%）、韩国（11%）、美国（8%）、英国（7%）、法国（7%）、德国（6%）、新加坡（4%）、菲律宾（0.3%）、日本（-9%）。由此进一步得出，菲律宾所占市场份额不大，但是市场增长率却很快；日本所占市场份额很大，但是市场增长率很慢。市场占有率排在前4位的日本、韩国、美国、英国，其平均增长率均不高，因此应当加强和巩固这4个客源国。而平均增长率排在前4位的泰国、菲律宾、德国、法国，其所占的市场份额却不大，因而应当针对这4个国家加强市场宣传力度，使其成为优秀客源市场。

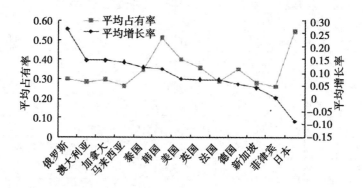

图4-4　1999—2008年西安市主要入境客源国平均市场占有率和平均增长率

（4）根据西安市 13 个主要入境客源国的竞争态的计算结果，俄罗斯、加拿大是西安市入境旅游市场的明星市场，应当采取扩张性战略；日本、韩国、美国、德国、英国、泰国是金牛市场，应当采取收获性战略；澳大利亚是幼童市场，应当采取选择性战略；马来西亚、新加坡、菲律宾是瘦狗市场，应当采取撤退性战略，缩小规模，将资源转向其他市场（见表 4 – 5）。

表 4 – 5 　　　　　　四类客源市场的基本特征及战略方向

市场类型	划分依据	基本特征	市场	战略方向
明星市场	$\alpha \geqslant a$ $\beta \geqslant b$	占有率和增长率"双高"，具有可观的获利和发展机会，但是需要更多投资	俄罗斯 加拿大	扩张性战略，增大投资、扩大生产，保持市场增长率、提高占有率
金牛市场	$\alpha \geqslant a$ $\beta < b$	占有率高、增长率低，能大量回收资金，但是市场趋于成熟和饱和	日本 韩国 美国 德国 英国 泰国	收获性战略，适当减少投入或不增加投入，以实现收益最大化
幼童市场	$\alpha < a$ $\beta \geqslant b$	占有率低、增长率高，是发展的新生力量和后备军，但是方向不定、前途未卜	澳大利亚	选择性战略，对有可能成为明星的进行培育，反之则放弃
瘦狗市场	$\alpha < a$ $\beta < b$	占有率和增长率"双低"，有某种难以克服的原因使其处于"不景气"状态	马来西亚 新加坡 菲律宾	撤退性战略，减少投入，缩小规模，将资源转向其他市场

（七）入境客源市场未来走势预测

从总体上看，关中文化旅游入境客源市场必将呈增长趋势，海外游客必将不断增加，开发入境旅游市场的潜力和前景都很好。

1. 中国港澳台地区客源市场。

趋势预测：市场份额稳步增长。

主要依据：区域经济比较发达，人均可支配收入高，旅游消费水平高；同根同源，旅游文化认同度高；香港、澳门早已回归祖国，海峡两岸局势早已缓和，交流日益频繁，交往越为密切；西安早已开辟直飞台湾的航线，来古都西安参观、旅游、考察、交流的人逐年增多；寻根问祖是中华民族的优良传统，而关中始祖文化源远流长，来此观光度假的同时还可寻根问祖等。

　　开发策略：从华夏文明探源、寻根祭祖（黄帝、炎帝、华胥氏）、宗教文化（佛教、道教）、商务考察、文化教育交流、民俗文化等方面开发和推介文化旅游产品。

　　目标群体：重视台湾公务员人群。

　　2. 日本客源市场。

　　趋势预测：未来拓展空间不一定看好，是未来旅游市场营销的攻坚对象，需要进行创新开发。

　　主要依据：一方面，中国的日本客源市场增长率在下降，由20世纪末的68.67%下降为51.45%[①]。受中日外交关系、自然灾害、金融危机等众多因素的影响，近年来到关中旅游的日本游客有所下降。另一方面，日本是亚洲主要的客源输出大国，旅游需求旺盛，银发市场、商务考察市场是其主力军，新婚蜜月市场、女性市场等新兴市场发展迅速，由于中日间存在着廉价、距离近、时间短、航空交通便捷、免签政策等有利因素，这对两国间的旅游交流将产生长远的积极影响。因而，拓展日本客源市场虽然受到众多因素的影响暂时受阻，但是只要开发创新产品、加强营销力度等依旧大有作为。

　　开发策略：实施科学、务实、针对性强的促销策略和措施，加大对高层公关和社会媒体的影响，坚持与日本媒体、日本业界的合作和赴日直接旅游促销相结合；强化推介"丝绸之路""中华文明之根""遣唐使之旅""杨贵妃之旅""佛文化祖庭朝拜""世界文化遗产""东方古都"等旅游品牌；不断更新包装，丰富产品内涵，增加新的符合日本游客喜好的旅游产品，如文化休闲旅游、文化旅游购物、文化修学旅游等，加强轻松文化体验性产品的推介。

　　目标群体：重视日本的中老年市场、商务考察市场、家庭市场等。

---

　　① 杨智勇：《我国入境旅游客源市场竞争分析及对策》，《内蒙古财经学院学报》2005年第4期。

3. 韩国客源市场。

趋势预测：关中文化旅游的主要客源国。

主要依据：距离较近，可进入强；韩国是亚洲后起的经济大国，人均可支配收入高，人均出游率高，旅游消费水平高。在出境旅游人次中，旅华的比重已经上升至25%左右。

开发策略：突出古长安文化雄浑博大和绚丽多彩的特色，开发一批针对韩国市场、特色鲜明的旅游产品，如中国历史文化休闲式体验之旅、兵马俑故乡之旅、秦岭生态文化之旅、韩国（高丽）佛教祖庭之旅等。另外，可以利用便利的空中交通条件，推介"精品周末西安游"产品。

4. 欧美客源市场。

趋势预测：将成为关中核心的入境客源市场，应当加强巩固并且大力开拓。

主要依据：经济方面，属于发达国家和地区，人均可支配收入高，出国游客人均消费水平高；时间方面，有带薪假期，出游率高；文化方面，欧美文化背景下的游客一贯具有"求新求异"的猎奇文化旅游的心理需求，由于地域的差异和文化上的不同，他们对中国传统文化十分感兴趣，关中有着浓郁的地方特色和深厚的文化积淀，能够吸引有着不同文化背景的欧美旅游者；旅游潮流方面，文化旅游已经成为世界趋势，目前丝绸之路游、宗教文化游正在世界范围内掀起高潮；旅游者增长方面，美国、英国、法国、德国、意大利、加拿大等国到关中旅游的人次不断增长，自2005年以来美国一直是陕西的首位入境客源国，英国、法国、德国、意大利、加拿大等国的旅陕旅游人次和市场份额不断上升，市场扩张迅速。

开发策略：欧洲市场的宣传要突出东方文化的独特与神秘，打造探访唐人故乡、追寻马可·波罗之旅、寻梦东方古都等旅游品牌；要将具有重要国际影响的"柏林旅游展"作为平台，直接向欧洲潜在旅游者进行促销；加强与有实力的教育旅行代理商、TUI等的合作。对北美市场，要积极组织参加有影响的旅游展销会，加强和建立与经营中国业务的大旅游批发商的联系；从进入性、便捷性、安全性、文化性、独特性等方面整合旅游产品；根据北美游客喜欢游览自然风景、体验异国文化的市场需求，打出"世界遗产——兵马俑""中国金字塔——汉唐帝王陵寝""国际丝绸之路""探秘东方古都""跟随总统游西安"等旅游产品；要注重开发高端客源市场，提升商务、会议、奖励旅游产品水平；旅游中一定要给旅游者留出自由活动时间，重视在中国常驻客奖励旅游。市场促销要注意进入北美主流销售网络，加强和教育旅行代理商的合作。

目标客源国：特别重视法国、英国、德国、意大利 4 国的旅游促销。

目标群体：重视高学历、高收入、高年龄、高消费的"四高人群"、文化散客和年轻白领阶层，以及在中国的常驻客。

5. 东南亚客源市场。

趋势预测：关中文化旅游业未来需要努力开拓市场。

主要依据：与关中距离不远，交通便利；是华人、华侨集聚地，与大陆文化渊源相同，宗教信仰一脉相承，文化的同根性使他们能够从历史文化和宗教文化的角度欣赏关中文化；居民可支配收入高，与中国贸易往来频繁；居民将旅游视为潮流，关注热点，普遍倾向增加旅游次数而不缩短单次旅游的时间和花费，动机从浅层次观光向体验娱乐转变。可见，东南亚客源市场具有较大的开发潜力，但是在关中入境客源市场中的份额偏低，因而未来需要努力开拓。

开发策略：研发有针对性的旅游产品，除历史文化类旅游产品外，要重点开发佛教文化（如法门寺及各宗祖庭）、民俗文化、养生健体（这些国家华裔人群比例较大）及北国自然风光（如华山）等富有新意和个性的旅游产品；重视最有效的旅游促销手段，如旅游展销会、旅游现场交易等，并且加强与航空公司的旅游合作。

三　关中文化旅游国内客源市场特点分析

（一）关中文化旅游国内客源市场结构

空间结构主要分为一级客源市场、二级客源市场、三级客源市场。

一级客源市场：陕西省内客源市场，为基础客源市场。

二级客源市场：周边省份（山西、河南、湖北、重庆、四川、宁夏、甘肃、内蒙古等）和沿海发达地区（环渤海、长江三角洲、珠江三角洲等），是关中文化旅游重点开拓的核心客源市场。

三级客源市场：国内其他省份或地区，为机会客源市场。

时间结构：关中国内文化旅游者时间分布具有明显的集中性特点，旅游者出游主要集中在夏秋两季、大小"黄金周"与周末和节假日。

（二）关中文化旅游国内客源市场特点及开发思路

1. 省内客源市场。

市场特点：周末休闲、商务往来、探亲访友、观光旅游等多种需求并存，其中城市居民以观光休闲度假和商务会议出差为主，农村居民旅游动机多以探亲访友、宗教朝觐为主；客源人群主要为工薪层、银发族、商务族。省内市场是关中文化休闲度假旅游产品的主体市场，随着社会经济的发展和交通设施的完善，这一市场的规模会迅速扩展。

开发思路：巩固基础，积极发展。各市（区）旅游机构和旅游企业应该积极开发上档次、上规模、满足市场需求的文化休闲度假和游戏旅游产品。同时，通过旅游推介会、业内交流等方式，开展城市间和旅游区间的合作宣传促销活动，共同促进省内游客的合理流动。

2. 周边省份市场。

市场特点：空间距离相对较近，旅游者交通方面的花费少，对关中文化并不陌生；游客以工薪层、银发族、商务族为主，旅游需求以商务旅游、探亲访友旅游、文化交流旅游为主。

开发思路：发挥地域相邻、交通便捷的优势，完善自驾车旅游服务和自助旅游服务系统，使关中成为周边省、区、市两日游或三日游的主要目的地。应该加强区域合作（如秦、晋、豫旅游金三角，黄河风情带，"三边长城"风情带，"蜀道"旅游带，"丝路"旅游带等的开发和建设），实现客源共享、产品互补、信息互通、互利多赢和市场共建联销的旅游营销新格局。

3. 环渤海和中部地区。

市场特点：距离不太远，交通可达性强；人口密度大，经济发达，出游率高，旅游消费水平高。与总体出游意愿相比，这一地区来关中旅游的人次规模较为理想。

开发思路：采取积极措施保持客源稳定，以巩固和持续发展这一客源市场。北京是全国的中心，也是主要的游客集散地，应该加强与北京旅游机构及旅游企业的联系与合作，使关中成为北京游客中转和输出的重要目的地区域。

4. 东南沿海和长江三角洲地区。

市场特点：这地区人口密度大，经济发展和收入消费水平高，人均出游率高，旅游消费水平高。但是，对关中的关注程度较低，是关中重要的国内旅游潜在目标市场。

开发思路：一方面应该采取积极措施，制订切实可行的宣传促销计划，发掘潜力，争取更多的市场份额；另一方面应该整合推介特色突出并且与南方旅游产品有显著差异的互补性产品（如华山的险峻、壶口的雄浑、兵马俑的威武、古都的久远等），使这一地区成为未来关中文化旅游重要的客源地区。

第二节　关中文化旅游者行为模式特点分析

一　关中文化旅游者结构特点

（一）性别结构：男多女少，女有提高

长期以来，男性在旅游选择上处于主导地位。主要原因是男性在身体状况、经济状况和家庭中的支配地位方面具有一定的优势，心理上具有异向型特质，喜欢冒险、探秘，对外界的征服欲望十分强烈，容易接受国家旅游制度改革和鼓励政策，因此文化旅游产品消费具有主动性、选择性强、消费力强。

而随着女性社会地位及经济能力的提高，女性旅游已经从兴起到全面发展过程中，现代女性的旅游意识成熟，并且开始追求自己的社会交往空间和休闲娱乐生活，女性市场已经成为旅游业的新宠，成为旅游目标市场中最具潜力和最有拉动力的消费群体。目前，在一些经济发达国家，女性旅游者的增长速度更是惊人，如美国的女性商务旅游者已经占到商务旅游者总数的43%，同时中国女性旅游者也已经占到了旅游者总数的54.2%。

由于性别的差异，男性与女性的旅游行为大不相同。国外学者莱因（1987）以英国旅游者为调查对象发现，82%的男性喜欢参加被动型的、放松的旅游，喜欢日光浴和参加具有特定目的的旅游活动；而58%的女性对历史性、文化性的观光、散步和购物表现出了很高的热情。[①]

（二）年龄结构：中青为主，老小居少

"年龄影响个体或群体的出游率大小，不同年龄阶段的人，他们所处的生活环境不同，所扮演的角色不同，社会化程度不同，因而在心理和行为层面有很多区别。"[②] 中国学者马耀峰在《国内外游客旅游动机及其差异研究——以西安市为例》研究中，通过问卷调查数据统计发现，中国旅游者中15岁以下的占0.4%，15—24岁占43.6%，25—44岁占45.3%，45—64岁占9.5%，64岁以上占1.2%；外国旅游者15岁以下的占1.7%，15—24岁占37.8%，25—44岁占33.2%，45—64岁占23.0%，64岁以上占4.3%。[③]

由此可见，15岁以下的少年和64岁以上的老年旅游者较少，15—64岁的中青年游客比重最大，中青年旅游者是市场的主体和主力军。

（三）职业结构：群体分化，特点明显

从职业结构看，以政府管理人员、专业技术人员、学生、退休人

---

① 赵艳昆：《女性旅游者行为研究》，《首都师范大学学报》（自然科学版）2011年第1期。

② 马耀峰：《旅游者行为》，科学出版社2008年版，第79页。

③ 高军、马耀峰等：《国内外游客旅游动机及其差异研究——以西安市为例》，《人文地理》2011年第4期。

员为主，也包括企业从业人员、商业从业人员、农民和其他等，各个职业阶层都具有明显的特征。

政府管理人员：消费潜力大，主要原因在于这个群体的心理预期表现出较强的职业特色；拥有高学历和良好教育背景，高雅的审美情趣和欣赏层次；福利水平高，对未来的收入预期比较稳定；部分住宿、餐饮费用由单位报销，住宿和饮食方面不会有太多的约束；由于工作原因，经常外出参加交流活动和会议，因此出游率高，出游者比例大，旅游消费水平高。

专业技术人员：从出游时间看，这个群体出游时间比较充足，渴望旅游休闲调节身心，同时由于工作时间周期因素，出游时段比较集中，群体旅游行为具有一致性和不同于其他职业人士的特殊性；[①] 从旅游动机看，喜欢科考、探险、文化、度假类旅游产品，以休闲度假和文化交流为动机的比例较大；从开发潜力看，组织这个群体出游受到业务主管部门或经济实力的限制。

学生：主要包括初高中生和大学生。初高中生主要通过学校和家庭组织旅游来开阔视野，了解历史，接触社会，学习在学校和书本中无法获取的知识；青年大学生既有旅游欲望又有出游时间，出游的显著特点是喜欢自行安排旅游时间、旅游内容和出游线路，方式灵活，讲求个性。[②] 但是，作为旅游消费群众的特殊群体，大学生无收入来源，旅游费用主要依靠家庭提供。

退休人员：经济收入高，闲暇时间多，旅游消费支出大，以旅游休闲、度假为主，银发市场已经成为社会广泛关注的新兴旅游市场。

企业从业人员：随着企业工资和福利制度的改革，以及《国民休闲纲要》的实施，企业给予优秀员工的福利旅游将会日益增多。

商业从业人员：因为工作需要而决定旅游目的地，以商务会议为

①　彭丹、陈薇等：《高校教师旅游市场研究——长沙市 12 所高校教师旅游客源调查报告》，《经济与管理》2005 年第 5 期。

②　杨瑞、宋保平、白凯：《西安市大学生潜在旅游行为模式研究》，《西北农林科技大学学报》（社会科学版）2007 年第 3 期。

主，消费能力强，用于景点门票的支出有限，而娱乐消费则较高。

农民：随着农民收入的逐步提高，未来农村旅游市场前景广阔。但是，目前市场缺乏适合农民的文化旅游产品，旅游产品价格都相对较高，[①] 未来需要有针对性的文化旅游产品。

（四）家庭结构：越简单者，越活跃

家庭作为社会实体，其定义可以概括为：实体婚姻＋孩子＋生活共同体。美国社会科学家默多克于 1949 年第一次提出一套划分家庭类型的概念，此后在社会学界得到广泛使用。从社会学角度看，家庭可以划分为核心家庭、主干家庭、联合家庭和其他家庭。从旅游学角度看，家庭可以划分为独身、夫妻两人、两代人家庭、三代人家庭和四代人家庭。调查结果显示，复杂结构家庭（如主干家庭和联合家庭）家庭成员多，事务繁多，出游率相对小，而这类家庭目前多见于农村地区，居民经济收入不高，未来预期不太高，旅游消费较为低迷；家庭结构简单，家庭成员少，有较大的自由度，出游机会多，出游概率大，许多父母往往带孩子旅游，借此进行文化教育，在消费方面表现出务实色彩。此外，单身情况显得很不相同，他们喜欢时尚和新奇，舍得花钱满足自我喜好，个性特征突出，外出时间宽裕，出游自由度大；制约因素在于收入少，而其他各类消费支出却很多。[②]

（五）学历结构：呈倒 V 形，两头居少

旅游者学历结构比例呈倒 V 形，到关中进行文化旅游的游客大部分具有大学（大专及其以上）学历，而学历低和学历更高者由于时间、精力或经济的刚性约束，出游率反而相对较低。高军、马耀峰等以西安文化旅游者为例研究调查得出：中国旅游者中高中及以下学历占 18.0%，大专及本科占 71.2%，硕士占 9.0%，博士占 1.8%；外国旅游者中高中及以下学历占 25.3%，大专及本科占 40.6%，硕士占 23.4%，博士占 10.8%。可见，大专、本科及硕士所占比例最

---

① 王红、高夏芳：《我国农民旅游市场的开发策略研究》，《经济问题探索》2008 年第 6 期。

② 马耀峰：《旅游者行为》，科学出版社 2008 年版，第 41 页。

多，中国游客中占 80.2%，外国游客中占 64.0%。①

（六）来源结构：三大类别，城多乡少

关中文化旅游客源市场中，主要有城镇居民、农村居民和流动人口三大类，其中收入较高并且工作较为稳定的城市居民占大多数。主要原因是：从经济方面看，这部分人群收入较高，人均可支配收入较多，出游率高，旅游消费水平高；从文化需求看，具有较高的学历，有强烈的通过旅游提升自身文化素养、增加知识面、开阔视野的欲望；从交通方面看，城市比农村具有更为发达的交通网络体系；从空闲时间看，相对更会利用和享受国家带薪假期及国家法定节假日。

二　关中文化旅游者行为模式特点

旅游者行为是人们在异地旅游时开展的一系列活动，包括决策行为、时空行为、偏好行为、消费行为、感知行为等。旅游行为是旅游者的最基本标志，具有不同的层次和类型。对旅游行为的分析是了解和预测旅游市场的基础。②

（一）旅游动机

旅游者行为的产业来源于自身的旅游动机，旅游动机是旅游行为的动力，决定着旅游者的行动以及对旅游内容的选择。由于旅游者在国籍、民族、职业、文化水平、性格、年龄、兴趣爱好、生活习惯和收入水平等方面存在的差异，他们对旅游活动的内容有很大的选择性。因此，通过对旅游动机进行调查研究，可以为旅游目的地开发文化旅游产品、确定文化旅游目标市场等提供重要依据。

从关中入境旅游者旅游动机来看，有研究调查显示，入境旅游者旅游动机呈现多样性的特点：以观光游览为主，关中人文旅游资源丰富，历史悠久，传统的观光度假产品一直是吸引海外旅游者的主打产

---

① 高军、马耀峰等：《国内外游客旅游动机及其差异研究——以西安市为例》，《人文地理》2011 年第 4 期。

② 吕伟成、任昕竺主编：《中国旅游地理》，北京师范大学出版社 2008 年版，第 89 页。

品；休闲度假、商务会议和文化交流等旅游动机也占有相当的比重，随着关中经济的不断发展和经贸洽谈会、大型商务会议的召开，海外旅游者也将会以各自不同的旅游动机选择西安作为旅游目的地。①

从关中国内旅游者旅游动机来看，有研究调查显示，国内旅游者旅游动机以历史文化遗迹观光游览为主，其次是休闲度假，同时探亲访友和增知求学所占比重也较大，② 体现出关中旅游产品以人文景观取胜的特点。未来关中文化旅游产品与项目需要多样化，注重体验性、参与性、娱乐性等，同时在休闲度假方面重点突破，尽快实现文物、历史遗迹等观光旅游向文化休闲度假旅游的转型。

（二）信息来源

出游信息来源的分析，是了解旅游者信息获取渠道、进行旅游目的地营销、广告宣传和公关的重要因子。通过对关中文化旅游者旅游信息获取模式和途径的分析，可以为关中文化旅游宣传提供依据，有助于旅游信息的发布更加具有针对性。

调查显示，入境旅游者获取旅游信息的方式主要是旅游代理商、亲友介绍、互联网宣传、《旅游指南》等；而国内旅游者获取旅游信息的方式以亲友推荐、互联网、电视广播及互联网杂志等为主，其中网络宣传方式对青年学生和高收入阶层的知识分子和技术人员影响较大，旅行社对老年人的影响大于年轻人，对省外游客的影响大于省内游客。③ 相关群体（亲戚、朋友和同事）的介绍与评价由于具有可信性，无论入境游客还是国内游客都较为认同，因此"口碑效应"对关中文化旅游开发极其重要，关中必须优化服务意识和质量，并且加大行业监督和处罚力度，以树立旅游者"口碑效应"。随着信息技术飞速发展，互联网因具有信息成本低、传递速度快、信息量大等优点

---

① 岳冬菊：《西安市入境游客旅游决策行为实证分析》，《西安文理学院学报》（自然科学版）2011 年第 4 期。

② 王斌、赵荣、张结魁：《西安市国内游客旅游行为研究》，《经济地理》2001 年第 S1 期增刊。

③ 岳冬菊、杨媛：《西安市国内游客旅游偏好实证分析》，《西安文理学院学报》（自然科学版）2010 年第 2 期。

而逐渐成为国内外游客了解和掌握旅游目的地信息的重要工具，关中发展文化旅游业过程中必须加强文化旅游数字化建设，加大网络营销力度。此外，关中文化旅游应该注意营销工具的多样化，丰富文化娱乐活动内容，从而建立多样的营销模式。

（三）出游方式

调查显示，西安市入境游客独自旅行的比重高达51.8%，其次是亲友结伴而行，占到总数的25.2%，团队游客仅占市场构成的23.0%，呈现散客占绝对优势的特征。这种旅游方式的选择与入境游客本身的个性有关，国外游客追求自由，追求自我实现，不愿意受制于旅行社的约束，所以选择独自出游或同家人和朋友出游的较多。而西安国内游客同样呈现散客占绝对优势的特征，自助游客占68%，半自助游客占11.4%，而旅行社组团游客仅占11.4%。由此可见，自助式出游已经成为目前游客出游方式的首选，远远超过旅行社组团出游，而且这种出游方式被不同性别、不同年龄的游客广泛接受。因此，关中文化旅游开发必须重点关注散客旅游市场，不断完善各项文化旅游设施和旅游服务项目，为旅游者提供更多更贴心的个性化需求。

（四）选择偏好

从旅游者对旅游资源选择偏好程度来看，据调查统计，关中文化旅游入境游客对文物古迹类旅游资源偏爱程度最高，其次为山水风光类和民俗风情类资源。同时，国内游客对文物古迹的偏好程度也是最高，其次为山水风光、文化艺术和饮食烹调，但是对旅游购物、宗教文化、温泉、医疗保健等方面的偏好程度较低。可见，关中悠久的历史和深厚的文化底蕴，大量的文物古迹和建筑遗址，对国内外游客均具有很大的吸引力。游客认知程度较高的主要为秦始皇兵马俑博物馆、大雁塔、陕西历史博物馆、钟鼓楼、西安城墙、华清池、西安碑林博物馆、法门寺、乾陵等这些文化价值较高、建设比较成熟的传统旅游景区。这种旅游资源偏好的形成，除旅游者自身特质影响外，主要受到异地文化、景观差异的影响。

（五）消费行为

旅游者的消费可以分为基础消费、主动消费和随机消费三大部分。基础消费指旅游者在交通、住宿、餐饮等方面的日常性支出；主动消费指旅游者在参观、游玩、娱乐等方面的支出；随机消费指旅游者随机购物及其他额外开支。旅游消费可以反映旅游者各种消费产品（物质产品、精神产品、劳务产品）之间的比例关系，能够直观地体现出旅游产品结构是否合理。一般认为，旅游业发展水平越低，旅游者的消费水平也就越低，基础性旅游消费支出占总消费支出的比重就越高；反之，基础性需求消费支出所占的比重就越低。

相关调查研究得出，目前关中文化旅游者的消费中，交通、住宿和餐饮等基础消费所占比重高，而主动消费、随机消费所占比重偏低。以 2011 年西安市海外旅游者消费构成为例，长途交通占总消费的 40.8%，市内交通占总消费的 4.0%，住宿占总消费的 10.7%，餐饮占总消费的 3.8%，由此计算得出基础消费占总消费的 59.3%，所占比重较高；而以游览（6.0%）、娱乐（5.5%）为主的主动消费仅占总消费的 11.5%，以购物（18.4%）、邮电通信（2.3%）、其他（8.5%）构成的随机消费仅占总消费的 29.2%，可见主动消费与随机消费所占比重都偏低（见表 4–6）。

表 4–6　　　　　　　2011 年西安市海外旅游者消费及其构成

类别	旅游外汇收入（万美元）	比重构成（%）
合计	64091.0	100
1. 长途交通费用	26252.8	40.8
（1）飞机	19806.9	30.9
（2）火车	2692.2	4.2
（3）汽车	3653.7	5.7
2. 游览	3846.0	6.0
3. 住宿	6858.7	10.7
4. 餐饮	2435.8	3.8
5. 娱乐	3525.5	5.5
6. 购物	11794.4	18.4

续表

类别	旅游外汇收入（万美元）	比重构成（%）
7. 邮电通讯	1474.3	2.3
8. 市内交通	2564.0	4.0
9. 其他	5439.5	8.5

资料来源：《西安市 2011 年统计年鉴》。

　　出现这种消费行为特征的主要原因在于关中缺少参与性、娱乐性、体验性强的文化旅游项目，娱乐类和购物类旅游产品开发较为滞后和薄弱，文化旅游产品结构不合理，无法适应和满足游客多样化和多层次的需求，今后需要在这两项上取得突破性进展，使关中文化旅游产品谱系更为完善，产品结构更为合理，文化旅游产品更具特色和个性。

第五章　关中文化旅游开发条件分析

对旅游开发条件进行分析时，学术界一般采用 SWOT 分析法。SWOT 模型分析，也称态势分析法，最早是由美国哈佛商学院教授安德鲁斯于 20 世纪 80 年代初提出，将与研究对象密切相关的竞争优势（strength）、竞争劣势（weakness）、机会（opportunity）和威胁（threat）等，通过调查列举出来，并且依照矩阵形式排列，然后用系统分析的思想，把各种因素相互匹配加以分析，从中得出一系列相应的结论，而结论通常带有一定的决策性。SWOT 模型分析包括内部条件分析（SW）和外部条件分析（OT）两类，旨在为项目开发、企业管理等重大投资决策进行系统的分析论证，能够使研究者抓住战略核心因子进行深入分析，目前已经被广泛用于编订区域旅游规划和制定区域旅游发展战略。本章特采用 SWOT 模型分析关中文化旅游开发的内外部环境，找出优劣势，抓住机会，扬长避短，应对威胁，实现关中文化旅游的科学开发。

第一节　优势分析

一　文化历史悠久、文化遗产众多的优势

关中地区历史悠久，拥有厚重的历史文化遗产。据统计，陕西省现有收藏的珍贵文物 200 多万件，在全国各省、自治区、直辖市中居首位，[①] 拥有 1 项世界级文化遗产——秦始皇陵兵马俑，1 项世界级非物质文化遗产——西安鼓乐，29 项国家级非物质文化遗产，截至

---

① 《陕西省旅游发展总体规划（2006—2020 年）》。

目前关中6市（区）共有138处国家重点文物保护单位（见表5－1），占陕西省国家重点文物保护单位总数（173处）的79.8%。在众多的历史文化遗产资源，尤其以古遗址、古陵墓、古建筑3大遗产资源最为突出，其空间分布之集中、文化内涵之丰富、品位价值之高，为世所罕见。

表5－1　　　　　关中地区的国家重点文物保护单位统计一览

地区	国家重点文物保护单位	数量（个）
西安	大雁塔、小雁塔、兴教寺塔、西安城墙、西安碑林、半坡遗址、丰镐遗址、阿房宫遗址、汉长安城遗址、大明宫遗址、秦始皇陵、西安事变旧址、蓝田猿人遗址、八路军西安办事处旧址、西安清真寺、杜陵、姜寨遗址、隋大兴唐长安城遗址、灞桥遗址、华清宫遗址、仙游寺法王塔、西安钟楼、鼓楼、水陆庵、康家遗址、老牛坡遗址、栎阳城遗址、东渭桥遗址、鸠摩罗什舍利塔、公输堂、香积寺善导塔、西安城隍庙、八云塔、重阳宫祖庵碑林、秦东陵、明秦王墓、长安圣寿寺塔、长安华严寺塔、昭慧塔、大秦寺塔、易俗社剧场、杨官寨遗址、鱼化寨遗址、西峪遗址、建章宫遗址、圆丘遗址	46
铜川	药王山石刻、黄堡镇耀州窑遗址、玉华宫遗址、耀县文庙、神德寺塔、祋祤宫遗址	6
宝鸡	周原遗址、秦雍城遗址、隋仁寿宫唐九成宫遗址、慈善寺石窟、北首岭遗址、凤凰山遗址、杨家村遗址、法门寺遗址、太平寺塔、周公庙、扶风城隍庙、杨珣碑、水沟遗址、益家堡遗址、古邴国遗址、桥镇遗址、赵家台遗址、茹家庄遗址、成山宫遗址、李茂贞墓、净光寺塔、金台观、水沟遗址、易家堡遗址、桥镇遗址、赵家台遗址、茹家庄遗址、成山宫遗址	28
咸阳	茂陵、霍去病墓、昭陵、乾陵、顺陵、大佛寺石窟、昭仁寺大殿、秦咸阳城遗址、长陵、郑国渠首遗址、甘泉宫遗址、西汉帝陵、三原城隍庙、泰塔、泾阳崇文塔、武陵寺塔、咸阳文庙、碾子坡遗址、古邴国遗址、郑家坡遗址、秦直道起点遗址、沙河古桥遗址、安仁瓷窑遗址	23
杨凌	泰陵	1
渭南	司马迁墓和祠、西岳庙、桥陵、魏长城遗址、永陵、韩城大禹庙、甜水沟遗址、元君庙—泉护村遗址、京师仓遗址、良周遗址、唐代帝陵、仓颉墓与庙韩城普照寺、韩城文庙、韩城城隍庙、党家村古建筑群、澄城城隍庙神楼、横阵遗址、梁带村遗址、精进寺塔、百良寿圣寺塔、法王庙、北营庙、玉皇后土庙、玄武庙青石殿、庆安寺塔、丰图义仓、渭华起义旧址、南沙遗址、下河西遗址、十二连城烽火台遗址、微邑漕仓遗址、潼关故城、尧头窑遗址	34
总　计		138

二　人文资源种类多，丰富度高的优势

普查结果统计①显示，关中6市（区）共有旅游资源单体5678个，其中自然旅游资源的单体数量仅占旅游资源单体总数的5.9%。在遗址遗迹、建筑与设施、旅游商品和人事活动等4个人文旅游资源主类中，资源单体数量占到了总数的94.1%（见表5-2）。这个结果和关中地区历史文化积淀深厚有着很大的关系，也符合当地的资源特点——"以文独大"，即人文旅游资源丰富，自然旅游资源相对匮乏。丰富的旅游文化资源使得关中与陕西省其他地区及其毗邻省区各类国家级文化旅游景区数量对比，具有明显的"比较优势"，为发展文化旅游经济和实现文化的旅游产业化奠定了基础。

表5-2　　关中6市（区）旅游资源单体不同类型数量及构成

地市	单体个数	地文景观	水域风光	生物景观	天象与气候景观	遗址遗迹	建筑与设施	旅游商品	人文活动
西安	2148	42	19	6	0	390	960	96	635
渭南	1025	26	13	4	0	466	370	52	94
咸阳	902	9	9	16	0	358	453	22	35
宝鸡	1240	98	24	47	2	503	389	79	98
铜川	277	9	4	5	1	82	125	22	29
杨凌	86	0	0	1	0	15	62	6	2
合计	5678	184	69	79	3	1814	2359	277	893

资料来源：《陕西省旅游发展总体规划（2006—2020年）》。

三　人文资源等级高，吸引力强的优势

普查结果统计②显示，陕西省共有旅游资源单体9972个，优良级旅游资源共1728个，占全省资源单体总数的17.32%。从地域分布来看，关中优良级旅游资源最多，共1155个，占全省优良级资源总数的66.86%。其中，五级旅游资源117个，占全省五级资源总数的

---

① 《陕西省旅游发展总体规划（2006—2020年）》。

② 同上。

76.0%；四级旅游资源 294 个，占全省四级资源总数的 71.9%；三级旅游资源 744 个，占全省三级资源总数的 63.8%（见表 5 – 3）。同时，从资源类型来看，关中优良级资源主要表现在人文旅游资源方面，历史积淀遗留下了大量的、丰富的、高品级的历史遗存和珍贵的文物古迹，构成了关中旅游资源最显著的特色。

表 5 – 3　　　　　　　　陕西省优良级旅游资源的三大地域分布

地区	优良级单体数量	所占比重（%）	五级		四级		三级	
			总数	比重（%）	总数	比重（%）	总数	比重（%）
关中	1155	66.84	117	75.97	294	71.88	744	63.81
陕南	268	15.51	17	1.04	55	13.45	196	16.81
陕北	305	17.65	20	12.99	60	14.67	225	19.30
合计	1728	100.00	154	100.00	409	100.00	1165	100.00

资料来源：《陕西省旅游发展总体规划（2006—2020 年）》。

另外，旅游学原理认为，单一旅游资源的开发对旅游者吸引力比较有限，而不同类型旅游资源结合开发，则能形成互补优势。而如前文所述，关中文化旅游资源类别众多，有始祖文化、西周文化、秦汉文化、大唐文化、丝路文化、黄河文化、民俗文化、宗教文化、农业文化、现代都市休闲娱乐文化、工业文化等，类别之多与全国其他省、区、市，尤其是相邻地区相比毫不逊色（见表 5 – 4），具有地域旅游文化多元的优势。

表 5 – 4　　　　　　　　关中及相邻省、区旅游文化类别比较

地区名称	主要旅游文化类别
关中	始祖文化、西周文化、秦汉文化、大唐文化、丝路文化、黄河文化、民俗文化、宗教文化、农业文化等
山西	黄河文化、晋商文化、始祖文化、民俗文化等
河南	黄帝文化、黄河文化、姓氏文化、少林武术文化、民俗文化等
湖北	荆楚文化、武当太极文化、民俗文化等
重庆	巴渝文化、民族文化、移民文化、三峡文化、陪都文化、山城文化等
四川	三国文化、民族文化、休闲文化、长江文化、民俗文化等
甘肃	丝路文化、长城文化、石窟文化、民族民俗文化、黄河文化、始祖文化等

地区名称	主要旅游文化类别
宁夏	西夏文化、丝路文化、红色文化、民族文化、黄河文化等
内蒙古	民族文化、历史文化等

四　多元文化并存，资源融合度好的优势

关中多样文化旅游资源相互融合、互为补充，具有明显的组合性优势，主要体现在以下 3 点：一是历史文化、民俗文化、山水文化等多元文化相互融合，结合为良好，有利于游客进行集中性观看欣赏，形成"不虚此行"的口碑效应。二是自然资源和人文景观相伴相生，如华山山体陡峻、自然景观奇特，素有"奇险天下第一山"之称，同时也是道教圣地，被誉为"第四洞天"，山上现存 72 个半悬空洞，道观 20 余座，其中玉泉院、东道院、镇岳宫被列为全国重点道教宫观，两者的有机融合避免了自然景观或文化旅游资源单调和同质的缺陷。三是喜悦元素和悲痛沉思交织，历史发展与经验教训叠加，现代科技与古代原始同在，使旅游者有喜有悲，感慨万千。

五　部分文化旅游资源具有高垄断性的优势

关中文化旅游资源在垄断性和知名度方面具有明显优势，文化源远流长，具有许多号称世界之最、中国之最、人人皆知的人文社会事物和现象。例如，西安是举世闻名的世界四大古都之一，是联合国教科文组织最早确定的"世界历史名城"和国务院最早公布的国家历史文化名城之一，是中国历史上建都时间最长、建都朝代最多、影响力最大的都城，居"中国古都"之首；秦始皇陵兵马俑被称为"世界第八大奇迹"，秦始皇陵兵马俑陪葬坑被称为世界最大的地下古代军事"博物馆"；大雁塔是中国现存最早、规模最大的唐代四方楼阁式砖塔，是中国唐朝佛教建筑艺术杰作；明城墙已经有 600 多年历史，是全世界保存最完整、规模最宏大的古城墙；陕西历史博物馆被

誉为"华夏珍宝库"和"中华文明的瑰丽殿堂",是中国唯一入选世界40杰出工程系列的博物馆;唐大明宫是中国古代最宏伟和最大的宫殿建筑群,同时也是世界史上最宏伟和最大的宫殿建筑群之一;羊肉泡馍早在唐代就被称为陕西一绝,享有"天下第一碗"的美名;法门寺因为合十舍利塔里供奉着世界上唯一的释迦牟尼指骨舍利而举世闻名,其唐代地宫是世界上发现时代最久远、规模最大、等级最高的佛塔地宫,其珍宝馆拥有出土于法门寺地宫的2000多件大唐国宝重器,为世界寺庙之最;乾陵素有"历代诸皇陵之冠"和"睡美人"之称,是中国历史上唯一的女皇帝武则天与其夫唐高宗李治的合葬墓;楼观台是世界公认的道教祖庭,号称"天下第一福地",是中国著名的道教主流全真派圣地;华山被誉为"奇险天下第一山""第四洞天";杨凌农业高新技术产业示范区,是中国唯一的农业高新技术产业示范区,是中国三大农业示范区之一,被誉为中国"农科城"等。这些资源极具稀缺性,属于垄断性、垄断—竞争性资源,对关中开发垄断性文化旅游产品和提高文化旅游产品竞争力与市场占有率,具有无法估量的价值。

六　自古以来即是丝绸之路起点的优势

丝绸之路是一条横贯亚洲、连接欧亚大陆的著名古代陆上商贸通道,已经有2000余年的历史了,魅力永恒。一直以来,古老的丝绸之路沿线众多的历史文物和古迹、壮丽的自然风光和多姿多彩的各民族风土人情,吸引着成千上万来自世界各地的旅游者。如今,多国已经开始联合申报与开发丝绸之路文化遗产,中国也多次出台政策和措施,促进丝绸之路的旅游发展。作为丝绸之路的起点,西安在其中的地位和作用将更为重要,关中文化旅游将会面临更为广阔的发展空间与机遇。

第一,丝绸之路是中国开发旅游产品的重点地带,《丝绸之路旅游区总体规划(2009—2020年)》已经编制完成。国家"十一五"旅游规划编制确定了12大重点区域,丝绸之路位列其中,显然丝绸之路旅游产品开发已经成为国家战略层面中的重中之重。

第二，丝绸之路是中国首批国家级旅游线路，现已经成为中国诸多旅游产品中极具吸引力的一条主题旅游线路。根据国家旅游局公布的《中国国家旅游线路初步方案（征求意见稿）》，"丝绸之路""香格里拉""长江三峡""青藏铁路""万里长城""京杭大运河""红军长征""松花江鸭绿江""黄河文明""长江中下游""京西沪桂广""滨海度假"等成为首批 12 条中国国家旅游线路。其中，"丝绸之路"为首条具有国家层面代表性和权威性的旅游线路，对海内外旅游者具有极大的吸引力，经过多年的开发和建设，基础设施正在完善，已经成为中国诸多旅游产品中极具吸引力的一条主题旅游线路。作为自古以来即是丝绸之路起点的历史地位，关中地区的古都西安、秦始皇陵、法门寺等历史文化资源大放异彩。

第三，提出共建"丝绸之路经济"带战略构想，陕西定位"丝路经济带"桥头堡。2013 年 9 月国家主席习近平在中亚发表演讲时提出共建"丝绸之路经济带"的战略构想，随后借助欧亚经济论坛的机会，陕西联合欧亚 9 国十几个城市共同签署《共建丝绸之路经济带西安宣言》，利用"丝绸之路经济"带概念开展国际合作，并且提出将陕西打造成"丝绸之路经济"带的"新起点"和"桥头堡"，与此对应，西安市提出打造"丝绸之路经济"带的"始发港"。2014 年新年伊始，古丝绸之路起点西安全面启动建设"丝绸之路经济带新起点"，在文化、产业、教育、科研、旅游等方面与丝绸之路沿线城市加强交流与合作。

七　资源符合未来旅游开发方向的优势

文化旅游是一种全新的、知识含量非常高的旅游形式。根据世界旅游组织的预测，到 21 世纪原市场份额较大的自然风光旅游产品增长率将下降，而文化旅游将有强劲的发展势头，并且将与探险旅游等成为最有吸引力的旅游产品。21 世纪将是文化旅游世纪，旅游业竞争将从传统的资源性竞争、服务性竞争转化成文化性竞争。[①] 有研究者调查显示，英国、美国、日本、德国、法国、澳大利亚等国家的旅游者出境旅游的主要动力是"与当地人交往，了解当地的文化和生活方式"；去欧洲的旅游者当中，65% 的人喜欢文化旅游。另有研究者对来华日本游客资源偏好进行了问卷调查，统计结果表明，对文化感兴趣的占 39.8%，对风景名胜感兴趣的占 36.8%，二者加起来共占 76.6%。从旅游客体的角度分析，地域性可以带来不同文化之间的空间差异性和时间差异性，文化的差异性则激发了人们探知和体验异域文化的兴趣，产生了到世界各地求新、求异的旅游动机。因此，旅游目的地文化地域性特征越鲜明、原生性特征越突出，对游客的诱惑力和吸引力也就越大。[②] 而关中文化底蕴深厚，文化旅游资源高度密集和品级高，资源特质吻合未来旅游需求，开发潜力大、前景好。如果实现文化的旅游化和旅游的文化化，丰富旅游产品文化内涵，开拓新的文化旅游产品，完善文化旅游产品结构，关中文化的亘古魅力必然在旅游的直接刺激下真正地显现出来，使关中成为中国首屈一指的、不可替代的文化旅游胜地。[③]

八　拥有良好区位条件的优势

关中良好的区位条件主要体现在地理区位、交通区位、文化区位、旅游区位 4 个方面。

地理区位：中国的地理中心。地处中国地理中部地区，是中国大地原点所在地（泾阳），也是中国报时台所在地（蒲城）。连接中国东部、中部、西北和西南的咽喉位置，其经济地理位置可以同时辐射华北、西北、西南、中南几大经济区，具有连接南北的桥梁和枢纽作用。

---

① 朱桃杏、陆林：《近 10 年文化旅游研究进展——〈Tourism Management〉、〈Annals of Tourism Research〉和〈旅游学刊〉研究评述》，《旅游学刊》2005 年第 6 期。

② 郑迎红：《论旅游的文化性》，《河北学刊》2007 年第 5 期。

③ 张孔明：《陕西文化的旅游化和陕西旅游的文化化》，《渭南师范学院学报》2007 年第 6 期。

　　交通区位：在航空方面，西安航空港已经建成国家一级机场和西北最大的空中交通枢纽，是中国四大国际空港之一，拥有 25 条国际航线；在铁路方面，是中国六大铁路客运枢纽之一，中国铁路网密度最大的地区之一，拥有陇海、宝成、宝中、西侯、西包、西南、西安等 7 条铁路干线，也是中国西部唯一一条快速铁路（郑西专线）的所在地；在公路方面，西安是中国高速公路最密集的城市，8 条高速公路（西合、西康、西汉、西宝、西银、西包、西禹、西潼）呈"米"字形向四周辐射，形成中国西部最大的高速公路枢纽中心，分别连接武汉、重庆、成都、南京、兰州、银川、郑州、太原、包头等城市。

　　文化区位：西安是世界古文明旅游圈、"国际丝绸之路"、大中华文化圈中的重要节点和"龙头"，是华夏之根和文化之源。西安地处世界"华文化"圈（包括日本、韩国、东南亚诸国等）的中心，是独居世界东方的世界古都，与位于地中海沿岸的开罗、雅典、罗马共同构成了充满神秘感和吸引力的世界古文明旅游圈。西安还是连接欧亚大陆的"丝绸之路"国际旅游线上的起点和"龙头"城市，在"丝绸之路"的开辟、拓展、保护和维系方面，起着至关重要的作用，而关中地区（尤其是西安、咸阳、宝鸡三市）肩负着联合沿线各省区，共同开发建设"丝绸之路"国内段的重任。在世界宗教文化领域里，西安也扮演过非常独特的角色：是大秦景教、祆教、摩尼教、伊斯兰教最早传入中国的地方，也是佛教在中国传播和发展的中心。西安不仅是"中国佛教三大译场"所在地，中国佛教 8 宗中 6 宗祖庭所在地，而且也是日本、新罗（朝鲜）许多佛教教派的源脉之地等。宗教文化也将作为一条重要的纽带，把东亚地区（日、韩）、东南亚地区甚至南亚地区紧密地连接起来，为国际旅游市场的开拓提供了一条新的途径。

　　旅游区位：在中国以历史遗迹和华夏文化为主导旅游产品的区域内（主要包括陕西、山西、河南、北京、山东、江苏等省市）占有重要的地位，具有与周边地区共同构建和打造旅游网络或旅游品牌的区位条件。在文物与历史文化旅游产品方面，陕西虽然与山西、河南两省同为文物和文化大省，许多旅游产品具有趋同性，如西岳华山、中岳嵩山、北岳恒山；古都西安、洛阳、开封；黄河龙门、黄河壶口、黄土高原等。但是，总体来讲，陕西、山西和河南 3 地的文化文物旅游产品也有着明显的差异性和互补性，如陕西地区突出的是周、秦、汉、唐文化（含古都文化、陵寝文化、祖庭文化）；山西地区突出的是晋商文化、民居文化；河南地区突出的是中原文化（含北魏文化、宋文化、殷墟文化）等。因此，这些区域在旅游产品开发方面是可以做到互利双赢，共同构建旅游网络或旅游品牌。

第二节　劣势分析

一　区域经济发展相对滞后的劣势

近年来，陕西经济增长十分迅速（尤以西安、榆林、延安等地区最为突出），2012 年人均国内生产总值突破 6000 美元大关，步入快速发展的轨道，其中 2012 年西安市国内生产总值已经达到 4369.37 亿元，人均国内生产总值已经突破 8000 美元。这对关中文化旅游业发展的社会经济环境起到了一定程度的改善。

但是，与沿海等经济发达地区相比，差距仍然很大。以 2012 年为例，陕西省人均国内生产总值仅相当于北京的 44%、上海的 45% 左右；城镇居民人均收入仅相当于北京和上海的 50% 和 56% 左右。区域经济发展相对滞后，不仅影响旅游业发展所必需的资金投入（如市场营销费用），影响旅游产品开发的资金筹措，而且也影响本地区居民的出游率和旅游消费水平。在旅游需求结构中，本地区公务旅游、商务旅游游客比重较低的原因也是由于经济发展相对滞后的原因造成的。同时，也将会导致人才、技术和资金等要素的继续流失，给区域文化旅游业的进一步发展造成资金和人才的困难。

二　资源—产品转化率低的劣势

部分旅游文化资源由于有具体物质载体而得以开发，但是也有许多旅游文化却以诗歌、民间传说、传记等形式存在，缺少相应的物质文化载体，显示度较低，开发方式只能够以导游简单讲解为主，资源转化为产品的难度大，开发程度较低，大多处于未开发、待开发状态，不利于游客参观和体验。

三　距国内主要客源地较远的劣势

根据距离衰减原理，旅游地与旅游客源地之间存在着相互作用，其作用强度表现为在以目的地为中心的平面上，在空间场效应作用下，目的地吸引力呈现距离衰减特征：离目的地越近的客源地，受到的旅游吸引力越强；离目的地越远的客源地，受到的旅游吸引力相对较弱。[1] 然而，关中与中国国内旅游的主要客源地（珠江三角洲地区、长江三角洲地区及环渤海地区）之间的铁路距离均在 1500 千米至 2000 千米，与人口密集地区（如河南中东部、山东、京津唐、沪杭甬、两湖、成都平原等）的交通距离也多在 500 千米至 1000 千米，与国内主要客源地较远使得关中文化旅游在国内市场竞争方面，处于不利的地位。

第三节　机遇分析

一　国际方面的机遇

（一）旅游业成为世界第一产业，国际旅游区域的重心正向东方转移

现代旅游业产生于 19 世纪，在 20 世纪得到前所未有的发展。特别是第二次世界大战以后，旅游产业获得了相对和平与稳定的发展环境，迅速成为一个新兴产业。1950 年，全世界旅游人数仅有 2520 万，旅游收入约 21 亿美元。此后，世界旅游产业平均每年以 10% 的速度增长，增值水平明显高于其他产业。例如，1992 年美国旅游业

---

① 董卫江：《基于引力模型的旅游目的地客源市场研究》，硕士学位论文，浙江大学，2011 年，第 13 页。

增值为 3300 亿美元，远远高于农业的 900 亿美元、汽车工业的 550 亿美元以及金属工业的 400 亿美元。德国、法国、英国、日本等其他发达国家也与美国的情况类似。世界旅游组织提供的资料表明，自 20 世纪 90 年代开始，国际旅游收入在世界出口收入中所占比重达到 8.25%，超过石油出口收入的 6.5%、汽车出口收入的 5.6% 和机电出口收入的 4.6%。自此，旅游产业正式确立了世界第一大产业的地位并且保持至今。据统计，目前全球有 120 多个国家和地区将旅游产业列为本国国民经济发展的支柱产业，并且纷纷制定出台扶持旅游产业发展的相关政策与法规，成立相应的旅游研究机构和管理机构，加大对旅游产业的政府主导力度。

另外，从国际区域旅游重心来看，国际旅游区域的重心正向东方转移。20 世纪 80 年代以前，西方发达国家几乎垄断了国际旅游市场，接待人数和旅游收入都占到世界总量的 90% 左右。进入 20 世纪 90 年代，世界上出现了由欧洲、美洲、亚太地区、非洲、中东、南亚组成的六大国际旅游市场格局体系，这一市场格局体系的形成标志着旅游大众化时代的到来。特别是东亚、太平洋地区的国际旅游增长率年均达到 7.5%，远高于世界其他地区。随着旅游重心由传统市场向新兴市场转移速度的加快，欧美地区的国际旅游市场份额不断缩小，亚太地区成为国际旅游的热点区域。中国作为亚太地区的核心国家，在其中扮演着十分重要的角色。根据世界旅游组织预测，到 2015 年中国将成为世界上第一大入境旅游接待国和第四大出境旅游客源国。届时中国入境旅游人数将达 2 亿人次，国内旅游人数达 26 亿人次以上，出境旅游人数达 1 亿人次左右，旅游业总收入达 2 万亿元人民币左右。根据中国旅游产业发展规划，到 2020 年中国旅游业总收入将超过 3.3 万亿元，占国内生产总值的 8%，实现由旅游大国到旅游强国的历史性跨越。

（二）和平与发展仍是时代主题，为旅游业提供良好的政治文化环境

和平与发展是发展旅游业的前提和保障，只有具备和平与发展的条件，才能够大力发展旅游业，促进旅游业在世界范围内的快速发

展。和平与发展仍然是时代主题，求和平、谋发展、促合作已经成为不可阻挡的时代潮流。加强文明交流与对话，避免敌视与冲突，在竞争比较中取长补短，在求同存异中共同进步，是世界各国人民的一致心愿。旅游是人与人、人与自然、人与社会的交流活动，在增进各国人民友好交往，传播和弘扬和谐文化，推进和谐世界建设上具有积极推动作用。通过发展旅游产业，世界各国将进一步加深相互了解，实现互利共赢，促进人类文明的繁荣进步。

另外，不同民族、不同国家、不同地区的文化传统和文化样式，各具特色、丰富多彩，体现了世界文明的多样性，是全人类共同的宝贵财富，为发展旅游产业提供了取之不竭的动力源泉。世界各国都在充分挖掘、开发和利用当地的历史文化资源，提升旅游产业的文化品位，培育各具特色的旅游文化品牌，实现旅游产业的可持续发展。关中人文历史悠久，历史文化遗产众多，文物古迹甲天下，秦始皇陵、古都西安、大雁塔、乾陵、法门寺、华山等已经成为世界上具有垄断性的旅游资源，共同构成了关中文化独有的强大旅游吸引力，为关中发展文化旅游产业创造了极为有利的条件。

（三）知识经济时代已悄然来临，高新科技让旅游更智慧和更便捷

自 20 世纪 80 年代以来，知识与经济之间的相互渗透作用越来越强劲，使得全球经济发生了根本的变化。21 世纪以高科技和信息为主导的新兴产业的崛起，推动经济领域发生了一场空间革命，知识成为经济发展的直接驱动力，促使知识经济时代的到来。知识经济也被称为"第四产业"，以迅猛的发展势头席卷全球，深刻地影响着各个行业、各个领域，当然也包括正在快速发展的旅游业，给各国各地区旅游业带来的既有严峻的挑战与冲击，也有良好的机遇和广阔的前景。

高新科技的强势介入，让现代旅游不再是走马观花式的观光游，而是充满着便捷、人性化的智慧旅游。从选择目的地到入住酒店，智慧旅游衍生出的一系列设施和服务可以让旅游者足不出户就安排好 1 周甚至 1 个月的行程。科技让世界越来越小，也让旅行变得越来越智

慧和便捷。关中在发展文化旅游业时，应当顺应知识经济时代的潮流与需求，积极引进先进的理念和技术，逐渐摒弃传统的掠夺式旅游资源开发模式，实施新的旅游开发战略与构想，创新旅游管理和组织形式，加大知识投入，加强高新技术和现代旅游业的交叉融合，采取切实措施，使文化旅游产品竞争力得到全面提升，实现文化旅游业跨越式发展和可持续发展。

二 国内方面的机遇

（一）国家"三位一体"战略，让关中文化旅游大有可为

坚持以生态、文化、旅游"三位一体"战略为统领，统筹谋划区域生态保护与建设、文化发展与繁荣和旅游业的协调推进，兼顾不同地区、不同资源的特色，立足高起点、高标准，体现全局性、系统性，关中文化旅游业必将大有可为。

第一，生态文明战略化增强旅游产业优势。推进生态文明，建设美丽中国，旅游将是重要动力。在党的十八大报告中，首次提出围绕"美丽中国"的目标建设生态文明，并且要求正确认识和把握加强生态文明建设的重要性和紧迫性，着力推进绿色发展、低碳发展、循环发展，努力在加强生态文明建设方面不断创造新成绩。2013年中央城镇化工作会议指出，城镇建设要体现尊重自然、顺应自然、天人合一的理念，依托现有山水脉络等独特风光，让城市融入大自然，让居民望得见山、看得见水、记得住乡愁。这诗意般的语言预示着，生态文明建设必将展现出更加蓬勃的生机和活力。

第二，文化产业大发展大繁荣战略的实施，促进文化与旅游双产融合。2011年10月，党的十七届六中全会通过了《中共中央关于深化文化体制改革推动社会主义文化大发展大繁荣若干重大问题的决定》，对准确认识旅游与文化的关系，旅游产业与文化产业融合发展提出了新的要求。国家旅游局指出："通过发展旅游业推动文化大发展大繁荣的国家战略，是推进旅游产业和文化产业融合发展的新方法、新思路、新途径。"在党的十八大报告中再次强调，文化产业与旅游融合的重要性。西安曲江新区则是文化与旅游相互融合的典型

案例。

第三，旅游战略化提高了旅游产业的地位。随着《国务院关于加快发展旅游业的意见》（国发〔2009〕41 号）、《贯彻落实国务院关于加快发展旅游业意见重点工作分工方案》（国办函〔2010〕121 号）等一系列政策的相继出台，对旅游业提出了全新定位："把旅游业培育成国民经济的战略性支柱产业和人民群众更加满意的现代服务业。"这意味着旅游业的发展融入了国家战略体系，中国旅游业正在进入新一轮快速发展阶段。同时，构建和谐社会的大背景，积极推进国民休闲计划的举措，大力实施低碳旅游模式的大转变，将极大地促进旅游业的发展，为全国旅游发展带来优越的政策环境。关中大力发展文化旅游业，不仅有丰厚的文化旅游资源基础，而且是紧抓国家层面的发展机遇，顺应国民社会经济发展的时代潮流，必将赢得社会、经济、技术、政策、投资等各方面的支持。

（二）国家新型城镇化战略，为关中文化旅游指明新方向

党的十八大报告和中央经济工作会议提出新型城镇化发展战略，着重强调"要把生态文明理念和原则全面融入城镇化全过程"，积极探索"走集约、智能、绿色、低碳的新型城镇化道路"。这为旅游业参与国家的城镇化进程提供了明确的理论基础和指导思想，探索和开创旅游导向的新型城镇化发展模式，既是一种"新型城镇化"的重要途径，也是旅游业积极参与国家城镇化发展战略的重要切入点。关中在发展文化旅游过程中，应该凭借其独特、丰富的文化旅游资源，积极探索和开创旅游导向的新型城镇化发展模式，实现文化旅游产业快速、健康和持续的发展。

（三）深入推进西部大开发战略，继续带来投资和政策倾斜

由于在"非均衡发展模式"下，中国东部沿海地区经济社会发展迅速，西部地区经济落后，东西部区域经济社会差距拉大，成为制约中国国民经济协调发展的一个突出问题和社会潜在的不稳定因素。在这一背景下，国家提出实施"西部大开发"战略，加强西部地区的基础设施和生态环境建设，促进各种资源的合理配置和流动，为经济发展提供更为广阔的投资空间和消费市场。"西部大开发战略"实施

10 年来，成绩斐然，大量基础设施建成使用，生态环境保护取得重大进展，人民生活水平也有明显的提高。2010 年，国家提出继续深入实施西部大开发战略，西部大开发进入一个新的阶段，未来 10 年，西部自我发展能力的培育特别是产业发展成为关键。在西部大开发工作会议上明确提出以培育特色优势产业为龙头，大力发展农牧业、现代工业和服务业，加快构建现代产业体系，使西部地区资源优势转变为经济优势，为西部地区加快发展指明了方向。关中文化旅游资源丰富，具有极其巨大的潜在文化旅游产品消费市场，"文化产业、旅游产业"又是关中最具特色的两大优势产业，在西部大开发战略实施的背景下，开发文化旅游产品，实现文化与旅游的双产融合，无疑有着难得的历史机遇。

（四）居民旅游需求被激发，迈入"全民休闲"新时代

旅游学原理认为影响旅游者消费需求的主要函数式收入、欲望、时间和健康状况，通俗地说就是"有钱、有闲、有欲望、有身体"。随着中国国民经济的快速发展及带薪休假制度的逐步落实与完善，中国居民的旅游观念已经悄然发生变化、旅游产品的消费能力日益增强，闲暇时间不断增多，居民旅游需求被激发，旅游业发展进入"大众化、产业化"的"全民休闲"时代。

旅游逐渐成为人们的一种生活方式。30 年前提倡节约、紧缩，"旅游"被作为"资本主义享乐方式"而受避讳。30 年后国家综合实力增强，人民生活水平提高，人们向往到没有污染的大自然中去放松身心，博览神州，游历世界，在旅途中感受自然，缅怀历史，放松心情，体验生命，旅游正在逐渐成为中国人的一种新的生活方式。

居民旅游产品消费能力日益增强。研究表明，人均国内生产总值达到 300 美元就会产生国内旅游需求，达到 1000 美元时就会产生出境旅游需求，达到 1500 美元时旅游增长速度将会更加迅速。改革开放以来，中国旅游市场逐步拓展，尤其是近年来，国内旅游人次呈现稳步增长之势，国内旅游收入呈现跨越式发展之势。2013 年国内旅游人次达到 32.5 亿人次，国内旅游收入达到 2.54 万亿元人民币，居

民旅游消费水平不断提升。

居民闲暇时间不断增多。中国居民休闲时间增多有 4 次明显变化，每一次变化都带动了旅游产品的开发。第一次是在 1978 年，国家实行 8 小时工作制，规定职工每天工作时间为 8 小时，8 小时以外时间不再被政治活动所挤占。第二次是 1995 年，国家开始实行 5 天工作制，为旅游带来了机遇。第三次是 1999 年实行的"旅游黄金周"政策，使中国国民旅游有了时间保障，游客抵达目的地更远，在旅游目的地逗留的时间更长，旅游产品消费方面的支出也更多。第四次是 2007 年实行的"小长假"政策，使长线旅游被很多人放弃，短线休闲旅游兴起，这有助于堵截关中游客大量外流和启动"关中人游关中"活动。

同时，随着《国民休闲纲要》的颁布实施，全国各地掀起国民休闲旅游浪潮，全民休闲新时代不期而至。

（五）"关中—天水经济区"战略实施，全力打造"大西安"

关中—天水经济区简称"关天经济区"，2009 年经国务院批复通过，其范围包括陕西省的关中平原地区及甘肃省天水地区，共 6 市 1 区。经济区以大西安（含咸阳）为中心城市，宝鸡为副中心城市，天水、铜川、渭南、商洛、杨凌等为次核心城市。这个区域为中华文明的发源地，13 朝古都西安、炎帝故里—青铜器之乡宝鸡、羲皇故里天水等文明发祥地。"关中—天水经济区"规划和建设属于国家层面的战略规划，是国家意志和行为，"大西安"建设是其核心。2014 年 1 月 6 日，国务院正式批复西咸新区成为中国的第 7 个国家级新区，西安国际化大都市也正在积极建设中，吸引着全球目光在此聚焦。同时，关中各城市与区域内其他城市联合发掘历史文化遗产，发展文化旅游，形成"丝绸之路文化旅游廊道"（西安—咸阳—宝鸡—天水）、"宗教文化旅游廊道"（西安大慈恩寺—宝鸡法门寺—平凉崆峒山—天水麦积山）等，对巩固大西安在区域旅游的核心地位、龙头带动作用，拓展关中文化旅游开发机遇和空间，形成关中文化旅游空间新格局具有战略意义。

第四节　威胁分析

一　外部旅游竞争的威胁

国内外众多学者看好文化旅游，认为 21 世纪是文化旅游世纪，旅游业竞争将从传统的资源性竞争、服务性竞争转化为文化性竞争。各个国家、各个地区都在积极开发文化旅游和文化旅游品牌，关中文化旅游存在激烈的外部竞争，可以说是周边皆为"劲敌"，竞争日趋白热化。

一是与区域周边省市类似文化旅游目的地之间存在竞争（见表 5－5）。关中周边地区文化旅游资源具有一定的相似性、雷同性和替代性，有些省、区开发了较为成熟和知名度高的文化旅游产品，对关中文化旅游产品开发产生削弱和替代效应。

表 5－5　　　　　　关中部分文化旅游产品面临竞争威胁分析

文化旅游产品类别	竞争威胁来源地及代表性景区、景点
历史文化旅游产品（陵墓类、古城、古镇或古村类）	宁夏——西夏王陵 内蒙古——成吉思汗陵墓 山西——平遥古城、乔家大院 四川——阆中古城
丝绸之路旅游产品	甘肃——敦煌嘉峪关、鸣沙山、月牙泉、嘉峪关长城、麦积山石窟、张掖古城
宗教文化旅游产品	河南——少林寺 湖北——武当山 甘肃——麦积山、崆峒山、炳灵寺、夏河拉卜楞寺 四川——峨眉山乐山大佛、青城山
黄河文化旅游产品	宁夏——黄河金岸、沙坡头 山西——黄河壶口瀑布 河南——三门峡 甘肃——黄河三峡

二是与国内发达地区之间存在竞争。东部地区旅游经济总量大，产业集中程度高，旅游产品结构合理，类型多样，可进入性强，基础设施完善，现代化服务程度高，是中国旅游创汇和国际旅游接待的主

要基地，国内旅游的主要目的地之一，也是国内游和境外游的主要客源地。与东部发达地区相比，关中文化旅游产品竞争力相对较弱。以入境旅游流为例，京津冀、长江三角洲、珠江三角洲是中国入境旅游发展的"三驾马车"，2007 年京津冀、长江三角洲、珠江三角洲地区接待的入境旅游者人次分别占全国入境旅游者总人次的 8.49%、21.13%、33.68%，三地区接待的入境旅游者总人次占全国入境旅游者总人次的 63.30%。中国入境旅游空间结构呈现以这 3 个地区为中转地，向国内其他省市、地区转移的特征。陕西亦不例外，在陕西省接待的入境游客中有大部分是从这 3 个地区转移而来的，2005 年这 3 区域向陕西扩散转移人数占陕西省接待入境旅游总人数的 50%。同东部发达地区相比，关中在入境旅游客源市场竞争中处于劣势。

　　三是与国外旅游目的地之间存在竞争。自改革开放以来，中国出境旅游政策逐步放松，出境旅游获得飞速发展。2012 年，中国出境旅游人次数为 8318.27 万人次，同比增长 18.41%。从绝对数量而言，中国出境旅游市场已经超过德国与美国，成为世界第一大出境旅游市场。截至 2013 年 7 月，中国已经与 116 个国家或地区展开了出境旅游业务。截至 2014 年 1 月，共有 45 个国家（地区）对中国公民实施免签证或落地签证政策。随着出境旅游政策更为宽松、服务更为完善，东南亚、日本、韩国、澳大利亚、加拿大等国瞄准中国庞大的客源市场，不断推出特色旅游产品，实施各种优惠政策，加大市场营销宣传力度，中国出境旅游流必将进一步扩大，这对关中文化旅游市场拓展形成巨大的竞争和严重的威胁。

二　生态环境日益恶化的威胁

　　关中文化的优势不容置疑，但是关中文化的魅力没有产生应有的旅游热能，原因何在？笔者认为有一个重要原因不容忽视，那就是自然生态环境的恶化，导致关中文化失去了本不该失去的魅力。"耳临清渭洗，心向白云闲。"唐人的诗句令我们不能不想入非非。"八水绕长安，渭水是其一。滔滔渭水，一耳清流；悠悠白云，一眼蓝天。"身临其境，那是怎样一种享受呀！可是如今的西安市区，乃至于远郊区，到哪儿寻找"耳临清渭洗，心向白云闲"那样的去处呢？自然生态环境当然不只是西安，不只是关中，但是是否可以说关中更严重呢？近年的风沙天气、雾霾天气，又使本来已经不容乐观的自然环境雪上加霜，这显然是发展旅游产业之大忌，如不遏制，如不治理，如不改善，再有魅力的关中文化也难以刺激旅游产业的发展。

三　历史文化遗存破损、消失的威胁

关中历史文化遗产众多，但是遗产保护与传承的问题严峻，形势令人担忧，主要体现在以下几点。

一是文化遗存破坏的程度严重，速度快。由于求快求洋，忽视文化内涵的传承和营造，导致城市建设个性缺失，千城一面。如今，这种现象正在加速由城市向文化遗存相对丰富集中的城镇农村扩散蔓延。有资料显示，2005 年全国有代表性民居、经典建筑、民俗和非物质文化遗产的古村落数量为 5000 个，而到了 2012 年仅存两三千个，近一半的古村落永远消失了。陕西的情况也不容乐观。住房和城乡建设部公布的第一批中国传统村落共 646 个，陕西省只有 5 个；第二批公布 915 个，陕西省只有 8 个。但是，同处西部的云南省和贵州省，分别达到了 232 个和 202 个。先后 5 批公布的 350 个国家级历史文化名镇，陕西省只 5 个，仅占总数的 1.4%，这与陕西省作为文化资源大省的地位极不相称。更可怕的是，仍然有大批传统建筑面临着被推土机夷为平地、很多古镇名村被野蛮改造的危机。

二是非物质文化遗存后继乏人的问题十分突出。通过调研发现，目前非物质文化遗产传承人以及从事传统文化活动的主要为老人和妇女。因为，生活方式和观念的变化，年轻人对传承非物质文化遗产的热情不高，存在收徒难、传承难、青黄不接、后继乏人的问题。2012 年文化部公布的第 4 批国家级非物质文化遗产项目代表性传承人名单中，陕西省只有 4 名，仅占公布总人数 498 人的 0.8%。

三是文化遗存传承方式落后，器物保存条件简陋。由于缺少资金和场所，缺乏引导和整理，传承方式仍然以家庭相传、收徒相传为主，因此学习靠兴趣、传承靠家族、学艺拜师现象仍然十分普遍，有

组织、有计划的挖掘整理和传承的非常少。

四是群众关注度、参与度比较低，文化遗存赖以存在的环境令人担忧。目前，相当一部分文化遗存成为孤立的物件或建筑，失去了整体风貌和传统格局，历史脉络不复存在。相当一部分群众尤其是年轻一代对文化遗存的传承与保护漠然视之，冷冷清清已经成为绝大多数文化遗存所面临的尴尬境地。有关非物质文化遗产流失原因的问卷调查显示，因公众参与不够占到85.5%。而大多非物质文化遗产是保存于民间的，所以，公众参与欠缺是致使其不复存在的主要原因。

文化遗存是一个地区传统风貌、地方特色和民族风情的活化石。历史文化遗存的破坏、损毁和消亡的悲剧一再上演发生，对文化旅游产品开发来说不能不说是极大的损失，因为文化旅游资源是民族旅游产品开发的基础、对象和灵魂，一旦文化褪色或流失，原汁原味的民族文化旅游产品再也无法寻求，必然导致文化旅游失去魅力。

第五节　综合分析

在以上分析的基础上，本节采用 IFE 矩阵（Internal Factor Evaluation Matrix）和 EFE 矩阵（External Factor Evaluation Matrix）模式，对关中文化旅游开发条件进行量化分析。具体步骤是：确定评价因子和变量；赋予权重，内外条件权重值为 0—1，数值越大，影响力越大；给予评价，各因子评价得分为 1—5，数值越大，影响越好；确定加权分数和总分。经过分析测得，具体数值是：优势加权得分为 4.42，劣势加权得分为 -3.24，机遇加权得分为 4.45 分，威胁总加权得分 -4.10，内部条件加权得分为 1.18，外部环境总加权得分为 0.35，内外部条件之和为 1.53（见表 5-6），可见优势大于劣势，机遇大于威胁，文化旅游开发条件和潜力很好，可以针对内外部条件分别采取不同战略进行应对（见表 5-7 和图 5-1）。

表 5 - 6　　　　关中文化旅游开发条件 IFE 和 EFE 矩阵分析

因子	关键变量	权重	评分	加权总分	合计
优势	人文历史悠久，文化遗产众多	0.16	5	+ 0.80	+ 4.42
	人文资源种类多，丰富度高	0.23	5	+ 1.15	
	人文资源等级高，吸引力强	0.12	4	+ 0.48	
	多元文化并存，资源融合度好	0.05	3	+ 0.15	
	部分文化旅游资源具有高垄断性	0.13	4	+ 0.52	
	自古以来即是丝绸之路起点	0.12	4	+ 0.48	
	资源符合未来旅游开发方向	0.08	5	+ 0.40	
	拥有良好区位条件	0.11	4	+ 0.44	
机遇	旅游业成为世界第一产业，国际旅游区域的重心正向东方转移	0.12	4	+ 0.48	+ 4.45
	和平与发展仍然是时代主题，为旅游业提供良好的政治文化环境	0.09	4	+ 0.36	
	知识经济时代已经悄然来临，高新科技让旅游更智慧、更便捷	0.09	4	+ 0.36	
	国家"三位一体"战略，让关中文化旅游大有可为	0.15	4	+ 0.60	
	国家新型城镇化战略，为关中文化旅游指明新方向	0.10	4	+ 0.40	
	深入推进西部大开发，继续带来投资和政策倾斜	0.16	5	+ 0.80	
	居民旅游需求被激发，迈入"全民休闲"新时代	0.13	5	+ 0.65	
	"关中—天水经济区"战略实施，全力打造"大西安"	0.16	5	+ 0.80	
劣势	区域经济发展相对滞后	0.45	4	- 1.80	- 3.24
	资源—产品转化率低	0.21	2	- 0.42	
	距国内主要客源地较远	0.34	3	- 1.02	
威胁	外部旅游竞争	0.55	5	- 2.75	- 4.10
	生态环境日益恶化	0.18	3	- 0.54	
	历史文化遗存破损和消失	0.27	3	- 0.81	

表 5 - 7　　关中文化旅游开发的 SWOT 矩阵分析与战略匹配

战略外部条件 ＼ 内部条件	优势（Strength） 1. 人文历史悠久，文化遗产众多 2. 人文资源种类多，丰富度高 3. 人文资源等级高，吸引力强 4. 多元文化并存，资源融合度好 5. 部分文化旅游资源具有高垄断性 6. 自古以来即是丝绸之路起点 7. 资源符合未来旅游开发方向 8. 拥有良好区位条件	劣势（Weakness） 1. 区域经济发展相对滞后 2. 资源—产品转化率低 3. 距国内主要客源地较远
机会（Opportunity） 1. 旅游业成为世界第一产业，国际旅游区域的重心正向东方转移 2. 和平与发展仍然是时代主题，为旅游业提供良好的政治文化环境 3. 知识经济时代已经悄然来临，高新科技让旅游更智慧、更便捷 4. 国家"三位一体"战略，让关中文化旅游大有可为 5. 国家新型城镇化战略，为关中文化旅游指明新方向 6. 深入推进西部大开发，继续带来投资和政策倾斜 7. 居民旅游需求被激发，迈入"全民休闲"新时代 8. "关中—天水经济区"战略实施，全力打造"大西安"	SO 战略： 1. 抓住机遇，加大投入，实施文化品牌与营销创新推广战略 2. 实现文化与旅游的完美融合，提升产品档次，将资源优势变为产品优势 3. 依托现有资源和交通区位优势，树立关中在国际、国内旅游圈中的核心节点地位	WO 战略： 1. 实施人才战略，建设高素质旅游人才队伍，提高文化旅游创意、经营和管理能力 2. 实施大项目带动战略，构建关中文化旅游核心"引爆点" 3. 深度挖掘文化内涵，加大资源开发力度，延长文化旅游产业链
威胁（Threat） 1. 外部旅游竞争 2. 生态环境日益恶化 3. 历史文化遗存破损、消失	ST 战略： 1. 实施品牌战略，树立鲜明旅游形象，以特色产品在竞争中立于不败之地 2. 实施营销创新与市场推广战略，增加对市场的感召力 3. 实施联合申遗、文化保护战略，采取各类模式保护传统文化	WT 战略： 1. 优化区域经济、社会和生态环境，提升文化旅游竞争力 2. 突出特色，实施差异化发展战略 3. 加强区域合作，寻求互利共赢

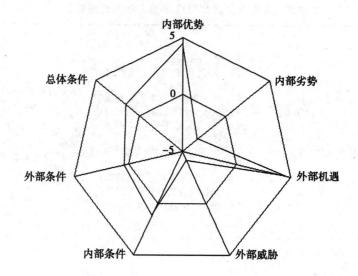

图 5 - 1　关中文化旅游开发条件雷达分析

第六章 关中文化旅游开发现状与问题

第一节 关中文化旅游开发现状概述

一 文化旅游收入：大幅增长，间有波动

1978 年改革开放实施，国门打开，东方文明以其神秘和古老吸引着世界各地的游客。而关中地区拥有世界四大古都之一的西安、世界第八大奇迹的秦始皇陵兵马俑等世界性垄断性资源，对海外游客更加具有诱惑力和吸引力。1979 年 10 月 1 日，临潼秦始皇兵马俑博物馆正式开放，来关中的游客数量猛增，"开门旅游热效应"形成。此后，"产业生命周期"产生，由于受到自然灾害或政治和经济等因素的影响，关中文化旅游发展有起有伏（见图 6 - 1）：2003 年较上一年出现了负增长，增长率为 - 13.9%，2004 年出现高速回弹，增长率为 39.7%，成为自 21 世纪以来关中文化旅游增长率的最高值；2008 年因为受到金融危机的影响，与上一年相比旅游增长速度出现了较大幅度的下降，由 2007 年的 20.7% 下降到 2008 年的 9.65%。

尽管如此，关中文化旅游收入总体上在不断增加，2001 年和 2013 年，关中旅游总收入分别为 188.4 亿元和 1503.4 亿元，后者约为前者的 8 倍（图 6 - 2）。尤其是自 2010 年来，文化旅游总收入增长十分迅速，保持了 25% 以上的年均高速增长率（图 6 - 2）。

二 文化旅游模式：因地制宜，相继涌现

目前，学界从理论上对文化旅游开发模式系统地进行探讨的论著还未见刊载，仅有少数学者在论述某一具体区域的文化旅游开发时对

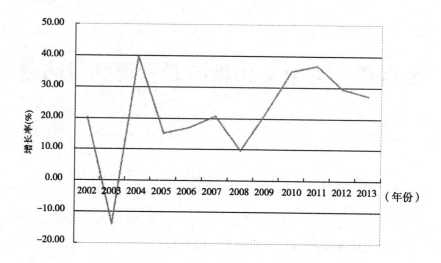

图 6 - 1   2002—2013 年关中旅游总收入增长率

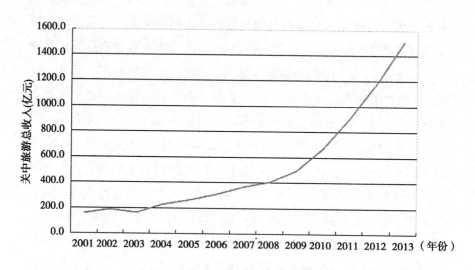

图 6 - 2   2001—2013 年关中旅游总收入

此有过简要说明①（由于旅游收入和纯粹的文化旅游收入很难区别，加之关中文化旅游占有绝对主体地位，故文化旅游收入以旅游收入计算，旅游者等同于文化旅游者）。关于文化旅游开发模式的类型，国

① 刘永生：《论文化旅游及其开发模式》，《学术论坛》2009 年第 3 期。

内外学者也尚未形成较为全面统一的观点。关中文化旅游经过几十年的发展，已经形成如下几种开发模式。

（一）遗址展示开发模式

这一模式主要是利用特色的历史文化遗存、民族文化、民族手工艺开展特色旅游，目前国内大部分的文化遗址、古城、古镇、古村落都属于这一类。关中历史文化遗存众多，以秦始皇兵马俑、乾陵、昭陵等为代表的陵墓类遗址，以及以半坡遗址、党家村、袁家村等为代表的文化遗址、古村落等，都是在保护历史文化遗迹的基础上，进行文化（文物）展示和展览。这一模式是目前关中文化旅游开发中较为常见的开发模式。

（二）主题公园开发模式

主题公园开发模式，是指围绕某一特定文化主题，与旅游相结合进行深度开发，从而形成主题公园旅游产品。目前，关中地区最具有代表性的是大唐芙蓉园、宝鸡中华礼乐城等。大唐芙蓉园是西北地区最大的文化主题公园，建于原唐代芙蓉园遗址以北，是中国第一个全方位展示盛唐风貌的大型皇家园林式文化主题公园。中华礼乐城以周代王城为原型，以周礼文化为核心，以原宝鸡人民公园为依托，是一个融生态观光、文化传播、时尚体验于一体的"周礼文化主题公园"。

（三）异地浓缩开发模式

这一模式即为收集区域文化文物精华，使旅游者能够在短时间内集中了解区域历史文化和民俗风情，陕西历史博物馆、关中民俗艺术博物馆等就是异地浓缩开发模式的典型代表。陕西历史博物馆是一座综合性历史类博物馆，馆藏文物37万余件，上起远古人类初始阶段使用的简单石器，下至1840年前社会生活中的各类器物，时间跨度长达100多万年，被誉为"华夏珍宝库"和"中华文明的瑰丽殿堂"。旅游者步入这里，可以集中地了解陕西悠久的历史，感受深厚的文化底蕴。自20世纪80年代中后期以来，关中民俗艺术博物院已经收集、抢救和保护周、秦、汉、唐以来的历代石雕、木雕、砖雕等文物，关中古民居和群众生产、生活、习俗、风情等各类遗物，以及名人字画共33600余件（套），征集保护了40院近千间明清古民居，收集整理了大批地方戏曲、工艺作坊、礼仪俗规等非物质文化遗产，形成了民间艺术、关中民居、民俗风情、名人字画 4 大系列共 9 个类别的藏品规模。关中民俗艺术博物馆已经成为旅游者了解关中民俗风情、领略关中民俗艺术独特魅力的核心场所。

（四）产业园区开发模式

文化产业园区开发模式是指以区域文化资源为载体，将文化产业与旅游产业深度融合，以优惠的产业政策吸引多种文化生产要素聚集营造文化氛围，形成文化特色，打造文化品牌的一种开发模式。曲江新区就是这种开发模式的典型。曲江新区是以文化产业和旅游产业为主导的城市发展新区，形成了以文化旅游、会展创意、影视演艺、出版传媒等产业为主导的文化产业体系，已经成为西部最重要的文化、旅游集散地，是陕西文化、旅游产业发展的标志性区域。2011 年曲江新区成为国家级文化产业示范区，5A 级景区和生态区。同时，《西安曲江国家级文化产业示范区总体规划（2009—2020 年）》提出，曲江新区将重点打造9 大文化产业园区：当代艺术产业园（艺术家村落）、数字文化产业区、出版传媒产业区、国际文化创意区、文化娱乐产业区、国际会展产业区、影视产业区、康体休闲产业区及曲江文化旅游区，最终将打造成为"中国文化产业第一极""世界文化创意新地标"。

（五）文化创意开发模式

文化创意型开发是指在创造创意含量丰富的特定空间，以文化创意构成旅游吸引物，满足旅游者观光、休闲、娱乐、餐饮等旅游需求的开发方式，文化创意型开发重点是要创造出新颖、独特的文化旅游资源，主要包括艺术园（社）区开发、影视动漫基地开发、旅游节庆演出基地开发三大开发方式。目前，关中地区开发较为成熟的文化创意开发模式是旅游节庆演出基地的开发，如华清池景区推出的大型实景历史舞剧《长恨歌》、大唐芙蓉园推出的大型历史歌舞剧《梦回大唐》及全球最大的水幕电影《大唐追梦》等，均取得了市场的强烈反响，已经成为关中文化旅游的核心创意亮点。同时，关中文化旅游也正在逐步涉及艺术社区、影视动漫基地等开发模式，如西安大华1935 未来将成为西安的工业遗存和历史文化街区。

三　文化旅游品牌：兵马俑引领，数量增多

关中利用众多历史文化资源优势，经过多年的开发与经营，推出了一批具有较大优势或潜在优势的文化旅游品牌。改革开放初期，西安率先推出了秦始皇陵兵马俑这一文化品牌，被誉为世界八大奇迹之一的秦始皇陵兵马俑坑引起了全世界的极大兴趣，随着 1979 年 10 月 1 日临潼秦始皇秦始皇陵兵马俑博物馆的正式开放，全球各地众多旅游者纷至沓来，秦始皇陵兵马俑博物馆作为关中文化旅游的领头羊迅速点燃关中旅游经济发展之火，形成了优良的兵马俑文化村旅游意象与品牌。此后，关中逐渐丰富文化旅游产品谱系，大力开发始祖文化、古都文化、大唐文化、周礼文化、秦汉文化、丝路文化、黄河文化、民俗文化、宗教文化及农业文化等，西安古城墙、钟楼、鼓楼、大雁塔、大慈恩寺、陕西历史博物馆、碑林博物馆、半坡遗址博物馆、乾陵、法门寺、宝鸡中华礼乐城、大唐芙蓉园、大明宫遗址公园、楼观台、陕西民俗大观园、关中民俗艺术博物馆、曲江新区文化产业示范区等成为新品牌和新亮点，关中文化旅游品牌的数量、规模、品质均呈现出良好的发展态势，带动了关中地区旅游业的整体发展。

四　文化旅游产业：规模壮大，体系渐成

新中国成立以来尤其是改革开放以来，关中地区大力推进文化和旅游资源优势向产业优势和经济优势的转化。2011 年国家"文化产业大发展大繁荣战略"的出台实施，更是促进了关中文化旅游产业的迅速发展，产业规模快速壮大，使得"吃、住、行、游、购、娱"6 大要素体系不断完善，基本形成"大旅游、大市场、大产业"的发展格局。

交通运输方面，公路、铁路、航空运输得到较快发展，立体交通网络形成一定规模，"米"字形高速公路骨架形成；陇海、宝成、宝中、西侯、西包、西南、西安等 7 条铁路干线运输条件明显改善，中国西部唯一一条快速铁路郑西专线也已经开通运营；咸阳国际机场扩建工程已经竣工，国际航班增至 25 条，成为中国四大国际空港之一，渭南蒲城军民合用机场改扩建工程进展顺利。

　　旅行社方面，截至 2011 年 12 月 31 日，陕西省旅行社共计 683 家，其中关中 6 市（区）旅行社共计 531 家，占陕西省旅行社总数的 77.75%；具有出境游组团资质的旅行社 25 家，占陕西省具有出境游组团资质旅行社总数（27 家）的 92.59%；具有赴台游组团资质的旅行社 4 家。可见，关中地区的旅行社接待能力迅速提高，目前在陕西全省处于领先的地位（见表 6 – 1）。

表 6 – 1　　　　　　2011 年关中 6 市（区）旅行社数量统计

关中 6 市（区）	旅行社总数（个）
西安市	377
宝鸡市	41
咸阳市	43
渭南市	50
铜川市	18
杨凌区	2
合计	531

　　资料来源：陕西省旅游局，截止时间为 2011 年 12 月 31 日。

　　饭店、餐饮业方面，截至 2012 年 6 月 30 日，全省二星级以上饭店总数共计 372 家其中，五星级 10 家、四星级 42 家、三星级 216 家、二星级 104 家。而关中 6 市（区）二星级以上饭店共计 224 家，其中五星级饭店 9 家、四星级饭店 34 家、三星级饭店 138 家、二星级饭店 43 家，分别占陕西全省相对应饭店总数的 60.22%、100.00%、80.95%、63.89%、41.35%。可见，关中地区的饭店、餐饮接待服务水平和服务质量在陕西全省处于较为领先的地位（见表 6 –2）。

表 6 –2　　　　　关中 6 市（区）二星级以上饭店数量统计　　　　　单位：个

关中 6 市（区）	星级饭店总数	五星级	四星级	三星级	二星级
西安市	123	9	27	74	13
宝鸡市	26	0	2	18	6
咸阳市	27	0	2	18	7
渭南市	29	0	1	20	8
铜川市	13	0	1	6	6
杨凌区	6	0	1	2	3
合计	224	9	34	138	43

　　资料来源：陕西省旅游局，截止时间为 2012 年 6 月 30 日。

旅游景区方面，截至 2012 年 7 月，陕西全省各地市 A 级旅游景区共 168 家，其中 5A 级旅游区（点）5 家、4A 级旅游区（点）34 家、3A 级旅游区（点）78 家、2A 级旅游区（点）41 家、1A 级旅游区（点）5 家。而关中地区 A 级旅游区（点）共 106 个，其中 5A 级旅游区（点）4 家、4A 级旅游区（点）25 家、3A 级旅游区（点）43 家、2A 级旅游区（点）30 家、1A 级旅游区（点）4 家，分别占陕西对应 A 级景区的 63.1%、80.0%、73.5%、55.1%、73.2%、80.0%。可见，陕西 A 级旅游景区大部分集中于关中地区，关中具备接待能力的文化旅游景区不断增加，丰富了旅游者的游览内容（见表 6-3）。

表 6-3　　　　　　　关中 6 市（区）A 级景区数量统计　　　　　单位：家

关中 6 市（区）	总数	5A	4A	3A	2A	1A
西安市	43	3	12	17	10	1
宝鸡市	24	0	5	12	6	1
咸阳市	13	0	3	6	4	0
渭南市	16	1	2	4	7	2
铜川市	6	0	2	2	2	0
杨凌区	4	0	1	2	1	0
合计	106	4	25	43	30	4

资料来源：陕西省旅游局，截止时间为 2012 年 6 月 30 日。

商业方面，城市商业、集市贸易和对外贸易快速发展，商贸中心、会展中心、批发市场、大型综合超市、便利店等商贸场所与设施趋于齐全；一年一度的"中国东西部合作与投资贸易洽谈会"在国内外已经形成较大影响力，并且逐年提升；部分旅游商品独具特色，如秦始皇陵兵马俑、华阴皮影画、户县农民画、凤翔木版年画等工艺品深受旅游者青睐，旅游收入在关中文化旅游收入中所占比重有所上升。

娱乐与休闲方面，多城市建有公园、休闲广场、旅游购物街区、旅游餐饮一条街、酒吧娱乐一条街等，能够为旅游者提供休闲娱乐项目。同时，随着休闲度假时代的到来，未来关中文化旅游开发应更加注重休闲、娱乐项目的开发。

五　文化旅游营销：力度加强，形式多样

新中国成立以来，关中在致力于开发文化旅游产品的同时，也积极进行旅游促销，并且取得了一定的成绩。突出变化主要体现在以下几个方面。

一是促销形式增多，内容丰富多彩。由传统单一的广告、导游图、宣传册、录像带模式、报纸杂志等逐渐趋于多样化，出现了旅游交易会、旅游博览会、旅游推介会、旅游节庆活动、旅游优惠活动、重大事件营销、特色美食节、电视营销、网络营销等新兴营销形式。以网络旅游营销为例，在 2000 年之前还不多见，目前已经受到普遍重视，并且发展很快，旅游主管部门、旅游企业、各旅游景区等都纷纷建立了旅游网站，并且设立了电子邮箱以及 QQ、微博、微信等网络社交账号，充分利用网络对旅游资源、产品、活动等进行介绍。

二是促销主体增多。无论是当地政府、旅游企业，还是学者都介入其中，对关中文化旅游进行积极推介和宣传。

三是促销次数增多。与早期开发相比，近年来关中各相关部门加大了对文化旅游的宣传和支持力度。以 2013 年为例，关中 6 市（区）旅游局联合政府相关部门展开了一系列文化旅游宣传活动（见表6－4）。

表6－4　　　2013 年关中 6 市（区）主要文化旅游宣传活动一览

活动名称	时间	活动内容
华山景区旅游产品推介会	1 月 13 日	邀请省内 100 余家旅行社、100 余家大型工矿企、事业单位代表及各界媒体出席，全方位、大力度宣传推介华山
第 14 届玉华宫冰雪节	1 月 10—28 日	依托玉华宫丰富的冰雪资源，以"休闲养生铜川，冰雪旅游乐园"为主题，联袂打造的冬季精品旅游项目
咸阳市首届乡村民俗文化旅游节暨第 9 届踏青赏花旅游节	3 月 13 日	活动由开幕式、咸阳乡村旅游推介及文艺节目展演、咸阳乡村旅游发展成果展、咸阳乡村民俗文化摄影展、咸阳市城市形象及乡村旅游形象口号征集评选、咸阳旅游大讲堂、咸阳乡村旅游发展座谈会等内容组成

活动名称	时间	活动内容
药王山"二月二"古庙会	3月12—26日	活动内容包括民祭药王孙思邈仪式；"龙池洗手"、击钟祈平安、龙宫试运、挂锁祈福、拜孔子读经典、恭请药王像、财神像；中药材、药品、保健品展销；孙思邈养生功法普及推广、影像宣传、书籍展销；开展药王养生宴展示、品尝等活动
"幸福生活天天游"	3—12月	活动安排有：2013西安踏青郊游、2013西安赏花节、2013西安采摘节、2013西安登山节、2013骑行西安城市漫游大会、2013西安首届大学生旅游节、2013年徒步夜长安、2013西安避暑休闲、2013西安温泉旅游节、2013西安滑雪节
"美丽新西安、幸福游四方"	3—11月	全年开展35场旅游宣传三进系列活动，鼓励引导各旅游单位整合旅游资源、加大优惠力度，面向全市和西安周边城市发放旅游惠民大礼包：包含景区门票、酒店住宿券、旅游演艺等相关企业的优惠券等
"春游挖宝品美食、杨凌奇趣挖宝大会"	3—4月	活动中可以品尝富有特色的杨凌蘸水面、农家新鲜野菜、甘甜的蔬果等，并且设置了奖品丰富的互动环节——奇趣挖宝活动，凡是本次惠游团的出游参与者，均有机会在真实的"菜园"中挖出奖品
华山古庙会	4月	民俗推介
司家秋千古会	4月	民俗推介
乘高铁旅游，品周秦汉唐	4月下旬、10月中下旬	组织相关景区、旅行社，赴高铁沿线城市进行实地促销，邀请当地主要新闻媒体和旅行社，在各城市的中心广场或商场超市等市民聚集地开展现场公众宣传活动，激发当地市民来西安市的旅游热情。在公众宣传的同时，将在高铁沿线城市主要平面媒体以及中国旅游报、陕西卫视、各沿线城市电视台、各地交通旅游广播等发布产品广告信息，主要内容为：产品线路推荐、旅游景区简介以及针对乘高铁旅游者的优惠政策等
"到省城去休闲旅游"	4—10月	在西安等11个市、区投放活动主题宣传广告，广告内容为西安旅游最新资讯、旅游优惠政策、旅游项目及线路等；在全省各地征集旅游优惠政策，联合各地市旅游主管部门，推出红色、生态旅游产品套餐礼包，举办"陕西人乐游西安惠民礼包大派送"推广活动启动仪式；在省内11地市开展巡回路演推广，派送礼包；通过各地主流媒体宣传报道活动情况，在11个市、区平面媒体投放宣传广告

续表

活动名称	时间	活动内容
幸福生活天天游，饱览西安新美景	4—11月	在全市主要景区、酒店、旅游演艺等相关企业征集门票、住宿、消费等优惠政策，在省内及半径500公里相关城市投放活动主题宣传广告，广告内容为礼包派送活动公告、西安旅游最新资讯等；在半径500公里相关城市通过巡回路演推广活动、国内主要旅游展会、旅游推介会等形式，共计派送发放10万份价值5000万元的惠民大礼包
杨凌健康生活、快乐运动	4—5月	渭河河堤自行车慢道休闲主题活动
杨凌蝴蝶文化艺术节	5—6月	活动期间情侣只需花69元象征天长地久，就可以获得情侣套票1张，并且可以获赠蝴蝶蛹1对。情侣们可以带走蝴蝶蛹，一起许下心里最纯真的愿望，见证蝴蝶经历苦痛做蛹的羽化过程，幻化绝世美丽，期待破蛹成蝶，一起实现美好梦想
5·19中国旅游日宣传活动	5月	紧紧围绕2013"中国旅游日"活动主题，结合实际，在5月19日当天举办宣传推广、节庆纪念、旅游咨询、现场抽奖等群众参与性强、丰富多彩的活动，并且广泛开展公益惠民活动，让更多民众参与并且受益
杨凌绿色瓜果蔬菜采摘节	5月	杨凌示范区旅游局、农业局、展览局、杨凌现代农业示范园区开发建设有限公司
宝鸡文化旅游节	6月或9月	以整合全市节庆旅游活动为目的，促进县域旅游发展，以中心活动和其他一系列特色活动为载体，突出挖掘宝鸡特色文化内涵，强力打造宝鸡节庆品牌
第4届玉华宫避暑休闲节	6—8月	内容包括林海登山探秘游、避暑休闲养生产业论坛、三秦书画奇石根雕展、滑草、戏水、垂钓等
杨凌昆虫之旅夏令营	7—8月	太白山采集昆虫标本，了解独特奇妙的昆虫世界与人类关系，建立自己的生物标本实验室
洽川福山景区祈福节	8月	祈福保平安
杨凌亲子昆虫音乐季	9月下旬至10月底	听天籁之音，昆虫音乐家争相奏鸣
第6届陕西旅游商品博览会	10月	会展，产品展销、旅游推介
陶艺村菊花展	10—11月	菊花展览

活动名称	时间	活动内容
省内及周边省份的宣传推介会	全年	咸阳旅游局计划举办 11 场省内及周边省份的宣传推介会。年内分赴省内西安、汉中、商洛、安康、宝鸡，甘肃天水，山西太原、晋中，河南郑州、开封、洛阳等地开展专场旅游推介活动

资料来源：陕西省旅游政务网。

六　文化旅游项目：投入加大，遍地开花

在国家实施"文化产业大发展大繁荣战略"的宏观背景下，陕西省提出了"文化强省战略"。陕西省文化、旅游资源丰富，充分利用充沛的历史文化资源加快旅游产业发展，将会大大加快陕西省文化强省的建设步伐。近年来，在"曲江新区"开发模式的引领下，文化旅游投资额度大幅上升，文化旅游项目遍地开花，文化旅游产业正在处于热火朝天的建设之中。

自 2002 年起，曲江确立了"文化立区、旅游兴区"战略，以盛唐文化为品牌，以资源整合为手段，加快实施大项目带动战略，先后投资 80 多亿元，开发建设了大雁塔北广场、大唐芙蓉园、大唐不夜城、曲江池遗址公园等一批重大文化旅游项目。据统计，2002—2008 年曲江新区累计完成固定资产投资 333.5 亿元，其中文化项目投资 105.7 亿元，累计引进外资 3.2 亿美元、土地运营收益 108.5 亿元，形成了包括旅游、会展、影视、演艺、出版传媒、广告美术、文化商贸等多种文化产业门类，初步建立了以重大文化项目为核心、以重大文化设施为支撑、以 6 大文化企业集团为依托的跨区域文化产业集群。

2009 年 6 月 9 日，陕西文化产业投资控股集团有限公司（简称"陕文投"）成立。"陕文投"依托陕西"大文化、大旅游、大文物"的优势，以文化机制创新为动力，以资源整合为手段，以重大项目为带动，全力打造陕西省文化产业发展的航母，促进陕西省文化产业跨越式发展。为推进文化产业发展，"陕文投"计划在陕西省境内建设

的 7 大文化旅游项目，其中 5 个落户关中，即"东方百老汇"西安文艺路演艺基地 180 亿元，西安帝陵探秘主题公园 100 亿元，韩城历史文化景区 50 亿元，铜川照金香山红色旅游项目 60 亿元，陕西文化艺术园区 38 亿元，总投资额高达 400 多亿元。

第二节　关中文化旅游开发问题透析

一　旅游品牌：精品稀少，形象缺失

旅游品牌是指旅游经营者凭借其产品及服务确立的代表其作品及服务形象的名称、标记或符号或它们的相互组合，是企业品牌和产品品牌的统一体，体现着旅游产品的个性及消费者对此的高度认同。旅游品牌具有极大正效应、聚合效应、光环效应、磁场效应、宣传效应、带动效应，美国营销专家拉里·莱特就曾经这样评价："拥有市场比拥有工厂更重要，而拥有市场的唯一办法就是拥有占统治地位的品牌。"现代全球旅游消费已经演化为大众理性消费，品牌优势才是最大的旅游竞争力优势，拥有优质的品牌旅游产品才有可能获得消费者的普遍认同和一致赞赏。[①]"三流的旅游卖资源，二流的旅游卖产品，一流的旅游卖品牌。"旅游目的地如果没有旅游品牌，其生命周期必将十分短暂。经过多年的开发经营，关中文化旅游品牌单纯就发展的现状与以往相比较而言，的确已经取得一些成绩，出现了一批文化旅游品牌，但是总体上仍然存在不少问题，具体表现如下。

（一）世界知名品牌凤毛麟角

关中历史悠久，文化资源丰富，只要有好的策划、好的创意，完全可以出现一系列知名品牌。但是，长期以来唯有"秦始皇陵兵马俑"这一个品牌广受世界各地的关注，然而"秦始皇兵马俑"仅靠自身奇特的资源优势取胜，却对文化资源开发深度不够，尚未形成兵

---

① 张孔明：《陕西文化的旅游化和陕西旅游的文化化》，《渭南师范学院学报》2007年第 6 期。

马俑文化产业链。随着全球旅游市场由观光型向休闲型、深度体验型的转变,"兵马俑"曾经的光环必将逐渐褪去,旅游竞争力将日益弱化。此外,近年来关中也致力于打造"曲江新区""法门寺""大唐芙蓉园""楼观台"等文化品牌,在国内或省内引起了较多的关注,但是与国内文化旅游大省相比,关中文化旅游开发所处的地位与资源禀赋很不相称,文化旅游产品竞争力较弱,在旅游市场中所占份额较低,更无法与世界知名的旅游目的地相比较,可谓世界知名品牌凤毛麟角,少之又少。

(二) 文化旅游品牌意识淡薄

关中地区文化品牌的数量与其丰厚的文化资源的地位严重失调,主要原因之一在于文化旅游品牌意识淡薄,具体体现在以下几个方面。[①]

一是关中文化旅游品牌理论研究较少。虽然有研究文化产业相关的专著及论文出版,但是关于文化旅游品牌塑造仍然比较欠缺,这就造成在具体操作中缺乏强有力的理论支持。

二是关中文化旅游品牌建设缺乏整体规划,未形成统一的产业链条和产业集群,综合效益低下。关中地区的历史文化、民俗文化、宗教文化、现代文化等在全国都排在前列,但是这些资源没有进行有效整合,致使文化品牌分散,无序竞争,甚至低水平重复建设的现象大量存在。关中文化品牌的文化内涵没有得到充分的挖掘,文化品牌一旦缺乏深层次开发,仅以简单的物质形态示人,发展前景堪忧。

三是文化旅游品牌塑造创新不足。当前,关中地区在文化资源优势向产业优势、市场优势转化的能力较弱,品牌创新的能力不强。因此,分量重、辐射面广、将地方浓郁特色与鲜明时代特点相结合的知名品牌相对较少。

四是文化旅游品牌经营管理思维滞后,忽视旅游品牌资产的动态化累积过程,不及时修正、维护、创新、完善旅游品牌,严重地制约

---

① 张孔明:《陕西文化的旅游化和陕西旅游的文化化》,《渭南师范学院学报》2007年第6期。

了文化旅游品牌的开发。

（三）文化旅游品牌形象缺失

品牌形象是社会公众及消费者在长期了解品牌的基础上形成的对品牌的评价，反映的是当前品牌给人的感觉，是消费者消费时最重要的指标之一。坚持清晰易辨、鲜明有力的品牌形象，是国际知名品牌走向成功的不二法则。虽然近几年关中各市区非常重视文化旅游品牌形象的打造，但是从总体来看仍然显得苍白无力，主要表现在品牌核心价值不突出、形象定位不准确、形象口号不鲜明。特别是对品牌的核心价值研究重视不够，品牌的核心价值是品牌的精髓，一个品牌独一无二并且最具有价值的部分通常表现在其核心价值上。目前，关中文化旅游业发展的症结在于主题形象不清晰，而个别产品形象却比较突出，一些国际旅游者在调查中指出，来中国前不了解西安，更不知道关中，但是知道兵马俑。兵马俑只是一个产品形象，并不等同于关中的区域文化旅游形象。旅游者进行旅游目的地选择的主要依据是旅游地的整体形象，突出的区域形象会将分散的产品形象所形成的品牌吸引力凝聚在一起，从而产生远大于单个产品的市场辐射力。所以，关中文化旅游业的当务之急是要实行大品牌发展战略，对关中文化旅游资源和产品进行新的整合，形成一个统一的旅游品牌。

二　旅游文化：浅表开发，文旅脱节

文化是旅游的灵魂，旅游是文化发展的重要途径。关中历史悠久，旅游文化资源丰富，然而文化内涵挖掘不足，文化旅游开发肤浅，关中文化与关中旅游严重脱节，缺乏融合，文化没有因为旅游的升温而尽展其独具的风韵，旅游也没有因为文化的优势而尽显其个性的魅力。具体体现在以下几点。①

其一，本身拥有的深厚历史文化和得天独厚的资源理应为中华民族所共享的传统文化资源，但没有得到完全充分的利用，使关中留给现代

---

① 张孔明：《陕西文化的旅游化与陕西旅游的文化化》，《渭南师范学院学报》2007年第6期。

世人的印象与关中本身应有的巨大魅力不相适应。目前，旅游市场需求正由传统单一的景区游览模式向个性化、灵活化、细分化、体验化等综合旅游模式发展，传统观光型产品受到冷落，而休闲度假旅游、文化体验旅游、专题旅游成为时尚，文化性、娱乐性、刺激性与参与性旅游文化产品大受"宠爱"。例如，澳大利亚推出的新产品不仅有海上运动和潜水，还有剪羊毛、挤牛奶、骑马、农场住宿等趣味性强的产品；杭州宋城在"当前中国2500多个主题公园中70%处于亏损状态、2/3无法收回投资"的背景下，却成为了中国人气最旺的主题公园，原因在于它以游客喜闻乐见的形式体现鲜活的文化，提高文化旅游产品的时尚性、刺激性、娱乐性、参与性、体验性等，打造独具特色的"宋城演艺"模式。而关中文化旅游虽然创立了"曲江新区"模式，但是大部分产品仍然停留在传统旅游层次，以遗址观光、陈列展示为主，功能和类型都比较单一，休闲娱乐等项目十分稀少，并且"文化味"过于醇厚，既远离时代又远离生活，无法满足市场的多元化需求，导致旅游消费刚性过强，弹性不足，许多旅游者因为无自己所需产品失望而归，或者转向他处，这些都不利于延长旅游者停留时间，不能以"文化"开拓旅游市场。①

其二，长期因袭的管理模式滞后与日益兴起的旅游消费超前不相适应，使应有的旅游热效没有得到充分利用甚至部分丧失；文化的生态环境与旅游的地域优势不相适应，使关中文化失去本不该失去的应有的旅游价值取向，更使关中旅游失去了根本不该失去的应有的文化特色与氛围。长期以来，由于文化旅游项目的投资周期长，民间资金和外资往往不愿注入，制约了文化旅游资源的开发。政府鉴于资金的压力和其他方面的原因，大多开发投资量少的文化观光型产品，这与日益兴起的休闲性、娱乐性、体验性等旅游消费需求极为不符。同时，近年来生态环境日益恶化，使得关中旅游已经失去或正在逐步失去应有的文化特色与氛围。

其三，由于文化与旅游长期人为的分割而导致二者缺乏有机的联

_____

① 刘晓霞：《陕西文化旅游资源开发研究》，《人文地理》2004 年第 5 期。

系，彼此摩擦过多而内耗量过大，抑制了各自的优势展示与造血功能，使文化与旅游的产业化一直处于比较幼稚的状态，难以形成规模，以致与西部大开发这样千载难逢的历史机遇不相适应。旅游产业属于文化产业的一部分，而旅游产业本身又由"六大要素"构成，因此旅游产业带动区域文化产业和经济社会发展的关键在于形成强大的产业链条效应，以产业链条之间的互动使产业经济得到发展，产业链条短，侧向效应就弱，产业链条长，侧向效应就强。目前，仅有西安曲江旅游区形成相对完善的文化旅游产业格局，而关中绝大部分地区旅游与文化的融合开发不够，旅游与文化未能够形成互动机制和效应。

三　旅游资源：保护不力，缺乏整合

（一）保护不力，惨遭破坏

由于理念滞后、专项资金投入不足、保护措施不当、保护手段不力、遗产传承后继无人等原因，关中地区众多历史遗址（存）和文化遗产资源正在遭受严重的破坏。关中帝陵遗产资源众多，在全国居于前列。以此为考察调研对象发现，帝陵遗产资源损毁和破坏较为严重，主要表现在①：一是西汉帝陵封土丘，如汉元帝渭陵、汉哀帝义陵、汉惠帝安陵及汉高祖长陵等，因为耕种、取土及现代墓葬逼近受到破坏和影响。至于各帝陵的陪葬墓，因为当地群众取土使封土残损乃至消失者数以百计；二是以唐十八陵为突出典型的依山为陵型帝陵，因为采石挖山而遭受破坏，陵墓所在山丘的形态和气势已经荡然无存，给人满目疮痍的直观印象；三是唐帝王陵墓的神道两边皆设有华表、石狮、石人、石马、石兽和藩王像等，然而目前这些大型石质文物，一方面因为石灰岩本体自然风化溶蚀显著，另一方面人为盗窃流失与破坏也十分严重。此外，绝大多数陵墓石雕、石刻至今仍然裸露于荒郊野外，原地存放，大部分处于农田和村落附近，有的石雕埋入土层中，精美的石翁仲和石兽被人为破坏残损的情况极其普遍。

---

① 杜忠潮：《陕西关中地区帝陵遗产资源保护与旅游开发研究》，《咸阳师范学院学报》2011 年第 6 期。

（二）挖掘不够，缺乏整合

当经济社会发展到一定阶段时，人们的欲望已经从物质层次的需求逐步提高到精神层面——文化的需求，因而文化产业的发展就成为现代经济的新的增长点，并且由人们的精神文化需求衍生带动的其他需求成为经济发展的新的空间、新的增长动力和新的增长源泉，所以发展文化旅游产业成为经济社会发展的必然要求。但是，一方面，关中文化旅游资源挖掘深度不够，难以迎合市场需求。区域旅游资源的开发需要满足不同旅游者层面的3种类型需要，即基本层面（陈列观光型）、提高层面（表演欣赏型）、发展层面（主题参与型）。目前，关中的文化旅游开发中3个层面虽然齐全，但是以文化景观的陈列观光型为主，主要停留于基本层面，不利于延长旅游者的停留时间和充分利用旅游资源。另一方面，由于关中文化资源分布比较分散、资源整合开发难度大，目前存在资源整合能力不足，整合技术手段落后，产业产品创新能力差的现实困境，难以满足市场竞争的实际需求。

四　旅游产品：缺乏创新，供给不足

虽然，陕西省近年来在新项目开发和老项目创新上做了一些有益的尝试，但是尚未从根本上摆脱"景观老面孔、服务老质量、环境老样子"的老印象。关中文化旅游产品的开发总体上水平不高、产业链短、创新力度不大、后劲不足，难以留住旅游者，更难期待旅游者们能够故地重游。就旅游纪念品的开发而言，生产者事先不进行旅游者需求调查，不关心不同层次旅游者的差异需求，也没有专业的新产品研发团队，生产什么、生产多少，完全以自己的主观喜好为依据。景区周边的销售商贩更是缺乏科学的市场培训和指导。旅游纪念品本应该具备当地鲜明的地方文化特色，而关中各旅游景点所提供的旅游纪念品却以外地产品居多，显得不伦不类。仿秦俑和铜车马本该应是"秦俑馆"周边的旅游纪念品，可是在关中各个景点随处可见，而且制作既不逼真，也不"高档"，旅游者们连看都不愿意看一眼，更别说带回家"收藏"了。①

　　同时，虽然关中拥有丰富的历史文化、民俗文化、宗教文化、农业文化、人文景观等，但是有效的文化旅游产业消费市场供给不足。近年来，虽然加大了对文物资源的开发利用力度，努力探寻有丰富文化内涵的新的旅游景点，不断研发旅游纪念新产品，积极培育文化市场主体，创新发展了一批文化精品，尝试文化与旅游结合，发展文化旅游产业，但是从整体市场消费需求来看，有效供给还是不足。②

五　旅游营销：观念滞后，重点不显

　　近年来，关中在文化旅游的营销上做了较大的、积极的努力，取得了一些成绩，但是关中文化旅游营销中仍然存在不少的问题。③

　　其一，营销观念滞后，信息传播形式上硬件传播多而软件传播少。旅游业是否能够发展取决于市场规模的大小，市场规模的大小取决于旅游目的地知名度的高低，知名度高低取决于宣传促销攻势的强弱。受传统营销观念的影响，目前关中的信息传播路径多为历史沿袭下来的传统方式，侧重于单刀直入，主题鲜明的强硬性信息推介，如旅游宣传推介时多采用大气庄重的宣传画册，而缺少通过思想化情感化资讯引导的软传播产品。

　　其二，宣传重点不能够充分体现关中文化旅游市场的供给发展。在宣传内容上，对人文积淀、古风古韵、历史文化的宣传有余，而对景物风光、时代气息、生态、科技和体验文化的宣传不足，对历史文化旅游相关产品宣传充分而对生态文化旅游、科技文化旅游和体验文化旅游的宣传不足，即使是历史文化旅游营销内部也存在着宣传资源

_____

　　①　严伍虎、张淑琴、马宁：《陕西文化旅游产业可持续发展研究》，《陕西行政学院学报》2013 年第 4 期。

　　②　陈永芝：《陕西文化旅游产业发展问题的思考》，《经济研究导刊》2012 年第 27 期。

　　③　常莉：《陕西文化旅游产业发展与营销策略分析》，载《陕西省社会科学届第三届（2009）学术年会——道路·创新·发展——"陕西文化产业发展"论坛交流论文选编》，2009 年。

分配不合理、力度不大的问题。例如，在对历史人文积淀的宣传上，常见的陕西旅游推荐招牌基本上都是兵马俑，而对之后进行深度开发的汉阳陵、法门寺等宣传不够大手笔，一方面显得有些沉闷单调，另一方面从总体上给人造成太过深厚凝重的感觉，体现不出关中文化中轻松时尚、动静结合的另一面。

其三，没有充分重视本地市场。受到旅游业发展初期非常规模式的思维定式影响，关中在文化旅游产业发展中习惯性地将之界定在对外销售的框架下。各旅游相关部门纷纷将接待海外旅游者作为工作重点，重海外市场，轻国内、本地市场，过分强调"走出去"宣传促销，却忽视了省内宣传。很多关中人对家乡有哪些景区都不清楚，更谈不上了如指掌、如数家珍，结果是不知道关中有哪些地方可以去游玩，只好选择出省，导致省内旅游消费市场不旺。

六　旅游协作：整体乏力，各自为政

关中的旅游资源开发、文化产品开发、旅游设施建设、旅游人才培养、旅游服务业之间没有形成高质量的文化旅游产业链和高效的协作方式，相反，在一些企业之间反而形成低水平之间的恶性竞争和恶性循环，影响了产业的发展速度和发展质量。主要原因在于：文化旅游产业体制机制不健全，产业发展环境需要进一步优化。目前，在关中文化旅游产业发展过程中，还存在着比较明显的"多头管理、权责不清、各自为政"的现象，风景名胜区与森林公园之间的矛盾、文物保护与文物资源开发的矛盾、旅游企业及相关部门与地方政府的矛盾等，都需要有新的体制来管理与协调，这就需要各级政府对文化体制进行深层次的改革。文化体制改革是一项复杂的系统工程，包括经营管理理念的创新、制度机制的创新、文化发展的载体形式创新等，用文化提升旅游，用旅游传播文化的文化旅游产业还没有真正发展起来。当前，必须完成的一项重要工作，就是进一步加强和完善可操作的战略合作内容、经营管理体制、配套措施和保障机制，不断完善文化旅游市场体系建设，完善企业产权制度，扩大企业诚信，为文化旅游产业发展创造良好的发展环境。

第三篇

个案开发篇

第七章　关中历史文化旅游开发

第一节　以陈炉镇为个案的历史文化古镇类文化旅游开发

一　项目简介

陈炉镇位于陕西省铜川市，距离铜川市中心约 20 千米，距离西安市城区约 80 千米。陈炉镇交通区位优势明显，毗邻南北大干线——包茂高速，并且以陈炉为中心的 2 小时车程内的"黄金度假圈"涵盖了陕西省西安市、铜川市、咸阳市、延安市等几个主要城市。

陈炉镇因其 1400 多年绵延不断的制瓷史，成为"中国历史文化名镇"。除了生产唐代著名的耀州瓷器，陈炉镇也是宋元以后著名的古耀州窑延续生产的唯一窑场，并且逐渐发展成为陕西乃至西北最大最重要的制瓷窑场和瓷业生产基地。千百年来，陈炉镇瓷业兴盛，炉火不熄，这在中国陶瓷史上是绝无仅有的，堪称"东方古陶生产的活化石"，有"东方陶瓷古镇"之誉，是陕西省命名的文化艺术之乡中唯一的陶瓷之乡。2006 年 5 月，陈炉窑址被国务院列为第六批全国重点文物保护单位。同年，耀州窑陶瓷烧制技艺被列入第一批国家级非物质文化遗产名录。

陈炉镇山川秀美，景色宜人，陶瓷文化历史悠久，积淀深厚，自古以来人文古迹荟萃，是古同官县集陶瓷生产、商贸交流、文物旅游之胜地。史载"陶场南北三里，东西延绵五里，炉火杂陈，彻夜明朗"，所谓"郁郁千家烟火迷"，以"炉山不夜"的美誉列为"同官八景"之一。陈炉瓷以古朴浑厚、民间气息浓郁著称于世，成为中国古瓷艺苑中一朵绚丽的奇葩。陈炉人淳朴、厚道、聪慧，陶瓷文化渗透于生活的方方面面，蒙上了集儒、佛、道、杂为一体的神秘面纱。

陈炉镇拥有的陶瓷古迹、制瓷技艺、瓷业习俗和古风古韵等历史文化要素，构成了陈炉镇发展陶瓷文化旅游的独特优势。

陈炉古镇历史遗存厚重，自然风光旖旎，旅游资源丰富。古镇辖区面积99.7平方千米，地形为土石低山梁塬丘陵地貌，平均海拔为1200米。镇域内植被覆盖良好，空气清新，大部分时间气候适宜。陈炉历史文化名镇历史悠久，陶瓷烧制历史可以追溯到1400多年前的北周时期，自元代起陶瓷生产已经形成规模，明清时代是其鼎盛时期，方圆5里，因陶瓷而设立陈炉、立地坡、上店3个镇，这在中国行政建置史上是罕见的。特别是陈炉镇，明代陶场东西绵延5里，街道天天有集，昼夜陶炉不熄，呈现"炉山不夜"之奇观。陶瓷制品经过历代陶瓷艺人的推陈出新，已经发展到200多个种类，以古朴浑厚、民间气息浓郁而著称于世。陈炉镇现辖18个行政村、2个社区居委会、5个居民小组，总人口1.98万，其中城镇居民6000余人，以生产陶瓷为主业，是耀州窑创烧地黄堡窑断烧后西北地区最大的陶瓷生产基地，素有"渭北瓷都"之称。

（一）物质文化遗产资源

陈炉因"陶炉陈列"而得名，是当今中国现存唯一的"炉火千年不绝"的耀瓷基地，被称为"东方陶瓷古镇的活化石"。最新考古发现，陈炉有金、元、明、清陶瓷烧造区34处，古窑炉120座，作坊遗址和各时代典范文化堆积层20多处，采集和出土文物标本1.5万件（片），古泥池9000平方米，古采料坑6万平方米。古镇具有历史、艺术、科学价值的古遗址32处（包括堡子遗址4处、寺庙遗址23处、古泉5眼）、古建筑24处（包括梁家八大号旧址8处、古民居10处、古庙宇6处），与重大历史事件、革命运动和著名人物有关的重要机构旧址与近现代主要遗址4处。历经千年烧瓷历史的积淀，陈炉镇形成了原始古朴、自然独特的古镇风貌和"依山排布，层层叠叠，状如蜂房"的民居建筑风格，以及富有油画效果、极具观赏性的罐罐垒墙、瓷片铺路，具有极高的文物保护价值。原国家文物局局长张德勤2002年来铜川考察时评价陈炉："世界经典、中华瑰宝、日渐升值、前途无量。"对陈炉陶瓷文化旅游资源做了精辟的分析和考量。

（二）非物质文化遗产资源

在绵延 1400 年的历史长河中，炉火生生不息，积淀了深厚的陶瓷文化土壤，其陶瓷文化的民间性、历史永久性、可观赏性和不可替代性，独一无二的民居建筑风格以及富有地域特色的风土人情，涵养了文化旅游的丰富内容和特点。陈炉陶瓷文化创造了 3 个世界之最。一是陈炉陶瓷烧造历史长达 1400 年，炉火一直不断，创造了世界同一个地方陶瓷烧造时间最长的纪录；二是"和土为坯，转轮就制"一转就是千年，陈炉陶瓷生产的工艺目前在世界范围内属最原始的手工工艺，是古陶瓷的活化石和活标本；三是窑洞层层叠叠，罐罐垒墙，瓷片铺路，陈炉的陶瓷民居建筑风格保留了尚古之风，目前在世界上是独一无二的。

陈炉的饮食文化也有独到之处。受制陶的影响，锅盔酥脆可口，驴蹄子筋而不韧，泼面有"稀、煎、汪"的讲究，饸饹以"酸、煎"著称，豆芽肥嫩，龙柏芽清香，即便是一种面食，它也是陶工用揉团泥的功夫做来的。

陈炉有丰富的民俗文化积淀。社火在陈炉风行已久，各社都有各自的拿手好戏，像上街村的耍狮子、水泉头村的信子、湾里村的跑旱船、咀头村的走马。伴随社火的还有秧歌与关中道情，曲牌以"绣荷包"为主。

陈炉是进行革命传统教育的基地。1937 年 2 月 6 日，贺龙、关向应率部移驻陈炉镇，贺龙居住在镇中的县立第二高小（原清凉寺旧址），他们在这里建立党的组织，成立"工人抗日救国会"，改良瓷业。1937 年 3 月 8 日，在陈炉镇上街梁姓家的"静守堂"里，召开了红二方面军第一次党员代表大会。陈炉还发生过著名的军台岭之战，红二方面军供给部部长谢耀文和 8 名解放军指战员一起葬在陈炉镇药王庙下，陈炉还流传着贺龙赔老碗的民间传说。

陈炉古镇曾经古刹密集，陈炉镇周围散存的古刹庙宇有清凉寺、窑神庙、佛爷庙、药王庙、关帝庙、龙王庙、玄帝庙、牛王庙、马王庙、娘娘庙、兴山寺、雷云观等。此外，戏楼、碑楼、牌楼等古建筑群也散布于全镇，数量之多，密度之大，令人叹为观止。"古刹密集琼云护"也是陈炉八景之一。

陈炉曾经名人辈出。清康乾盛世时，陈炉多进士，在清代有史料可查的就有5名进士和5名举人。如清雍正年间湖北督粮道台崔乃镛、云南梁州知府赵平晋、同官当地知名绅士崔乃堂等历史名人，他们有的为官政绩卓越，有的为官刚正不阿，有的著书立说，有的还受到皇帝的褒奖。

（三）自然景观资源

陈炉地形地貌为丘陵沟壑区，境内山丘起伏，山峰叠峦，最高海拔1500米，镇区三面环山，呈"马蹄形"居山凹之中，内部沟谷纵横，梁坡陡峭。北、南、西、永兴4堡居高而建，拱卫全镇。地下水丰富，山中多泉水。泉水上游为石隙玉柱丰年兆景观。镇区各处多有百年国槐分布，郁郁葱葱，自然景观优美。

二　项目开发情况

项目由陈炉景区管委会负责管理，区级相关部门共同参与保护和开发。目前，项目正在开发中。

三　开发思路

2013年9月8日，陕西省委书记赵乐际深入陈炉古镇调研，在视察了古镇保护与开发情况之后，赵书记指出：陈炉古镇的保护与开发工作要加强对古镇风貌区的保护，要继承和发扬原始的、传统的手工制瓷技艺，要彰显古镇特色，要鼓励群众积极参与。陈炉景区管委会以赵乐际书记讲话精神为指导，以恢复原貌、传承文化、彰显特色、群众参与、科学开发为指导思想，继续深化开发，完善思路，突出重点，切实做好陈炉古镇保护与开发的各项工作。

四　建设目标

力争到"十二五"末，实现2015年接待省内游客80万人次，省外游客达到20万人次；努力将陈炉景区打造成功能齐全、特色鲜明、设施完善、结构合理、环境优美，融观光、文化与休闲度假养生于一体的国家5A级旅游景区。

五　总体规划

立足建设"中国历史文化名镇"和"全省经济强镇"的目标，邀请上海社会科学院旅游研究中心，高起点、大手笔编制完成《陈炉古镇旅游产业发展总体规划》（见图7-1），并且于2011年5月19日专门召开了陈炉古镇旅游总体规划评审会。目前，规划已经通过专家评审。根据总体规划，斥资90万元编制景区游客服务中心等7个重点区域的修建性详细规划，内容包括：文昌阁游客服务中心、时尚创意一条街、商贸行政综合街、民俗文化休闲活动区、窑炉民俗旅游居住区、永寿堡下观景台、陶瓷一条街等项目。斥资23万元委托陕西省古迹遗址保护工程技术研究中心进行北堡恢复项目前期设计。此外，永寿堡加固、"石罅玉柱"景点等项目正在前期筹备当中，对于提升旅游形象、旅游品牌、旅游营销具有很强的针对性，为景区建设确立了基本战略目标，做出了可行的开发策略，勾画了美好蓝图。

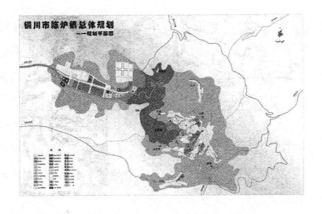

图7-1　铜川市陈炉镇总体规划平面

六　具体举措

（一）创新体制、强化领导

一是建立陈炉古镇开发领导小组，由铜川市领导兼任领导小组负责人；二是实施古镇保护和开发的人才战略；三是营造陈炉古镇保护和开发环境，实施旅游扶贫工程，建设旅游重镇；四是将陈炉古镇的保护和开发继续列入市委、市政府较长时期的重点工程，举全市之力，进行开发。

（二）加大资金争取力度

积极争取国家、省市政策性资金和财政支持，争取银行资金和国际金融组织、国外政府对华贷款，包括设备和物资。争取市区财政配套资金，逐年增加对文物保护的经费投入，设立专项文物保护资金，专款专用，修缮不可移动文物，保存文物的原始性。制定符合陈炉古镇实际的保护和开放的优惠政策，安排资金支持和发展陶家乐。

（三）全力以赴做好古镇的保护和恢复工作

按照"保护为主，抢救第一，永久保存，永续利用"的原则，加大古镇原始风貌保护与开发的力度，不断地提高群众保护文物的意识，深入挖掘文物蕴含的历史文化价值，提高文物保护的经济效益和社会效益。

一是在2011—2012年积极结合《陈炉古镇保护规划》，制定《陈炉古镇风貌保护办法》，编写《陈炉古镇文化手册》，不断健全文物保护体系。扩大瓷片铺路、罐罐垒墙规模，积极恢复古镇民居，改造"洋门楼"37座，不断扩大民间陶瓷作坊的规模和数量，打造景区鲜明的陶瓷景观。同时，对古镇的古树木、49处历史建筑和古窑址进行详细鉴定，划定保护范围和等级，分类编号，挂牌保护，并且登记造册，建立文物保护档案。积极将原始的耀瓷烧造技艺申报为世界非物质文化遗产。

二是在2013—2015年积极组建陈炉陶瓷行业协会和陈炉民俗文化协会，扩大陶瓷作坊规模和陶瓷制作体验项目，组建耍狮子、跑旱船、走马等民俗文化队伍，进一步发扬光大陈炉的民俗文化。继续扩大瓷片铺路、罐罐垒墙规模，加大古镇民居恢复力度，对景区剩余的71座"洋门楼"以及7家企事业单位建筑风貌进行改造，使其形态符合陶瓷古镇风貌。对剩余56处古遗址、历史建筑进行抢救性保护，将陈炉古镇历史文化价值较高的古建筑、古窑址申报国家级、省级文物保护单位，争取上级文物保护专项资金，设立陈炉古镇文物保护基金。力争经过5年的保护和恢复，使景区内所有建筑都具备陶瓷古镇的特点，使景区能够见证古镇历史与文化的文物、文化堆积层、古遗址得到全面有效的保护；传统陶瓷制作技艺、民俗文化、饮食文化和民间艺术得到广泛继承和发扬，再现"炉山不夜"的繁荣景象。陈炉现在仅有传统民间制瓷作坊11家，采用传统煤窑制瓷的作坊1家，在今后两年内，在保护环境的基础上，弘扬原始的制瓷技艺，鼓励艺人开设传统制瓷手工作坊，扩大民间作坊规模和数量，使旅游者观光旅游的同时，充分体验到最原始的制瓷技艺。

（四）加快陈炉基础设施建设

2011—2012年编制完成《陈炉古镇景区排污规划》，完成镇区饮水工程，开工北堡子恢复和永寿堡加固工程。加快景区直观山坡和核心景区绿化，使景区绿化率在两年内达到85%以上。2013—2015年加快电网改造步伐，逐步实现地埋电缆，改迁空中电网，并且对景区主要旅游环线安装与古镇风貌相匹配的路灯；积极争取陈炉古镇景区道路改造项目，分步对双陈、宜上、黄陈等线路进行升级改造，与照金香山、药王山、玉华宫等景区实现高速贯通；加强与市天然气公司对接，制定完成景区供暖规划，力争2015年实现古镇景区供暖管道、输热网的全覆盖。编制《陈炉古镇生态治理规划》，加大生态治理力度，重点治理私挖乱采造成的水土流失，加快景区绿化建设，力争在2015年使景区周边的直观山坡全部绿化，景区生态环境得到明显的改善。

（五）加强主要景点建设

2011—2012年，在认真斟酌陈炉古镇景区总体规划，充分考虑古镇原始风貌的基础上，完成《北堡子恢复修建性详规》，开工建设北堡子内城和外城恢复工程，主要是重建兴山寺，恢复古城门楼，新建餐饮、住宿和娱乐窑洞。2013—2015 年，对残存的永寿堡遗址进行维修加固，对南堡及崔家堡按其原有建筑形态、风格予以恢复，再现"四堡撑天遥相望"的景象。积极争取项目建设资金，修缮贺龙纪念馆和烈士陵园，恢复"泥池水镜""石罅玉柱""炉山不夜"等反映陈炉古镇深厚文化底蕴和陶瓷发展历史的特色景点。

（六）加强旅游服务体系建设

2011—2012 年，编制完成《陈炉古镇游客服务中心等 7 片区修建详规》，开工建设景区游客服务中心和民俗文化广场，先期打造集吃住与陶瓷制作体验于一体的陶家乐 10—20 户，鼓励有能力的个人或个体家庭开设 DIY（自己动手做）陶瓷家庭作坊，逐年扩大陶家乐覆盖范围，不断提升景区服务品质。积极制定陈炉古镇旅游开发建设优惠政策，吸引企业、个人，特别是陈炉本地群众，通过入股、承包、租赁等形式，参与陈炉古镇的开发与建设，形成古镇景区建设的强大合力。2013—2015 年，利用旅游交易会、旅游博览会等平台，加大招商引资力度，采取市场化运作的方法加大融资和投入力度，加快"三街"（民俗文化娱乐街、休闲时尚创意街、商贸行政综合街）的建设步伐，不断完善景区旅游服务体系。

七　开发过程中存在的困难

（一）景区建设用地紧张

陈炉古镇景区较为平整的大面积土地较少，而且70%以上土地属陈炉陶瓷总厂所有，用地协调难度较大，规划项目难以实施，需要将陈炉陶瓷总厂划归陈炉景区管理委员会。同时，随着景区的开发与建设，逐步将需要开发的土地划归陈炉景区管委会。

（二）景区建设资金缺乏

陈炉古镇景区古建筑、古窑址等历史遗址较多，保护与恢复需要的资金严重短缺。同时，陈炉古镇景区的水、电、路、气等基础设施还不完善，主要景点建设资金严重不足，需要每年列支一定数量的经费用于文物保护、基础设施和主要景点建设，因此在有关项目和资金上应该给予倾斜。

（三）专业人才短缺

目前，陈炉古镇有制瓷专业人才 131 人、从事生产 119 人（其中拉坯 44 人、绘画及雕刻 71 人、模型设计 2 人、装烧 2 人），外流 12 人（其中拉坯 6 人、绘画及雕刻 6 人）。受经济利益驱使，陈炉在陶瓷制作（手拉坯、绘画、雕塑）、民俗和饮食文化等方面的人才日益短缺，需要出台鼓励政策，壮大陶瓷制作（手拉坯、绘画、雕塑）、民俗和饮食文化等方面的人才队伍，并且为陈炉景区管理委员会公开招聘、选拔景区管理、旅游开发、纪念品包装、市场营销等方面的人才。

（四）管理机制不完善

陈炉古镇景区为铜川市四大景区之一，现在由陈炉景区管理委员会负责管理，区级相关部门共同参与保护和开发，但是，由于财力有限，在一定程度上制约着景区的保护与开发，需要充分调动市级部门的积极性，建立市、区政府共同投入，市、区相关部门齐抓的陈炉古镇开发与建设工作机制，不断加大资金和项目支持力度，全面加快景区保护与开发的步伐。

八　启示与借鉴

（一）坚持政府主导

从理论上讲，余丹认为古镇旅游开发不能纯粹依赖市场，应该坚持政府主导的原则，由政府成立旅游开发领导小组，主持开发规划工作，并且加强对市场的统一管理。李倩等亦指出，在政府的积极干预下，建立政府引导的市场运作机制，处理好古镇管理者与旅游经营者的关系，是保证古镇旅游良性发展的必要手段。

实际上，就支持措施而言，政府的主导表现在 3 个方面：政府的旅游发展策略和优惠政策；政府对当地民众的旅游意识教育和正确引导；政府在经费上对古镇建设的支持及宣传等。

（二）挖掘核心竞争力

深入挖掘文化内涵，研发旅游纪念品。开发旅游纪念品是旅游文化建设与发展的重要内容，是对旅游地历史、文化的挖掘、创造和有效的利用。研究和开发古镇旅游纪念品，既要体现陈炉古镇独有的陶瓷文化、民俗文化、饮食文化、红色文化等元素特征，又要满足旅游者对陈炉特色文化的欣赏与纪念的需求。做好文化内涵的挖掘和课题研究，将陶瓷文化、饮食文化、民俗文化等开发为旅游商品，加大旅游商品开发和包装力度，每年推出 3—5 个特色旅游商品。确定科学合理的旅游产品市场定位，以满足不同消费层次旅游者的需求，使之成为可实用、可鉴赏、可收藏、可陈设、可馈赠，并地道地体现民窑、民瓷、民风、民俗的特色珍品。

（三）完善市场运作机制

一是按照"政府主导、企业主体、市场动作、社会参与"的模式运作；二是市政府出台加快陈炉镇开发的优惠政策，促进招商引资见成效；三是通过招商、融资、入股、合作、承包等灵活多样的方式，加大融资和投资力度，推进陈炉古镇的保护和开发。在旅游开发中吸引民间、社会闲散资金参与开发，采用自主经营、合伙经营、房产入股、房产租赁等形式调动居民积极性，鼓励居民自始至终积极参与古镇的开发与建设，同时合理分配未来利益，努力实现富民、强镇、兴区。

（四）加强社区参与开发

古镇居民才是古镇文化旅游资源真正的主人和最终受益者，但是大多数古镇居民却没能够拥有对古镇文化旅游资源的产权，不能参与文化资源的开发，也得不到开发后应有的利益分配。这势必将影响居民对于旅游开发所秉持的态度，从而直接影响古镇旅游的顺利进行。因此，古镇旅游的发展需要以社区的积极参与为依托。但是，旅游开发并未给当地居民带来真正的实惠和生活方式的改观，因此只有通过社区参与旅游开发的方式，才能够从根本上解决居民的就业，增加他们的收入，从而使居民积极踊跃地支持古镇旅游的开发。

第二节 以曲江为个案的历史文化产业示范区类文化旅游开发

一 项目简介

曲江新区，原名西安曲江旅游度假区，是陕西省人民政府于1993年批准设立的省级旅游度假区，2003年7月经西安市政府批准，更名为"曲江新区"。

项目位于西安东南城区，临近二环线，以闻名中外的大雁塔和曲江池遗址公园为中心，曲江新区距离火车站9千米，距离机场28千米，距离钟楼9千米，距离二环线2千米。曲江新区拥有丰富的旅游资源，如秦二世陵、汉宣帝杜陵、唐城墙遗址、大慈恩寺、大雁塔、曲江寒窑等文物古迹；建成开放大雁塔北广场、大唐芙蓉园、曲江海洋馆等旅游项目。同时，拥有大唐芙蓉园内的北湖和曲江池遗址公园内的南湖共1200亩水面的稀缺水景资源；拥有科教文化、商贸会展等众多城市资源。

曲江新区依托丰富的历史文化遗产资源，以"文化立区，旅游兴区"为理念，进行大手笔的资源整合和资本运作，以文化旅游业为主导产业，出版传媒、影视演艺、会展业集团式发展，同时涉及房地产、餐饮、酒店、商贸、网络、科教、文化艺术品等产业门类，基本形成具有特色的较为完整的文化产业体系。到目前为止，曲江文化产业园区在社会、经济、文化等各方面都取得极大成就。自2002年以来，曲江文化产业园区累计完成固定资产投资194亿元，其中基础设施完成投资30亿元，文化旅游项目完成投资38亿元，城中村改造和土地征用完成投资46亿元，社区建设和房地产开发完成投资80亿元。首先，在基础设施建设方面，园区内已经基本完成"七通一平"，园区绿化覆盖率已经达到60%，人均公共绿地面积为26.9平方米，优良的人居和投资环境为曲江发展奠定了基础。其次，曲江新区投资30多亿元，策划和建成了大雁塔北广场、大唐芙蓉园、曲江海洋公园、曲江会展中心等一大批重大文化项目，这些项目提升了城市价值和城市品位，对吸引外资、加快园区发展、促进区域经济繁荣，起到了很大的带动作用。最后，曲江文化产业园区发展文化产业集群，在文化旅游产业充分发展的基础上，拓宽文化产业门类，聚集文化产业资源，延伸文化产业链条，做大做强文化产业规模。至今，园区文化旅游直接收入 10 亿元，文化产业投资集团总资产已经达到 158 亿元。此外，曲江以新农村和新型社区建设为带动，对区域内 13 个城中村进行了改造，搬迁农户 3394 户，搬迁面积达 140 万平方米，已经完成安置 26 万平方米，并且采取一切措施解决农民的就业和社会保障等问题。同时，由政府主导和支持，曲江文化产业园区加强公共文化设施建设，诸如 6 大遗址公园、六大文化场馆等项目，这些都加快了公共文化事业的发展，产生了巨大的社会效应。2007 年，曲江新区被命名为"国家级文化产业示范园区"，这充分表明了曲江是文化产业发展的先行者，也表明其还具有非常大的潜力。

2009 年，根据西安市委、市政府批准的《曲江新区新扩区域规划》，曲江新区的面积将扩大到 40.97 平方千米，比原有管辖面积扩大了 1 倍。在新扩区域内，曲江新区将规划建设主题旅游与文化商贸区、会展商务与传媒出版区、影视演艺与科教创意区、遗址博览与生态创意区、娱乐运动与休闲度假区 5 个功能分区，并且将 5 大功能分区规划为出版传媒产业区、国际会展产业园、国际文化创意区、动漫游戏产业区、文化娱乐产业区、国际文化体育休闲区、影视娱乐产业园区、艺术家村落等 8 个文化产业园区，加上原有的曲江景区，在曲江新区 40.97 平方千米的范围内就形成了九大文化产业园区，从而完善文化产业发展门类，培育完整的文化产业链，力求打造中国最大的文化产业聚集区，使其成为以文化、旅游、生态为特色的国际化城市示范新区，到 2015 年全面建成曲江国家级文化产业示范区。

二　项目开发情况

项目开发由曲江新区管理委员会主导，项目一期开发与建设已经完成。一期规划面积 15.88 平方千米，在西安市第 4 次规划修编方案中将扩大到 40.97 平方千米；同时辐射带动大明宫遗址保护区、法门寺文化景区、临潼国家旅游休闲度假区和楼观台道文化展示区等区域，发展区域总面积近 150 平方千米。

三　开发思路与进程

前期通过名胜古迹打造旅游胜地，继而开发人文类旅游产品和会展业，中期再次对文化产业合力进行开发，作为项目再次引爆点，之后开发后续文化产业项目。

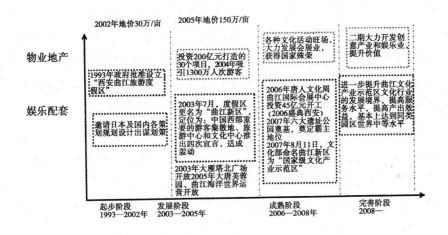

图 7 – 2　曲江新区开发进程

四　模式发展

曲江新区运营模式的形成是经过不断地实践和探索而来。园区运营模式的转变是鉴于以下三个原因。

一是新的理念和思路的冲击，许多先进的文化产业发展模式产生了巨大生产力，对社会、经济、文化发展产生了巨大影响。在这些先进思想的刺激下，引导和影响了管理层的思维转变。

二是园区文化产业发展的现实需求，推动运营模式的转变。随着文化产业的快速发展，旧的理念、体制、模式已经不能适应这种发展速度，不能解决发展中出现的问题和矛盾，墨守成规只能阻碍产业发展，这使运营模式的内生机制具备转变的强烈要求。

三是政府的制度建设和政策支持产生外界的促进作用。当内、外作用同时发挥时，运营模式的转变便会顺理成章，并且会促进文化产业健康、持续发展。

项目运营模式的发展历程划分为 3 个阶段。

第一阶段可以界定为"旅游＋房地产开发"模式，这时候园区运营对象只是针对单个"点"的文化旅游项目，同时发展的还有周边地区的房地产开发，这是园区发展资金的主要提供者。在这个阶段中，并没有形成具有规模的产业集群和完整的产业链条。

第二阶段以"文化旅游＋城市经营"为运营模式，即以打造具有盛唐风格的一系列文化旅游项目为基础，改善城市的基础设施环境和生态环境，从而产生文化旅游产业的集聚效应并形成城市文化品牌，促进城市经济发展和竞争实力的增强。

第三阶段可以界定为文化产业园区的综合运营模式，也就是打造文化产业体系，形成以文化旅游为主导产业的独立、完整的产业链，促进产业链的延伸以及跨行业、跨地区的文化产业竞争合作，这一阶段的运营模式体现出了较高的综合性和复杂性，需要不断地进行理念上、策略上、方法上的创新，才能够促进园区的可持续性发展。

（一）管理体系及支持体系分析

1. 园区管理体系分析。

（1）曲江管理委员会的机构设置及职能分析。

曲江管理委员会扮演着政府的角色，它是隶属于西安市政府的对曲江新区实施组织管理的专门机构，包括曲江大明宫改造办公室、党工委办公室、办公室、人事劳动社会保障局、财政局、经济发展局、旅游发展局、招商局、建设环境保护局、房地产管理局、社会事业局、文化产业发展局、城市管理执法局、分区管理办公室、城中村改造办公室、审计局。支撑体系包括规划局曲江分局、地税局曲江分局、国税局曲江分局、工商局曲江分局、曲江新区派出所，这些部门都具有专业的具体职能，主要涵盖以下几个方面。

第一，扮演政府角色，贯彻落实市委、市政府的重要决策和工作部署，代表市委对曲江新区实施党的领导和监督。

第二，对曲江新区的相关开发工作具有系统的一体化的管理职能，包括编制曲江新区发展总体规划，协调解决曲江与各区政府在工作范畴和工作机制上的冲突，协调监督有关部门设在曲江新区的分支机构或派出机构的工作。

第三，组织实施曲江文化产业园区开发的各项决策，建设管理曲江新区的各项基础设施和公共设施，同时管理曲江新区的文化、教育、科技、卫生、计划生育、民政、体育等公共事业，确保曲江新区各项工作职能落实到位。

第四，管理曲江新区旅游业务、对外经济技术合作和其他涉外活动，负责处理涉外事务。

第五，对曲江文化产业园区发展提供优惠政策。

曲江管理委员会的机构设置主要采用综合职能部门化和区域部门化的方式。一方面设置具体机构管理园区的各项具体工作和活动；另外对于某一区域遗址地区设置部门，如大明宫改造办公室，将管理这个区域的职责下放到底层，有利于区域发展的统一管理和协调。

（2）曲江文化产业集团。

曲江文化产业集团的组织结构主要分为两大部分，一部分是负责日常工作而划分的具体职能部门，也就是集团本部系统；另一部分则是涉及文化产业门类，包括文化旅游、会展、影视、出版、演艺等领域的公司实体系统，即西安曲江文化旅游（集团）有限公司（含原西安大唐芙蓉园旅游发展有限公司、西安曲江大雁塔景区管理服务有限公司、西安曲江欢乐世界有限公司）、西安曲江影视投资（集团）有限公司、西安曲江国际会展（集团）有限公司、西安曲江国际会展投资控股有限公司、西安曲江大唐不夜城文化商业有限公司、西安曲江建设（集团）有限公司、西安曲江文化演出（集团）有限公司、西安唐华宾馆有限公司、西安曲江文化出版（集团）有限公司、西安曲江职业围棋俱乐部有限公司。这些公司实体主要负责策划、运营相关文化产业的发展，而文化产业集团除了具备经济功能之外，还要为属下的子公司、中小企业提供信用担保、项目投资、管理咨询等服务，具体功能是：为园区入驻企业提供信用担保，开通多样融资渠道；对中小文化企业提供专业的管理咨询服务；通过网络提供信息，搭建沟通交流合作平台。其中，举办曲江论坛实质上是一个信息平台，通过论坛将一系列相关者（包括对项目感兴趣的学者、投资商、金融服务组织等）聚集在一起，为其提供交流的机会，为项目合作的达成奠定基础。

（3）曲江管理委员会和曲江文化产业集团的联系。

曲江管理委员会和曲江文化产业集团是"一套人马，两块牌子"，之所以有这样的结构完全是出于曲江产业发展的要求。曲江文化产业园区发展的文化产业，不仅具有经济功能，还具有政治功能、社会功能，所以对于园区的管理机构不能单纯地具有政府性质或是市场性质，而需要在政府管制引导的同时，加入市场元素。因此，在管理机构设置上，曲江文化产业园区采用了管理委员会和文化产业集团共同管理、各有侧重的形式。曲江管理委员会是政府的派出机构，具有政府性质，可以统一调配、整合公共资源，对完成园区的基础设施建设、公共文化事业项目建设起到了主导作用，并且通过制度建设、政策制定来完成对园区发展的引导作用。曲江文化产业集团是具有市场性质的组织，以运营资本为纽带，发展文化产业集群，许多具有市场性质的事务需要由集团公司来完成。

2. 支持体系分析。

（1）文化遗产资源体系。

具体包括物质文化遗产资源及非物质文化遗产资源。物质文化遗产资源指区内以物质形式存在的遗迹遗址，如大雁塔、青龙寺、汉宣帝陵、唐长安城遗址、秦上林苑宜春宫遗址、曲江池遗址、唐城墙遗址等。

非物质文化遗产资源主要是基于陕西非常优秀的民间艺术资源，如以信天游和紫阳民歌为代表的民间音乐，以安塞腰鼓和羊角鼓舞为代表的民间舞蹈，以陕北秧歌剧和秦腔为代表的民间戏曲，以陕南花鼓坐唱为代表的民间曲艺，以华县皮影和户县农民画为代表的民间美术等。曲江已经在大唐芙蓉园内成立了"陕派非物质文化遗产保护展示基地"，试图将这些非物质文化遗产融入旅游产业中加以保护和利用。

（2）资金支持体系。

产业园区运营资金支持体系主要来自 4 个方面，城市运营商投资、金融服务机构贷款、自筹以及基金捐助。

城市运营商投资：因城市运营商对园区的发展前景看好，一些著名的企业家或者组织会与园区达成一定的项目合作意向，在某个项目建设上注入资金，以促使园区发展。

金融服务机构贷款：曲江管理委员会以已有固定资产或政府信誉作为担保，向金融机构提出贷款申请，金融机构对项目规划进行审核后，给予金融支持。

自筹：在园区建设初期以及建设过程中，曲江管理委员会授权将园区及周边的土地卖给开发商，以获得初期的建设资金。由于园区未建之前，这些土地的价格一般比较低，管理委员会根据园区的整体规划，在地图上圈化出用于房地产开发的土地，逐步按照园区建设开发的时间过程和程度，将土地以不同的价格卖给房地产开发商。例如，在大唐芙蓉园规划初期，周边的地价为每亩 30 万元，但是随着工程的实施，地价会逐步升值到每亩 200 多万元。这些地产开发商也是着眼于在园区的建设过程中、周边环境的极大改善而引起的土地增值，会让他们获得巨大的利润而进行投资的。这种融资的过程也被形象地称为"铅笔卖地"。

基金捐助：随着园区一些重大公共项目的建成，经济效益和社会效益得到重大体现的时候，公共组织也会引起国内外一些著名基金会的关注，并且同它们进行一些合作。

（3）政策支持体系。

曲江为促进文化产业的发展，实现规模化、国际化、专业化、市场化的发展目标，主要在鼓励文化及相关产业发展及引进投资上给予政策上的扶持和优惠，具体表现在以下 3 个方面。

一是税收优惠和补贴，例如对政府鼓励类的新办企业，自工商注册登记之日起，免征一定年限的企业所得税，并且可以按照现行税法规定，享受出口退（免）税等政策。对设在曲江新区内属于国家鼓励类产业项目的内资企业和外商投资企业，在一定年限内按15%的税率征收企业所得税。

二是专项资金扶持及财政补贴，即对于入驻园区的企业和项目，特别是对于列入国家级的文化发展、文物保护开发类项目，可以享受财政补贴、基金扶持等优惠政策。

三是免费提供配套设施和服务。曲江新区管理委员会对区内企业实行一条龙服务，办理相关的手续、证件，免收服务费用，同时建立企业培训人才库，免收专项服务费用和培训费用。

（4）市场支持体系。

首先，文化商品和文化服务的需求增加。随着经济的迅速发展，人民生活水平的提高，文化商品和文化服务的需求不断增加。人们在满足物质上的需求后，逐渐向精神和文化层面追求。

其次，曲江产业集团化的市场扩充作用。产业集团化发展使得入驻园区的众多文化企业共享"曲江"这个品牌，借助于曲江品牌的信誉、声望产生的影响力，在市场上产生3种效应，分别是磁场效应、扩散效应和聚合效应。

再次，市场支持体系在运营管理中起到非常重要的多重支撑功能。具体表现在：一是文化遗产资源产品化为曲江运营发展奠定了基础，在某种意义上这些资源以及周边区域成为曲江运营的客观实体；二是资金的市场化运作为曲江运营发展提供了必然条件，在园区先期的建设开发中，资金的投入、管理、运营是管理机构投资机构重要的工作；三是政策的支持对曲江的市场运营发展起到了引导、推动的作用，在园区初期建设、中期发展以及后期维护的过程中，政策的作用不可忽视，管理机构一个很重要的任务就是制定政策以避免或者解决运营过程中的各种问题。

最后，曲江的产业发展模式是以集团化为主，文化产业市场化、品牌化是曲江运营发展过程中的助推器，这种无形的市场资源更加推动了曲江产业集群的发展。

（二）基础设施建设模式

曲江基础设施基本完成"九通一平"，"一平"为平整土地自然地貌；"九通"为通市政道路、雨水、污水、自来水、天然气、电力、电信、热力及有线电视管线。目前曲江已经基本达到"九通一平"的要求，并且随着园区的深入发展不断地进行完善。

曲江新区开发主体——西安曲江新区管理委员会代行政府的管理职能，同时也是土地开发和新区公共基础设施的投资开发者。曲江管理委员会负责对所管辖的园区范围进行决策规划，其下设的建设环保局则负责区内的基础设施建设。管理委员会既扮演管理者又扮演建设者，一方面管理委员会成为规划监督主体，另一方面管理委员会下设的建设环保局则是实施主体，主体都为管理委员会，只是不同职权部门而已。在这种模式中，曲江管委会拨付建设资金给园区开发公司，由园区开发公司来投资建设基础设施公共项目。同时，园区开发公司通过租让土地给入园企业、房地产开发商，或者以土地做抵押从金融服务机构获得贷款进行基础投资建设，这种模式则是介于企业型和政府型之间的一种管理建设模式。

园区开发建设伊始，这种模式有助于综合统筹，利用有限的资金和人力迅速完成起步区的土地开发，启动一些重大项目的策划建设工作。但是，随着园区的进一步发展成熟，这种模式已经不能满足现在的发展需求，这主要是因为园区的各项事务和产业快速发展，管理委员会的其他职能迅速增多，促进园区正常运行、文化产业发展的各项事务才是重中之重。而对于基础设施的建设、开发以及后期维护，是一项非常繁重的工程，管理委员会很难兼顾其他。另外，随着园区的规模扩大，原先主要来源于曲江管理委员会的财政支持建设资金已经不能完全满足和依赖，同时已经建好的基础设施在后期的维护中需要耗费更多的人力、财力和物力。而通过商业银行的贷款也存在着许多局限性，一是通过银行获得大量资金用于园区基础设施领域，客观上存在着一定的风险；二是要在银行获得贷款，需要一个长期的、比较复杂的过程和较高的成本，银行也需要经过一个慎重严格的调查和审批的过程，这个过程需要一定的时间成本和风险成本，所以从银行贷款获得资金的渠道作用也是非常有限的。

因此，旧的管理模式逐步显现出不能适应新的发展需要。鉴于此，曲江管理委员会采取了与个别注资企业捆绑的管理模式。首先，曲江新区管理委员会为开发商做好最基础的设施环境建设，包括土地的平整、道路修建、市政建设、电力电信配套设施等，这些是实施与注资企业捆绑的前提和条件。其次，曲江新区管理委员会要确立选择捆绑企业的标准，选择的对象必须是具有经济实力和发展潜力的大型企业，这类企业一般会具有高度的社会责任感和参与度，并且注重对周边环境和设施的保护和改善。选择合适的捆绑企业是合作能否成功的关键，曲江目前正在进行合作的企业有中海地产、金地地产等大型房地产集团。最后，曲江管理委员会要制定与捆绑企业合作开发的模式，必须建立相关的管理机制和激励机制。一是以相关优惠政策为前提，如税收和行政费用的减免；二是以优惠价格出卖土地，要求购买土地的企业或开发商建设维护周边地区的基础公共设施。

（三）公共文化项目建设模式

曲江文化产业园区发展的一大特质是规划、建设、实施公共文化项目。公共文化项目区别于其他项目的特点在于：一是项目具有公共性，具有一定的非竞争性和非排他性；二是项目工程比较复杂，主要表现在规模比较大，建设实施过程中涉及的因素比较多，尤其是涉及对于文化遗产项目，除了开发利用，还需要考虑保护因素，一些技术性难题比较复杂。三是建设投资这类公共文化项目，不能单纯考虑经济效益最大化，还要追求经济效益、社会效益、环境效益的综合效益。曲江文化产业园区对于这类项目的选择实施，也表现出一定的模式特征。

1. 曲江文化项目选择路径。

首先，与曲江彰显的文化相辅相成。曲江文化表现的内涵是大气开放、卓尔不凡、青春浪漫。而以唐为主的盛世文化，正是体现了这一特质，所以曲江以唐文化为主线进行资源整合，最先于2003年4—5月启动建设大雁塔北广场、大唐芙蓉园等项目，宣扬的就是宏伟壮丽的盛唐文化，并且以此为核心开创曲江品牌。

其次，以具备旅游价值作为选择项目的标准。如果文化项目不具备旅游性，则不具备市场性、产业性，所以选择运营的文化项目本身一定是旅游项目。不论是以唐盛世文化为代表的大雁塔北广场、大唐芙蓉园、曲江海洋馆、曲江池遗址公园、唐城墙遗址公园、寒窑遗址公园等文化项目，或是以宣扬佛文化的法门寺文化旅游区，还是以道文化为核心的楼观台道文化展示区中的各文化项目，都紧紧抓住了旅游这个大的主题，曲江选择的文化项目都具有很强的旅游价值。

最后，曲江选择的文化项目具备一定的关联性和系统性。例如，曲江的六大遗址公园不仅在地理区域上存在着关联性，而且也都共同彰显了同一种文化内涵，即皇家园林山水城市文化风格。这种项目的区位排列，以及在运营建设过程中的联动性，一方面可以打造短程系列旅游线路，吸引更多文化消费者，形成文化旅游产业集群规模效益和联动效应；另一方面也可以共同开创曲江这个品牌，对提高园区的知名度和竞争力也起到很重要的作用。

2. 曲江文化项目管理模式。

曲江管理委员会对各重大公共文化项目拥有最终决策权和管理权，但是对于一些遗址文化区，一些国家级的遗址遗产文物的保护、改造、利用等权利都属于陕西省文物局。一般来说，在拥有这些遗址文物的区域内都要求设立专门的事业单位对其进行管理。这就要求一方面要从对历史文化遗产资源的保护角度进行管理，另一方面要从对资源价值的显性化角度进行营运，曲江正是将这两方面结合起来，形成了综合的管理机制。

同时，对于建成的一些文化旅游项目，曲江管理委员会并不能对其具体的事务进行细致的管理，而是由曲江文化产业集团通过独资或者合资的形式，成立相关的旅游集团公司，对项目进行市场化的管理，负责文化旅游项目的具体事务。例如，成立于2006年1月13日的西安曲江大雁塔景区管理服务有限公司，隶属于曲江管理委员会和曲江文化旅游集团有限公司，主要负责大雁塔文化休闲景区的经营管理，大雁塔北广场、大唐通易坊的商业运营管理，以及地区内的道路管理和维护。一般来说，公司的运营管理内容主要涵盖在城市公共物业管理、园林绿化工程、商业运营等方面，日常主要包括对负责区域内公共物业、园林绿化工程、商业活动营运等进行管理。

这种下设专门旅游公司对项目进行管理的模式，一是可以充分利用公共文化项目的市场价值，将其市场化，最大限度地挖掘它的旅游价值、产业价值和经济价值；二是可以对公共文化项目进行统一的管理维护，确保文化项目的可持续建设和发展。

除此之外，曲江针对各个不同的文化项目设定具有特色的运营策略，这种运营策略的设定也是曲江模式的一个亮点。具体来说，具备以下 3 个特征。

第一，以各公共文化项目的特色为切入点，以具有标志性的特色景观为突破口向外界宣传，从而起到巨大的宣传效应。以大雁塔北广场为例，最大的特色为亚洲最大的喷泉广场和最大的水景广场，以此特色作为宣传推广的切入点，很容易引起强大的吸引力。

第二，将隐性历史文化资源显性化，通过整合与文化产业联系起来，并且借助媒体力量，通过招商引资、合作发展的途径，充分显示出项目的文化内涵。同时，在这个过程中，项目的运营过程也就是品牌建立和推广的过程。

第三，加强区域内各个文化项目的沟通和联系，以同一个文化主题贯穿起来，促使各景区更好地联动发展。这不仅使各文化项目可以充分显示自己的文化价值和旅游价值，同时还能够牵一发而动全身，从一个突破点形成全局发展的局面，最终实现各个文化项目价值最大化的目标。

（四）文化产业集群发展模式

1. 园区文化产业集群发展现状。

曲江文化产业集群式发展已经成为曲江文化产业园区发展模式的核心特征。曲江文化产业集群主要以集团化的发展为特征，其中曲江文化产业投资集团作为陕西及西安文化产业的中坚力量，资产总值由创始初期的 6000 万元增加到 2009 年的 158 亿元，总资产规模增长了近 300 倍，成为西部最大的文化产业集团，位居全国前茅。同时，其旗下组建了曲江会展集团、曲江影视集团、曲江演出集团、曲江出版传媒集团等 16 个大型文化企业集团，涵盖会展、影视、演艺、动漫、出版、传媒等各类文化产业。其中，曲江文化产业园区以文化旅游产业作为主导产业，影视、会展、演出、出版产业发展迅速，形成了共举曲江品牌，各产业集团齐头并进的发展局面。

2. 园区文化产业集群模式。

曲江文化产业园区采取集群化发展模式，具体表现在以下两个方面。

第一，以主导产业发展为主体，构建完整的产业链条。曲江是以文化旅游作为发展的主导产业，以整合文化旅游资源为基础，打造一批高端旅游产品，运营建设综合了娱乐性、趣味性、知识性、参与性、体验性的文化旅游项目，提高对消费者的吸引力。首先，确立曲江新区为核心点，发散式地在周边旅游资源密集区建立综合旅游项目。针对这一系列富含特色的文化项目，通过有关的宣传策划文化活动，提升这些旅游资源的显性价值，开创曲江品牌，进而以此为切入点，将开发运营的项目从历史遗迹、自然文化景观拓展到富有现代科学技术文明意义的旅游项目，从而使文化项目反映的文化内涵更具有推广意义。其次，在发展旅游业的过程中，注重与旅游业相关各产业的发展及其空间布局的联系。对于文化旅游业来说，相关产业门类众多，包括餐饮、酒店、商贸、娱乐、休闲等，各门类产业在发展中必须相互协调，相互支撑，保持适当的比例。据此，曲江以不同的主题板块，拓展各相关产业发展。曲江以文化旅游项目为核心，在其周边打造商业娱乐中心，诸如大唐不夜城、大唐通易坊，形成以点带面，促进文化旅游产业链的上下游产业协调发展，形成有层次性的产业集群发展局面。

第二，曲江影视、演出、会展等文化产业的集团化运营模式，增强了园区文化产业集群的竞争力。在这 3 大类产业发展的过程中，曲江采取集团化的模式，逐步形成产业集群，其运营模式可以概括为 3 个特征。一是由曲江管理委员会批准成立并且统一管理和协调建立集团有限公司，即西安曲江影视投资（集团）有限公司、西安曲江文化演出（集团）有限公司、西安曲江国际会展（集团）有限公司，对曲江影视、演出、会展产业的发展进行统一的策划、管理和协调。同时，在各集团公司下设立涵盖产业发展全方位的公司，可以发挥集团优势和品牌效应，更加有利于产业链的形成和发展。曲江影视投资（集团）有限公司其下属公司包括曲江演艺经纪、动漫、广告、电影发行、电视剧销售、宽带网络个人媒体制品、纪录片制片、长安电影院线有限公司等，涉及影视制作的全过程。二是提供资金、政策支持，打造高端产品，创造品牌效应。在产业发展过程中，曲江新区管理委员会都给予政策上的倾斜和优惠，扶持和鼓励中小企业的加盟，积极促进与国内外知名企业（集团）的合作。同时，在运营策略上以创造有特色、有品质的高端产品为主，并且利用集团具有广泛文化资源平台的优势，直接引进国际国内文化精品，加强与外界知名品牌集团公司的合作与联动，提高自己的品牌知名度，提升竞争力。三是走集群式的发展之路，注重对园区内部各产业的联合，发挥旅游、影视、演出、会展的产业联动效应。在各产业之间建立合作联盟，彼此之间逐步形成一种相互依托的合作关系，也就是说产业链上的每一个节点都追求专业性的优化发展，而每个节点的行为都会影响链条上其他企业的决策。同时，一个产业的发展和崛起也会对其他产业产生巨大的影响力，借此可以提高整个区域产业品牌的竞争力。

（五）曲江新区运营模式特质总结

1. 园区管理机构特性。

曲江管理委员会隶属于西安市政府，是对曲江新区实施组织和管理的专门机构，行使对园区的决策、领导、控制等职能，其特点主要表现在以下几个方面。

第一，在角色扮演上，曲江管理委员会直接隶属于西安市政府，扮演政府管理者的角色，对曲江新区的一切建设和发展工作具有系统一体化的管理职能。这种全权职能的确定，从根本上可以解决横向模块化的管理弊端，对曲江新区进行统一标准化的综合组织和管理，这样可以避免园区与各区政府在工作范畴和工作机制上的冲突，以及区内各个不同职能部门间的冲突。

第二，曲江管理委员会下设行政事务局、人力资源局、招商引资局、策划推广局等各个分支，每个下属单位都专项负责园区某个方面的事务，这样可以确保曲江新区各项工作职能落实到位。

第三，曲江管理委员会在重大项目的建设时期，都会组织一个专门的机构去履行管理职能。例如，现在正在进行的大明宫遗址改造工程，就由曲江大明宫改造办公室承担完成。这种设置能够统一协调一个项目的各项事务，避免各个职能部门之间的不同取向所带来的矛盾。同时，这种管理体制更具有一定的针对性和统筹性。

第四，成立曲江文化产业投资集团，专门负责曲江文化产业发展的各项行政事务和经济活动。曲江新区管理委员会和曲江文化产业投资集团是"一套人马，两块牌子"，这种特殊的组织体制正是适应了曲江发展的要求。一方面，城市资源属于公共资源，对于这种特殊的资源要起到规划和监督的作用，必须以政府作为主导力量。但是，政府并不能直接参与一些城市经营活动，曲江要完成经营城市的任务，就必须以运营者的角色，所以需要建立具有企业盈利性质的组织，在政府的引导和指引下对自然社会资源进行整合重组，使其升值，以达到经营城市的目的。

2. 园区发展的功能定位。

曲江运营的成功因素之一是定位比较准确，符合曲江历史、地理和文化等条件。

首先，曲江的文化定位着眼于对历史资源的深刻了解和剖析，对西安历史文化资源的挖掘和开发并不是毫无重点，而是选取盛唐文化作为主基调和定位，这种考虑综合了历史、地理和文化品位等多方面的因素。第一，在历史背景下，唯有在盛唐时期古城长安成为中国历史上对世界产生巨大影响的国际大都市，所以弘扬盛唐文化更容易创造影响力，更具有震撼性和传播性。第二，考虑文化遗址的地理因素，以大雁塔、曲江池等遗址作为一条主线来彰显盛唐文化。第三，曲江彰显的诸如"建筑园林文化""宫廷文化""歌舞文化""音乐文化"等主要文化形态，在盛唐时期极具代表性，有丰富的内涵。鉴于此，曲江定位于盛唐文化，是综合了历史人文地理等各方面的因素而进行的准确定位。

其次，曲江发展文化产业，是以高端文化品位为定位，提供具有高品位的文化产品和文化服务，这也是符合实际情况和市场需求的。第一，对于具有浪漫主义高品位文化的定位是与唐文化的内涵如出一辙，相辅相成。第二，高端文化品位的打造更能够满足现实情况的市场需求。曲江的定位是先打造高端文化产品和服务，再满足低端需求，这都是基于现今文化产品或服务的消费者大都是有能力追求精神满足和享受的人，他们需要提高自己的生活质量，就一定会追求高品质的产品或服务。而如果定位于低端文化品位，就容易造成文化消费的"缺位"，所以曲江以发展高端文化为定位。第三，对于文化产业的发展，高端产品或服务的打造更利于在发展伊始就形成品牌，这对于曲江这个品牌的建立和推广也是非常有益的。

3. 文化项目的带动作用。

曲江新区在城市开发运营模式中，重点强调文化大项目的带动作用。自建园以来，曲江以丰富的历史文化资源为基础，先后建成了大雁塔北广场、大唐芙蓉园、曲江池遗址公园、法门寺文化景区等一批重大文化旅游项目，并且承担了大明宫遗址区保护改造工程的策划和开发建设，这些重大项目也给园区文化产业发展带来了契机。第一，大文化项目的实施，使众多的历史文化遗址从隐性资源变为显性景观，使其隐藏其中的文化内涵变为文化价值体现出来，这为文化旅游业的发展提供了先决条件，也能够促使城市资源价值的快速提升。第二，文化大项目的实施使城市公共资源的价值凸显，从而反哺公共事业的发展。例如，显著的周边地价的提高所获得的超额利润，被继续用于公共项目的建设和开发中，而城市生态环境的改善，又为招商引资奠定了良好的基础，文化产业以及相关产业企业的入驻又会继续创造更大的财富，促使区域经济的快速发展，形成良性循环，这就是曲江以大文化项目为先导起到的带动作用。

（六）文化产业及其相关产业的集群发展

曲江文化产业园区是以文化旅游为主导的产业，进而逐步发展相关产业，形成产业集群以及规模化、多序列的产品链和产业链。曲江新区借助于城市经营的手段，投资 200 万元，实施 30 个重大文化项目，涵盖了文化旅游、餐饮、酒店、旅游商贸、艺术娱乐、传媒、会展、旅游交通等产业，发展集聚产业，形成规模经济，以点带面，促进区域经济发展，这种集群式的产业发展体现了以下几个优势。

第一，曲江发展的文化产业，是一种特殊产业，它不像其他产业只是在一方面具有特性，具有独立发展的能力和空间，文化产业需要一些行业的联动发展，从而为主导产业的发展形成良好的发展环境和氛围，促进以主导产业为主、各产业联动，进而再刺激发展和完善整体文化产业发展的循环模式。

第二，各入驻文化企业共同创造和依靠"曲江"这个文化品牌。一方面，通过企业自身的发展和逐渐壮大，也提高了"曲江"这个品牌的质量，使其更响亮，更具有内涵。另一方面，曲江品牌的建立和成长更有利于企业自身知名度的提高，以这个文化品牌更容易进入市场和具备竞争力。

第三，在产业集群开放的动态系统下，完整产业链条的形成，更有利于对社会资本的优化、对产业资源与生产要素层次的提升，从而加强区域内部与外界的交流，以及区域品牌实力的提高。这种竞争合作局面的形成，能够促使园区形成规模经济和循环经济的发展态势。

（七）城市经营目标以及经济社会价值的共同体现

曲江新区的运作和发展，始终以经营城市作为目标，充分体现了园区发展对经济和社会价值的共同体现。文化产业大发展，促进区域经济水平的提高，并不是唯一的目的。曲江充当城市经营者的角色，统筹开发利用城市公共资源，通过一系列的运营手段及措施使其不断升值，同时创造良好的城市环境，积极发展公共文化事业，这些都使西安这个城市品牌得到树立和推广。同时，园区的运营也创造了很大的社会价值，改善了人居环境，创造了就业岗位，维护了社会稳定等，曲江模式的成功在很大程度上并不只在于其带领区域经济的进步繁荣，也在于为城市、为社会做出了极大的贡献。

五　总体定位

曲江新区是以文化产业和旅游产业为主导的城市发展新区，是以文化、旅游、生态为特色的国际化城市示范新区，国家级文化产业示范基地。

曲江文化产业园区运营的战略目标定位是基于文化产业发展的战略转移，以及曲江发展的实践经验和现实需求制定的。根据《西安曲江新区文化产业发展纲要》，曲江的运营战略定位主要涉及以下几个方面。

第一，以文化事业和文化产业的互动，达到"文化事业促进文化产业发展，文化产业反哺文化事业"的目标，体现了曲江追求公共利益和经济效益的有效结合，推动了文化的和谐发展。

第二，从产业发展角度，曲江打破地区和行业分割的旧思路、旧体系，将文化产业综合起来，加快发展以文化旅游为主导产业，影视、会展、演艺、传媒等产业共同发展的文化产业集群，构建了文化旅游业、影视演艺业、会展创意业及出版传媒业四大文化产业体系，并且逐渐加强产业链的延伸、产业之间的联动以及地区间的合作。

第三，从品牌建设和推广的角度，曲江以打造"西部第一文化品牌"为目标，一方面构筑自身的文化品牌体系，加强品牌竞争优势；另一方面以品牌为媒介，不断进行产业扩张和辐射，加强品牌的推广力度。

曲江文化产业园区运营的战略目标定位影响着运营模式的建立和运营策略的形成，在运营发展过程中，战略定位随时起着引导和指向作用，从而形成阶段性的具体的运营目标和线路。

六　总体规划

曲江新区在一期规划中（见图7-3），规划有"一心""两带""三轴""四个功能板块"。"一心"指以大雁塔为整个曲江的发展核心。"两带"指贯穿整个新区，一条宽100米的唐城遗址保护绿带和一条分布在绕城高速两侧共100米宽的绿化景观带。"三轴"指雁塔南路旅游商业发展轴线、芙蓉东路生态休闲发展轴线和曲江大道景观轴线。"四个功能板块"分别是唐风商业板块、旅游休闲板块、科教文化板块和会展商务板块。

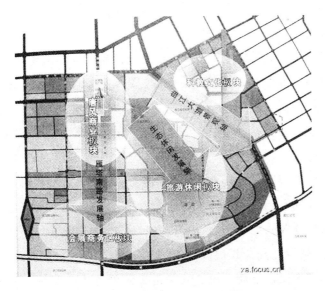

图 7 - 3 曲江新区一期规划布局

七 具体举措

(一) 整合文化旅游资源是做大做强文化产业的基础

曲江新区生存的大环境是古都西安,而西安的大部分文化遗址也都分布在曲江新区,大唐芙蓉园遗址、大雁塔、曲江池遗址、唐大慈恩寺遗址等相对分散但是又相隔不远,曲江新区管理委员会以盛唐文化为主题,面向国际招标,高端策划创意,超前规划设计,通过文化遗产保护和产业开发两种形式,把这些分散的、有关联的文化遗产"纵横联通",形成了一个唐文化气息浓郁的大曲江文化景区。曲江新区管理委员会运用城市经营理念,牵头开发与各景区配套的大型公共文化场馆、商业设施、基础设施,通过城市价值兑现反哺文化产业发展,提升了产业园区的文化品位和生态环境,使曲江迅速成为西安文化旅游的重要集散地。

每年来曲江新区旅游、参观、考察的人数达到 3000 万人次,进而带动了影视业、演艺业、会展业、衍生产品运营和房地产业。此外,曲江新区还着力用文化创意激活文化遗产,将民营的"大唐芙蓉园"打造成为"全文化产业生态链"的典型代表。2009 年,入园人数首次超过秦始皇兵马俑博物馆，极大地增强了曲江文化产业园区的总体竞争力、话语权及领导力。

（二）坚持民生优先是做大做强文化产业的根本出发点

为解决遗址保护开发过程中的拆迁难问题，曲江新区坚持民生至上，优先保障拆迁户利益。大明宫遗址保护工程共投入 120 亿元，其中仅拆迁安置费就达 90 亿元，按照每人补偿 15 万元和置换面积 30 平方米的标准，以每户 4 人计算，每户赔偿安置金额都在 100 万元以上。尽管拆迁范围广，还涉及 10 万群众生计问题，但是得到了群众的支持，仅用半年时间就完成拆迁量 148 万平方米，拆迁过程平稳，不但为保护开发腾出了土地，又进一步优化了环境，改善了民生。曲江新区在发展经济的同时，还注重文化惠民，最大限度地保障人民群众的基本文化权益，让人民群众共建共享文化发展成果。在曲江新区最繁华的大唐不夜城内，除了吸引国际知名商业娱乐、零售业集团进驻外，还专门规划建设了西安音乐厅、西安美术馆、陕西大剧院、曲江电影城等大型公共文化场馆，定期安排曲江演出集团、西安秦腔剧院在此进行公益演出。借助一流的文化活动场馆，曲江新区举办了曲江论坛、中国诗歌节、曲江文化大讲堂、中国西部文博会等大型公共文化活动。此外，曲江新区还建成了 5700 亩开放式城市公共文化空间和 12 个市民休闲文化广场，把曲江新区从"旅游景点"提升为"文化景区"，实现了文化事业为民谋利、为民造福的价值回归和城市价值的快速提升。

（三）依靠资本运作是破解文化产业资金难题的基本手段

近年来，曲江新区管理委员会通过"文化＋旅游＋城市价值"的运作方式，不依靠政府投入，挖掘土地的文化资源，实现土地的增值和利用。曲江新区开发初期，地价每亩 20 万元无人问津。曲江新区投资建设雁塔北广场、大唐不夜城，并且引进大唐芙蓉园等重点工程，随着区域环境的优化和城市品位的提升，地价飙升至每亩 50 万元，解决了曲江新区初期文化基础设施建设资金的缺口问题。同时，通过设立文化基金和融资基金两大基金体系，依靠资本运作拓宽文化产业资金融资渠道。除了每年 2 亿元文化产业扶持资金外，还通过创新资本运作模式，积极探索银行授信融资、银企合作的有效途径，吸引了 30 家投融资企业落户曲江，其中曲江文化产业投资集团、曲江文化产业风险投资公司等龙头企业注册资金都在 5 亿元以上。中国首个城市发展基金——开元城市基金也花落曲江，每年融资超过 100 亿元。曲江新区还瞄准国际前沿，相继与中国进出口银行和国家开发银行进行合作，以大明宫、法门寺、曲江会展产业园等重大项目为核心，双方建立了合作的对接班子和磋商机制，开展了一揽子金融打包服务，解决了全球金融危机下文化企业融资难的问题。

（四）政府扶持是做大做强文化产业的可靠保证

早在产业园区成立之初，为吸引和留住优秀文化企业，曲江新区努力搭建国家级文化产业发展孵化平台，出台了"文化资金 + 贷款担保 + 风险投资 + 财税补贴 + 房屋补贴"5 大扶持政策，推出了服务文化企业的注册登记直通车、信息资源直通车、跟踪服务直通车、全民创业直通车、重点项目直通车、行政指导直通车等 6 大服务措施，提高了企业和重点项目的运作效率。在产业聚集过程中，曲江新区采用"大小通吃"的运营手段，一方面吸引巨人集团、新华集团、华侨城集团、陕西广电集团等国内外行业龙头入驻曲江，形成 50 家大型文化集团和 3 个年产值超百亿元的核心企业，实现产业园区年文化主营收入 300 亿元。另一方面打造中小企业文化产业孵化平台，形成快速聚集效应，曲江新区投资建设 10 万平方米的陕西文化大厦、曲江文化大厦、智慧大厦、文化产业孵化中心，以非常优厚的税费提供给中小文化企业，形成了曲江创意文化产业聚集区。

（五）体制机制创新是发展文化产业的强大动力

2003 年，西安市成为中国第一批文化体制改革试点城市，赋予曲江新区市级经济管理权限，为曲江新区跨越式发展提供了更加灵活自主的发展空间。曲江新区率先打破政府包揽文化资源开发的格局，实行管办分离，将文化、广电、旅游、文物、出版等部门掌握的行业资源聚集起来，吸纳民营资本，组建股份制的曲江文化产业投资集团，其构成和投资运营已经基本涵盖文化产业各个重要领域，成为西部最大、位居全国前列的超大型文化企业集团，注册资本达 43 亿元。

2009 年，曲江文化产业投资集团出资 11.4 亿元控股运营陕西省文化产业投资公司，赢得了在陕西省范围内整合文化旅游资源的发展先机。这个集团作为曲江文化产业发展投融资运营的大平台，还带动了一批相关产业链条的文化企业和项目快速发展。2012 年末，集团旗下已经有西安曲江文化旅游（集团）有限公司、西安曲江建设集团有限公司等 11 个全资子公司和西安曲江国际会展投资控股有限公司、西安曲江大秦帝国文化传播有限公司等 6 个控股企业，总资产由成立时的 600 万元增长到目前的 400 亿元，被中国企业联合会评为中国服务业 500 强。此外，曲江还实施"国有民营"运行模式，将西安音乐厅、西安美术馆、曲江电影城 3 大文化场馆交给运营能力强的文化产业公司管理，最大限度地发挥了公共文化设施的作用，并且产生了显著的经济效益。

八　运营中存在的问题

曲江文化产业园区的发展时间并不长，在很多方面还很不成熟，在这种逐步走向成熟的过程中自然会出现很多问题和矛盾。根据本书第四章对园区运营模式效果评价结果，重点突出了一些亟待解决的问题。

（一）曲江管理委员会的角色定位转换问题

管理委员会作为政府派出机构，行使各项管理职能，扮演着管理者的角色。虽然政府管理运营水平和服务效率都达到比较满意的程度，但是在政府管理手段和效能方面还亟待提高。这就说明政府在园区的综合发展上，需要适时改变管理理念和管理手段，增强管理效能。

由于政府角色定位不准确，政府行为过多干预，拥有过多的支配和配置资源的权利，导致许多事务不能够产业化、市场化，阻碍了产业化的发展。例如，对于公共设施的后期维护问题。曲江文化产业园区以提升城市价值、经营城市为目标，建设实施了一些重大公共项目，这些公共项目在实施后大多具有公益性，这就存在一个公共基础设施的后期维护问题。现在的这些后期维护工作大多都是由管理委员会或者下属的事业单位来完成，形成了资金不足、人员责任不到位的问题，造成了园区需要设立专门的部门、建立专门的资金来源渠道完成这项工作，这本身就不符合市场的运作规律。所以，能不能将这些公共基础设施后期维护的工作与开发商的开发项目有所关联，而政府只是给予一定的政策扶持和优惠，就是能否顺利解决这个问题的一个关键所在。政府这时的角色不是亲力亲为的建设者，而只是一个引导者和扶持者。这只是政府角色得不到合理转变所出现的一个问题。除此之外，随着园区进入高投入高回收的时代，一个亟待解决的问题是管理层要承担起监管的责任，对投入的资源、提供的文化产品和服务进行各个环节上的监督管理。这就要求管理委员会转变以往的管理模式，站在引导、监督的高度上对园区进行管理。

（二）政策法规建立健全问题

产业园区发展过程中，在前期策划、项目实施、后期维护等各个环节都需要政策法规的支持与保障。而在实际运作当中，政策和法规并没有先导甚至同步于发展环节，很多时候会出现"无法可依""无规可循"的情况，这些都会导致项目实施不能够顺利进行，并且在涉及多方利益产生矛盾的时候，没有有效机制和政策法规来解决。在园区开发方面，虽然有吸引社会资金入园的政策措施，但是在一定程度上还没有形成完善的配套机制使具有刺激性的政策起到有效的作用。同时，园区对于一些具有创新性、风险性的文化项目，虽然制定了一些鼓励措施，但是扶持力度不大，难以发挥长效刺激作用。

除此之外，曲江的发展过程中，还会产生一些社会问题，需要政策指明方向。针对曲江现实发展模式，一个重要的问题是如何解决拆迁后的居民安置工作和就业问题。曲江文化产业园区很多重大公共文化项目建设的基础问题是要对原有地域的大量居民进行拆迁安置，仅以大明宫遗址区为例，遗址区中有 17 个城中村 9900 余户，约 35 万人，其中 18—60 岁的约占 63%。目前，城中村人口适龄劳动人口中约 10% 的人离开村庄就业，30%—40% 在村中自办企业中工作，30% 的人处于基本失业或依靠出租房产收取房租为生的状态，除去一少部分村民，60%—70% 的人在拆迁后都面临失业或者收入减少的困境和问题。虽然，管理委员会对拆迁的居民都给予了经济上的补偿，但是很多人正是工作适龄人口。这些人口如果成为社会闲散人员，如果失去继续工作和创造财富的机会，必然会导致生活质量下降，引起社会不稳定问题的出现。虽然现阶段园区管理机构制定的拆迁政策还比较合理优惠，但是还没能制定出后续政策来解决村民日后安置和就业的问题，这些都会引起很多社会矛盾，阻碍园区的可持续发展。在园区建设发展过程中，还有许多现实问题需要政策的规范和引导，而现阶段政策并没有完全覆盖，或是科学合理地解决问题，这些都给园区发展带来一定程度的影响。

（三）文化产业集群发展问题

虽然运营发展已经取得很大成绩，但是其中的各要素发展趋势还不明朗，文化产业集群发展还很不成熟。

首先，文化产业集群的规模质量评价隶属于第三等级，经济优势还不突出，对于园区中的许多产业还没有形成规模，虽然入驻园区中有一些国内外著名企业，但是很多企业本身规模并不大，缺乏较强的竞争力，不能够产生集群产业规模效应，形成"以点带面"的经济发展态势。并且入驻企业资本结构比较单一，规模性企业在数量和质量上都处于劣势，多元化的投融资渠道没有完全建立，产业竞争力不强。

其次，入驻园区的企业之间，并没有形成一定的协作关系。企业之间缺乏信息沟通，应用信息不能通畅通达，不能够形成相互合作，创造"共赢"的局面。同时，这种现象在产业链形成的过程中也造成很大影响。例如，对于旅游业和餐饮业、酒店业、商贸业等其他产业的联动，园区很大程度上并没有开创一种模式发挥其联动性，常常这些产业的发展都是割裂而为，这就造成了产业网络和人际关系网络等隐性资源的浪费，不利于整体品牌的推广。

最后，园区内产业集群发展成熟度评价隶属于第四等级，说明目前产业集群发展的成熟度还需要不断改善。以存在的中介组织来看，对于曲江产业的发展，曲江文化产业投资（集团）有限公司负责对入驻企业的管理和服务工作，而其下属的西安曲江文化产业投资担保有限公司，注册资本 2 亿元，已经初步形成了以担保、投资为主导，涵盖风险投资、投融资咨询等领域的多种经营模式。虽然管理委员会对于各种产业出台了一系列的优惠政策，并且也提供了投融资平台园区，但是目前为止园区还没有依托集群建立相应的服务体系，专门的中介服务机构、管理咨询服务机构、信用体系和担保体系都还不够健全，这也是产业集群发展的一个不成熟的表现。因此，曲江管理委员会已经计划构建文化产业创业机构等中介服务体系，推动中介组织的发展。

（四）品牌意识和创新制度改善问题

曲江入驻企业共举一个品牌，虽然有利于扩大竞争力和影响力，但是在品牌初建时期，对入驻企业的行业、信誉、品质要求非常高。是否能使入驻企业契合文化产业这个大主题，能保证各企业的品质，能形成完整的产业链条都关系着曲江文化产业园区能否健康、可持续发展。目前，曲江一些入驻企业的品牌意识、创新意识和运营策划意识还非常淡薄。而曲江还没有采取任何有效的措施来规范和监管各个入驻企业，也没有相应的管理监管机制，很难做到从各个环节上对品牌质量的保证。除此之外，曲江运营模式在理念和技术创新上还比较缺乏，并不能动态地根据发展环境的变化和文化市场的需求来动态地改变管理理念、技术手段以及输出文化产品，这就极大程度地限制了发展潜力和发展空间，阻碍了园区的可持续发展。

（五）曲江模式的推广应用问题

基于本书的评价以及现实情况可以看出，曲江模式存在着巨大的价值，现今已经在全省范围推广。2009 年 6 月，陕西文化产业投资控股有限公司挂牌成立，将以此为"掌门人"打造陕西的"文化航母"。在西安重点建设的曲江文化产业园区和大明宫、楼观台、临潼国家级旅游景区等文化项目，成为全省文化产业的龙头；在陕北重点建设的中国红色旅游基地和黄帝陵文化旅游园区，突出了红色文化和产业的特点，对关中和陕南进行辐射，推进全省文化资源和资本的有效聚合和整合；将重点发展陕西歌舞演艺基地等 12 大文化产业园区。这种模式的推广要突破地缘与行政边界，跨越不同的文化遗产资源和历史社会经济背景，整合不同文化产业门类需要解决一些实际问题才能够完全实现。

第一，曲江模式不是对所有文化产业园区都适合，这就需要考虑在哪种类型的园区进行推广和应用的问题。同时，在不同的文化遗址区如何适用曲江模式，一个关键问题就在于如何根据这个区域遗址的特点对其进行保护，并且确定可以开发和利用的程度以及采取的科学技术手段。

第二，涉及跨行政区域的统一管理问题。在不同地区进行文化项目的建设，文化产业开发必须要考虑各地政府的不同政策和管理模式的影响。并且还涉及协调的问题，这不仅包括在省市之间，还存在于市际之间，容易存在管理体制落后、条块分割的管理问题，如何形成有效的协调和信息沟通渠道是需要考虑的一个重要问题。

第三，涉及多元投资渠道的形成问题以及各种形式资本的运营问题。在曲江模式推广中，陕西文化产业投资控股有限公司如何通过兼并、参并、跨区域、跨所有制的方式进行投资，并且在这种集团化的模式复制当中，也需要解决经营理念和营销策略不适宜的问题。同时，由于采取多元投资渠道，资本构成的复杂程度会增加，包括财政、企业、固定资产、民营等形式，对这些资本的运营和管理也涉及到相应制度体系的转变问题。

第四，涉及产业发展的问题。由于曲江模式在不同地区推广，虽然其主导产业是文化旅游业，但是要将不同文化产业门类整合在一起，将不同区域的文化产业整合在一起，也要考虑地区经济环境的承载力、区域文化产业市场完善程度等因素，容易产生区域产业发展不平衡、产业间内部协调性不强、产业发展的竞合共赢局面不能打开等问题。

九 启示与借鉴

（一）园区管理流程改善对策建议

首先，曲江管理委员会在园区运营发展的过程中，应该给予其角色的重新界定，也就是说由前期的主导地位和管理角色要逐步转变为以市场作为主导，并且充当引导和服务者的角色。因为，在园区建设伊始，管理委员会需要充分整合与利用公共资源，作为主体对整个园区进行规划、建设、实施、开发，为园区的发展提供一个良好的环境和平台。但是，随着园区的进一步发展，产业化和市场化应该成为主题，管理委员会应该适时转变自己的角色定位，进而充当引导和服务者的角色，避免由于僵硬的行政管理模式阻碍产业的发展。

其次，根据园区发展的战略目标，对它的具体运行情况加以分析，并且对管理部门的各种业务流程重新评价和分析其重要程度，确认对园区实现战略目标具有重要意义和支持作用的核心流程。加强对这些核心流程进行改造，使园区管理模式更具有效能意识和服务意识。也就是说，园区的管理模式转化应该朝向低投入、高收益，并且具有切实有效的服务性质方面进行，还要具有动态服务的功能，即因服务对象的需求特点而进行改良完善。

同时，曲江管理委员会作为一个现代园区的管理机构，必须充分发挥现代科学技术的功能，不断完善电子政务的建设，从而借助现代信息技术工具提高管理绩效，加强对管理流程的持续改造。

除此之外，建立相应的考核机制和考核制度，定期评价园区管理的绩效。一般认为，在管理机构内部设置专门的部门，或是聘请社会专业评估机构来完成评价工作，这样能够实时反映出管理绩效，也能够找出管理中存在的问题，以便于进一步地完善，有利于园区的可持续发展。

（二）园区政策法规完善对策建议

目前，在曲江文化产业园区发展过程中，显现出政策法规、配套措施不完善的问题，影响了园区的健康发展。完善园区的法规政策，主要涉及两个方面。

一是完善园区管理政策法规，即对园区管理办法、运行条例、招商引资办法等进行详细规定，并且根据自身发展情况和外界环境变化进行动态管理。同时，要建立严格的评审标准和综合评价指标体系，对管理的政策、规定、办法进行评价，反映出存在的问题，用健全的制度保证园区规范、高效地管理和运行。

二是要注重完善园区发展政策，主要表现在以下 3 个方面。

第一，财政、税收与金融扶持政策需要建立健全，并且加大优惠程度，尤其是对于具有特色的、大力提倡发展的、政府重点扶持的文化产业要体现出侧重关系。同时，要加强与金融服务体系的合作，对于一些有发展潜力、发展空间的企业可以提供多元化筹措资金服务，简化审批手续，并且酌情给予适当的税收减免优惠政策。

第二，对于园区内拆迁居民，除了要在拆迁时给予一定的经济补偿，使他们享受到实实在在的优惠外，还必须要给予后续安置政策支持。例如，对于适龄工作的居民，可提供相应的培训服务，促进他们学习新的知识技能，并且可以在园区内提供一些适合的工作岗位，使他们有机会有能力走上新的工作岗位。

第三，动态完善政策法规。尽管一般来说政策法规具有很长一段时效性，但是对于目前快速发展的文化产业园区来说，政策法规的制定必须是符合时宜的，必须要随着园区的现实情况做出适当的调整和完善。这就需要园区管理机构人员对实际情况了解熟悉。只有这样，制定的政策才能够与园区现实情况相适应，才能起到引导规范的作用，促进园区发展。

（三）文化产业集群运营策略完善对策建议

对于曲江文化产业园区产业集群竞争力的提升，本文认为要从以下 4 个方面进行完善。

第一，坚持文化经营理念，创造文化园区品牌价值。不要一味地追求园区规模最大化，而是要不断优化园区产业结构，调整资源配置，将园区产业集群的市场效率充分发挥，才能持续地提高园区产业集群的核心竞争力。同时，需加强对品牌质量的监督和管理。曲江文化产业形成的品牌，是众多企业品牌精华的集合和提练，具有更广泛和持续的品牌效应。品牌的建立和推广，具有很强的外部效应，不仅有利于企业开展交流与合作，开拓国内外市场，也有利于提升整个区域的形象，为招商引资和未来发展创造有利的条件。但是，在产业集群不成熟的时候，入驻企业本身的信誉和品质并不能够完全得到保证。为了保证整个品牌的质量，就必须对入驻的企业设定一定的标准和要求，并且建立专门的机构承担监督和管理工作。

第二，整合园区产业，加强集群协作，实现产业链的建立和完善。在产业链的形成过程中，有一些产业发展良好，而有一些产业相对落后，这就必然会造成产业链不完整的现象。园区管理委员会必须要在薄弱的产业链环节上，给予更多的鼓励和扶持，帮助相对落后的产业增强竞争力，克服园区产业发展短板。政府还可以通过各种重大政治、经济、文化活动，发展异地联动，与其他地区的同类产业集聚区进行竞争合作。同时，加强园区产业集群的文化企业协调和组织合作能力，以不断的沟通和良好的信用打造内部合作机制，培养集群凝聚力，提升产业集群竞争力。

第三，改善基础环境，优化服务环境。对于产业发展的基础环境，不仅是先进的硬件设施，还包括对产业发展软环境的改善。通过持续改善基础环境，给予更多优惠政策等途径吸引更多企业入驻，尤其是吸引有实力、有品牌的企业，尽快提高产业集群的规模和质量。同时，产业集群规模的扩大、质量的提高也会变成一种资本，不仅对外商直接投资具有很大的吸引作用，也能够对同类企业和相关联的企业形成强大的吸引力，还能够吸引支撑企业发展的其他相关机构，诸如行业协会、金融部门、管理咨询机构与教育培训等机构在空间上集聚，形成柔性竞争力。园区管理委员会也应当重视产业集群发展的服务体系建设，要在多方面对产业集群的发展给予扶持，包括政策上的倾斜和优惠，投融资平台的建设，法律与地方法规的统一、完善，以及中介服务机构的建立和融入等。

第四，建立创新体制，加强园区产业运营策略创新。曲江发展的是文化产业，文化产业的属性本身就包含市场导向性和高风险性，而且提供的文化产品和服务相比于其他的物质产品更大限度地体现了市场的选择性。产业运营模式能否紧密跟随市场指向，关系着文化产业能否健康发展，也是园区目标得以实现的重要保障。因此，要树立观念，加大资源投入，鼓励园区尤其是进行模式上的创新。根据园区的实际，在创新运营策略的完善上主要涉及以下两个方面。

一是制度创新，树立全方位的创新理念，建立创新激励机制。将园区整体建设成为创新开放系统，创建学习的良好氛围，使得最符合实际情况、最前沿的信息能够传递实施。同时，可以设置专门的机构，综合调查了解相关信息，以便能够反映动态情况，做出切合实际的决策。例如，在曲江很多著名的旅游景区，管理机构可以专门设置信访中心、信息收集中心、调查统计等部门，启动市场调查和咨询项目来分析旅游者需求的动态变化，准确把握旅游者的需求，并且把研究成果提供给各有关职能部门，从而针对市场需求做出正确的决策。

二是经营策略创新。目前，曲江在发展过程中已经注重自主品牌的建立和维护，并且逐步形成了集旅游、影视、演艺、会展于一体的完整产业链，但是在这些产业发展的过程中，还缺乏多元化的经营策略创新。例如，对于影视产业的发展，可以将消费市场进行细化，生产具有针对性的特色产品，同时可以多方位地开拓资源渠道，巧妙地借用自身以外的资源和外力，利用新技术、新能源，发展具有互动式的新媒体平台，开创高科技领先地位。此外，可以将现有的文化产品或服务加以重组和跨领域的整合应用，以满足多元化的消费结构，这也可以扩张自身品牌的影响力，提高自身竞争力。

（四）曲江模式推广应用问题的对策建议

对于曲江文化产业园区现存模式的推广应用问题，本文觉得应该从以下4个方面进行完善。

第一，曲江是根植于文化遗址基础上建立的文化产业园区，其模式在推广时并不适合于所有文化产业园区，更强调要基于同类文化元素的园区应用。目前，曲江模式在大明宫、汉长安城、楼观台等遗址区进行推广，这些遗址区具有不同的文化内涵及保护程度要求。因此，应该根据应用的对象特性设置相对于某个重大项目的专门管理机构，机构的组成部门并不能完全复制曲江新区管理委员会的组织结构，而是要符合管理对象的职能需求的。例如，对于大明宫保护改造办公室，它的职能部门和职位设计上就必须包含遗址保护工作方面的职能，这是因为对于曲江新区来说，并没有过多和过于繁重的遗址保护工作需求，而大明宫是国家级遗址保护区，在运营过程中，任何运营策略都必须要以对遗址的保护为前提，而不是完全复制曲江模式的过程。

第二，加强政府间协调合作，建立有效的信息沟通和共享渠道，及时处理好跨区域行政的问题和矛盾，解决管理部门由于条块分割、职能交叉而引起的管理"越位""缺位"问题，或是由于利益冲突引起的相互制约问题。要建立科学的、合理的管理机制和制度，保证信息资源的互通共享。要避免区域经济壁垒的阻碍，以公平的利益分配为基础，提高和促进各方政府进行跨区域合作的意识和愿望，并且将文化产业的共同发展作为追求目标。同时，要建立完善的法律、政策保障体系。由于曲江模式的推广，涉及不同区域、不同产业门类，牵扯到各方面的问题都不能只是政府直接干预，有时需要由政策进行引导和规范，尤其需要配套政策的完善，才能够使产业发展逐渐成熟。另外，对于不同的区域发展，面临的实际情况是不同的，要针对实际情况来制定各项政策。例如，在改造初期，对于遗址区范围、环境、发展程度、村落居民数量和村民年龄结构等的不同，所制定的拆迁安置补偿等措施都应该不同。同样，对于产业发展，由于产业种类、规模、结构上的差异，对产业鼓励扶持的政策也会有所侧重。

第三，产业资本的运营管理。由于曲江模式的核心特质是文化产业集群发展，因此对其大手笔的推广更需要通过兼并、重组、整合等手段来运营资本，而且产业发展目标实现的程度依赖于资本运营的过程和结果。一是对于投入资本的对象要做到全面的评估，要对其可行性、科学性进行论证，客观地评价投入项目的收益能力和风险程度，这是资本运营的首要问题。二是筹集资金是资本运营的关键点，在文化产业发展的过程中，管理运营者要建立多元化的投融资渠道，并且要对自己的资本需求度、资本现状、筹资能力、承受风险能力等进行综合的准确的判断，从而选择灵活的方式筹措资金。三是制定适合产业发展的资源配置战略，并且在实施中不断地评估反馈，根据环境变化和产业发展的现状进行动态管理。四是在资本运作过程中，应该设立专门的机构或者部门对资本运营的全过程进行监管，对各个环节加强管理。对于资金的管理更要完善严格的财务制度和审计制度，以提高资本运营的效率和效益。

第四，创新特色运营策略，推动产业联动，共创同一文化品牌。曲江模式的推广，包容了许多文化内涵。对于一些重大文化项目，涉及不同的文化遗产资源，具有不同的历史社会背景，渲染的文化主题也就应该有所不同。曲江新区区域应该主要反映园林文化，法门寺主要反映佛教文化，大明宫主要反映宫廷文化，楼观台主要反映道教文化，陕北主要反映红色旅游文化，这就要求在推动产业发展的运营策划中，要符合各种文化的定位，运营路线上要以这些文化主题为主线，要具有创新意义。同时，增强文化产业发展的联动效应，即以主导产业为基础，将特色资源产业化，优势产业主导化，实现产业链的整体发展，并且在区域之间实现区域产业联动，共创一个品牌。

第三节　以大明宫遗址公园为个案的历史文化主题公园类文化旅游开发

一　项目简介

西安大明宫国家遗址公园是唐朝大明宫的遗址，宫城居中、中轴对称、规则的方格路网空间格局。占地面积为 350 公顷，是故宫的 4.5 倍，拥有 50 多座殿堂和阁楼的繁华盛景。

大明宫遗址公园北至环园中路—太华北路—北二环，南至环城北路—华清西路，西至未央路—红庙坡路—星火路，东至东二环北延伸段—东二环路。

唐大明宫是举世闻名的唐长安城"三大内"（太极宫、大明宫、兴庆宫）中最为辉煌壮丽的建筑群，地处长安城北部禁苑中的龙首塬上，建于唐太宗贞观八年（634），平面略呈梯形，占地面积约 3.2 平方千米。原宫墙周长为 7.6 千米，四面共有 11 座门，已经探明的殿台楼亭等遗址有 40 余处。大明宫南部为前朝，自南向北由含元殿、宣政殿和紫宸殿为中心组成；北部的内廷中心为太液池。

唐大明宫是东方园林建筑艺术的杰出代表，被誉为丝绸之路的东方圣殿。大明宫遗址是 1961 年国务院首批公布的重点文物保护单位，是国际古遗址理事会确定的具有世界意义的重大遗址保护工程，是丝绸之路整体申请世界文化遗产的重要组成部分。

政府主导、企业运作、社会参与的开发模式是大明宫遗址公园成功开发的基础。大明宫遗址公园规划面积为 19.16 平方千米，其中大明宫国家遗址公园 3.2 平方千米，周边改造区域 12.74 平方千米，北二环以外集中安置区 3.2 平方千米。大明宫国家遗址公园总投资为 120 亿元，其中，搬迁安置费用约 90 亿元，考古、文物保护展示及公园建设约 30 亿元。大明宫国家遗址公园已于 2010 年 9 月 30 日开园。

二　建设意义

党的十七大明确提出，要重视文物和非物质文化遗产的保护。大遗址作为民族历史文化符号，历来被世界各国所重视。特别是在当前应对经济危机、加快结构调整、面向未来争取发展主动权、促进发展方式转变的新形势下，大遗址保护对保护历史、彰显人文、创造未来、造福人民的作用越来越显现。因此，必须站在复兴中华民族文化、推动经济社会发展全局的战略高度，深入认识大明宫国家遗址公园建设的重要意义。

（一）建设大明宫国家遗址公园是对中华盛唐文化符号和载体的重构再现

唐代是中国封建时期最繁荣昌盛的时代，是中外史书上最华丽的篇章。唐文化是中华民族文化的精髓和典型代表。唐大明宫是世界上最早的宫殿之一，始建于公元 634 年，比白金汉宫、凡尔赛宫、卢浮宫等世界著名宫殿都要早千年以上，是举世闻名的唐长安城中最为辉煌壮丽的建筑群，体现了公元 6—9 世纪的盛唐文化。历史上的大明宫占地 350 公顷，整个宫殿共有 50 多座殿堂及亭台楼阁，是故宫的 4.5 倍，卢浮宫的 8 倍，被誉为丝绸之路的东方圣殿。这座人类历史上最伟大的宫殿，是当时世界文明的一个巅峰，集中体现了中国传统的政治文明、建筑文明、礼制文明，是对唐代以前的宫廷建筑艺术的总结和完善，是世界最具代表性的唐文明载体，是当时世界最先进文明的代表。但是，由于时代久远、土木建筑结构、战争及政治等因素，这一具有很高价值的文化古遗址因为时间的流逝而被淹没，其至高的人文价值和经济价值被严重忽略，不能与埃及金字塔、希腊巴特农神庙、古罗马角斗场等古迹齐名。大明宫建筑的遗失，就是唐文化载体的缺失。对大明宫遗址进行保护，就是对中国传统文明的保护，是对世界文化多样性存在的拯救。建设大明宫国家遗址公园，可以有效地整合文化、艺术、考古、建筑等唐文化资源，形成与之匹配的唐文化实物载体，成为最大的唐文化保护和利用平台。像秦始皇兵马俑代表秦文化、汉阳陵代表汉文化、故宫代表明清文化一样，大明宫国家遗址公园将成为唐文化的显著标志，是中华民族文化复兴的应有之义和重要举措。

（二）建设大明宫国家遗址公园是东方大遗址保护的重要示范

中国古典建筑的独特结构和独有风格，是新形势下文物保护的一大难题。大明宫遗址是世界上规模最大的土遗址，保护范围达 3.2 平方公里，具有面积大、级别高、可视性差的特点，与欧洲的石质遗址相比，其保护与修复面临着更大的挑战。特别是在城市中心进行大规模的遗址保护工程建设，更是一项前所未有的探索，是目前国际遗址保护的一个难题，也是一项没有先例的世界性文物保护工程。大明宫国家遗址公园建设以历史的视角、审慎的姿态、超前的思维、世界的眼光和开放的方式筹划运作。大明宫遗址公园作为丝绸之路申遗的重要节点，在规划建设中严格遵守世界文化遗产保护的国际规则，以世界新理念、新技术、新材料进行创新性展示和利用，最大限度地保证文物发掘工作的真实性和完整性，保护和展示利用的科学性和先进性，使遗址保护具有国际水准，从而以现代先进理念留住了历史文化基因，树立了东方世界文化遗产保护的典范，开创了大遗址保护与利用的"大明宫遗址模式"，必将成为中国其他类型的大遗址及大型文化遗产保护利用的示范。

（三）大明宫国家遗址公园是丰富城市文化内涵、提升城市价值的显著标志

一个城市的历史遗存代表了这个城市的价值和文明的价值。"只

有民族的，才是世界的"，正是因为大明宫这样的遗址，西安这座城市才有了极为深厚的历史底蕴、丰富多元的文化含量和悠久生动的文明气息，成为享誉世界的历史文化名城。西安正处于建设国际化、人文化、生态化大都市的关键时期，大明宫国家遗址公园作为古代丝绸之路的起点和盛唐文化的象征，以浓郁的民族特色、鲜明的人文内涵和现代化的园林布局结构，将进一步丰富西安的城市内涵，提升城市品位，体现城市价值，加快人文、活力、和谐西安的建设步伐。大明宫国家遗址公园建设，是对城市布局结构的进一步优化。大明宫国家遗址公园建成后，西安的城市总体格局将发生新的变化，在东有浐灞生态区、西有高新技术开发区、南有曲江文化区、北有经济技术开发区的现有格局基础上，大明宫国家遗址公园将成为城市中心文化区，是西安最重要的人文象征、最显著的地标建筑，成为世界文明古都的重要支撑，并且可以为老百姓提供享受历史文化的空间和载体，使群众在历史文化的传承中享受现代城市生活。

（四）大明宫国家遗址公园建设是改善民生的新动力

大明宫国家遗址公园建设是一项浩大工程。据估计，其投资将拉动西安市国内生产总值年增长1个百分点以上，这些投资将有50%转化为居民收入和消费，预计可达700亿元。随着大明宫国家遗址公园建设的不断推进和完善，最终将形成文化旅游区、商贸服务区、商务核心区、改造示范区、中央居住区和集中安置区的发展格局，由此带动房地产业、旅游业、文化产业等快速发展，促进产业结构的优化重组，形成新的经济增长点。同时，可以不断提供新的就业岗位，有效缓解就业压力。大明宫国家遗址公园建设对改善周边环境的作用也十分明显。大明宫遗址所在的西安"道北"地区，新中国成立前是黄河决口所造成的难民聚居地，由于"先天不足"和遗址的被动保护，长期以来难以得到改造和发展，棚户区占全市总量的2/3，整个地区落后其他地区发展10年到20年，居民收入水平和生活质量大大低于城市平均值。建设大明宫国家遗址公园，对2.5万户的棚户区进行整体搬迁改造，使10万人的居住条件发生了前所未有的改变。大明宫国家遗址公园通过规划建设，使这里成为新的宜居城市，成为广大市民休闲、旅游、观光的胜地，使人民群众的生活质量有了一个明显的跃升。

三　开发思路

大明宫遗址以保护改造和展示盛唐文化为特色，建设集文化、旅游、商贸、居住、休闲服务于一体的、具有国际水准的城市新区。以文化大策划和超前规划为先导，以大明宫国家遗址公园的建设为带动，以组织大型城市运营商参与土地一级开发为主导，以"整体拆迁、整体建设"为保障，以提高区域人民生活水平、提升城市品质为宗旨，努力建设人文、活力、和谐西安的示范新区，探索大遗址带动城市发展的新模式，开辟大遗址保护和利用的新路径，积累城市整体拆迁与开发建设的新经验。

四　建设目标

将大明宫国家遗址公园建设成为具有世界意义的文物保护示范工程；建设成为世界一流的国家遗址公园；成为改善人居环境，创造规划和建设的国际典范；实现历史与现代、经济与社会、文物保护与城市建设的和谐共融，协调发展；促进文化、旅游产业大发展；实现区域科学发展、加快发展、创新发展、和谐发展。

五　总体规划

大明宫遗址连同其周边区域是西安旧城改造的重点区域，改造后除遗址公园外仍然以居住区为主。与常见的远离城市的遗址不同，大明宫遗址是一个完全被现代城市居住区所包围的遗址，这也就决定了其功能定位为兼有城市公共开敞空间的功能。

（一）空间格局

空间形态上将形成"一心两翼三圈六区"的基本格局。一心：大明宫国家遗址公园；两翼：以火车站北广场为轴心，沿陇海线形成东西两大城市改造板块；三圈：形成未央路、太华路、北二环3个商业圈；六区：规划建设文化旅游区、商贸服务区、商务核心区、改造示范区、中央居住区、集中安置区等 6 个功能区。

（二）景观结构

主要的景观结构为"一轴三区"。一轴：南起丹凤门，经含元殿、宣政殿、紫宸殿至太液池；三区：殿前区、宫殿区、宫苑区。

殿前区以含元殿至丹凤门之间的殿庭为中心，保持开阔的空间，大尺度的历史景观氛围。宫殿区以含元殿、宣政殿和紫宸殿 3 大殿为中心，保持庭院空间、建筑尺度、遗址面貌的景观氛围。宫苑区则以太液池为中心，保持池苑空间、灵活布局的自然园林景观氛围。

六　遗址保护利用手法

（一）御道广场的保护利用手法

御道广场是大明宫一轴三区格局的重要组成部分，位于大明宫丹凤门至含元殿之间区域，这个区域在唐代是皇帝举行大典、阅兵、接见外国使臣的开阔庭院，将御道广场划分了若干个界面。

保护界面：作为悬浮状态的工程体，覆盖在唐地面及其保护土层之上，能够有效地保护文物，也为未来的考古研究提供了灵活的工作平台。

城市界面：巨大的空间尺度和纯粹的地面铺装成为展示现代生活的平台，铺装从唐御道广场铺装纹样上提取设计元素。

文化界面：立 LED 等在广场北侧，临近含元殿遗址，将含元殿以倒影的方式在御道广场上加以展示。

娱乐界面：在广场上有一些 LED 灯，可以随意踩亮。

生活界面：广场有一些城市家具灵活摆放。

（二）宣政殿、紫宸殿的保护利用手法

为了保护遗址及增加游览者的体验，在宣政殿至太液池段将轴线抬高，一层镂空。对宣政殿及紫宸殿的设计采用艺术家的介入，通过时间中的宫殿来阐述对遗址保护的理解。主要是在宣政殿、紫宸殿的遗址上种植树木，然后将树冠修剪成考古复原的宫殿形状，待枝繁叶茂时宫殿形象模糊、消失，通过修剪形象重现。在这里建筑是时有时无的形象，时间发挥了巨大的想象力，四季、色彩、生长、阳光、新芽、密植、落叶、枯枝、积雪等，共同诠释了这座宫殿。

（三）太液池遗址的保护利用手法

太液池分为西池、东池和水道 3 个部分，各部分现状都有许多遗址。

通过挡水墙隔离遗址集中区域，实现其继续考古和遗址展示的可视界面。蓬莱岛遗址保护立面通过玻璃罩展示，内设温度调节器等。

另外一种方案，通过南、西、北岸 3 条奇幻的地下水道走进池水中央的蓬莱岛，地下水道也是一个遗址展示界面。

（四）含元殿保护利用手法

对含元殿基座进行还原，通过影像的观察装置进行还原，观察装置位于含元殿的南侧。

七　存在的问题

大明宫国家遗址公园建设是一项复杂浩大的系统工程，在开发过程中仍然面临不少挑战和困难。

（一）对遗址开发与保护的认识有待继续深化

大明宫遗址位于西安城市中心区域，城市建设对遗址安全构成很大威胁，遗址保护压力更加凸显。虽然大明宫遗址保护开发工作已经取得了较大的进展，但是在认识上仍然存在着一些分歧。一部分观点认为，大遗址作为人类文明传承的重要载体，必须以"限制型保护"模式为主，保护和管理费用全部由财政划拨，以抵御城市建设对遗址的蚕食。而另一种观点则认为，随着经济建设的加速、城镇化进程步伐的加快，城市用地日趋紧张，使用成本升高，大遗址也要发挥应有的经济价值，必须加大开发的力度。正确处理保护与利用的关系，通过科学保护加大对文化遗产资源的利用，充分发挥其经济和社会效益，是摆在开发者面前的永恒课题。同时，唐大明宫遗址蕴含着极其丰富的历史信息，遗址公园建成后，大明宫文化考古发掘将持续几十年甚至上百年的时间，需要建立相应的研究机构，进行深层次的研究。

（二）大唐文化资源亟待有效整合

陕西省唐文化资源丰富，具有唯一性、至高性和质优性的特点。但是，由于缺乏有效的整合，资源显得零散，使大唐文化的特质难以体现，缺少与之相匹配的代表性标志。甚至在一些地方和部门，还存在着资源之争、龙头之争等问题，难以形成品牌合力。截至目前，大明宫遗址区开发保护还没有转化为推动城市发展的强大动力，整合唐文化资源，做实唐文化平台，做大唐文化品牌是一项紧迫的任务。

（三）大明宫国家遗址公园工程建设保护的法律法规还不健全

随着城市化加速发展，城市中文化遗产的保护面临着很大的压力和风险，大遗址保护涉及人口调控、征地、移民、拆迁、环境整治、土地利用调整、经济结构调整等复杂问题。西安城市建设和文化遗存保护矛盾日益突出，建立文化遗产保护法规迫在眉睫，而目前大遗址保护的法律依据，仅有1995年起施行的《西安市四大遗址保护管理条例》，其内容已经不适应现实发展的需要，迫切需要与之相适应的法律保障。

八 具体举措

大明宫国家遗址公园建设，必须坚持保护历史、彰显人文、创造未来、造福人民的理念，准确把握其文化内涵，在进一步完善法律保障、加大政府支持力度、加快建立统一高效的管理主体、继续强化宣传力度等方面有所创新，努力把遗址公园建设成展示陕西深厚历史文化底蕴、提升文化软实力、促进城市建设、改善群众生活的经典之作。

（一）建立健全大遗址法律保障体系

根据大遗址保护和城市发展的实际，尽快对《西安市四大遗址保护管理条例》进行修订。同时，向国家建议制定《大遗址保护管理条例》，将大遗址保护纳入有法可依、有章可循的轨道。进一步提升大遗址保护规划的法律地位，使之获得和城市发展总体规划同等的法律约束力。

（二）加大解决遗址公园建设中现实问题的协调力度

建立大明宫国家遗址公园信息沟通与反馈机制，切实解决建设中的具体困难和现实问题。妥善做好征地、拆迁等难点工作，重点协调解决当前遗址区内的省及省以上企业、机构、部队的拆迁问题，为大明宫国家遗址公园建设顺利展开提供便利。

（三）加大唐文化整合力度，提升大明宫遗址品牌效应

建立以曲江管理委员会为主要管理机构、以大明宫遗址为主要平台的大唐文化资源整合机制，对大明宫、华清池、法门寺、大雁塔等唐文化遗址资源进行有效整合，形成以大明宫为代表的唐文化整体品牌。进一步加大以大明宫为代表的大唐文化宣传力度，倾力打造和推广精品。建议将《大明宫》纪录片列入"陕西省重大文化精品工程"，给予支持，并且争取在中央电视台黄金时段播出。积极策划宣传更多的影视及演艺作品，以大明宫入选上海世博会和与牛津考古合作为契机，加大国内国际宣传力度，不断提升大唐文化在国内外的知名度和影响力。以大明宫研究院和基金会为平台，继续做好"昭陵六骏"团聚展。成立大明宫学会、唐人国际文化论坛。借助学术力量，融通智力资源，利用哈佛大学、牛津大学的专家团队的研究成果，加大遗址保护和宣传力度。着力发展和壮大大唐文化产业，发挥政府产业投资的引导作用，制定出台优惠政策，积极筹备成立演出中心、音像中心、传媒中心，吸引国内外文化企业来大明宫投资兴业发展。

（四）建立大遗址保护综合科研基地

建立大遗址保护综合科研基地，大力开展对遗址保护的理论研究和技术研究，为遗址保护提供理论和技术支撑。建议省政府有关部门与国家文物局协商，授权省、市考古部门与中国社会科学院考古研究所共同对大明宫遗址进行文物勘探和考古发掘，促进文物保护工作和遗址公园的建设进程。

（五）积极争取国家更多的政策支持

建议将大明宫遗址保护项目纳入国家"十二五"专项规划，给予重点支持。建议国家加大财政对大遗址保护的支持力度，争取将大明宫遗址保护工程提升为国家文化工程，给予相应的支持。积极创造条

件，出台相应政策，鼓励社会组织和个人提供捐赠。

九　启示与借鉴

大明宫国家遗址公园保护工程经过探索与实践，形成了一些具有创新性的有益启示，为以后的大遗址开发和保护提供了借鉴。

（一）合理开发，促进有效保护的新理念

大遗址是人类文明的物化成果，是民族悠久历史的稀世见证，是不可再生的珍贵资源。对大遗址的保护和利用，是展示和传承中华文明，维护世界文化多样性的重要手段。只有合理利用，才能够更好地保护。建设大规模的遗址公园，不仅关系到对古老历史文明的尊重问题，同时也是对现代城市整体结构进行调整和优化的现实问题。大明宫遗址公园工程在建设中，一改长期以来大遗址消极保护的被动局面，积极探索遗址保护的新途径、新方法，将遗址保护、文化传承和开发利用更好地结合起来，正确处理保护与利用的关系，对考古区实行最严格的保护，充分体现其完整性、唯一性和合理性，切实保证遗址公园的历史价值。对周边 12.76 平方公里进行合理开发利用，力求充分利用现有文化资源，构建具有国际水准的集历史文化展示、大型居住、商贸和休闲服务于一体的城市发展新区。使大遗址保护与城市化进程相辅相成，相互促进，共同发展。大明宫遗址保护区将在空间上形成"一心两翼三圈六区"的全新格局，这一大格局的形成将会充分展示大明宫遗址公园的古城特色，展现当代西安国际化与开放性特征，形成历史与现代、经济与文化、继承与创新的鲜明对比与完美结合，实现了以保护为前提，以合理开发促进有效保护，体现了遗址全面保护新理念、新思路、新举措。

（二）以世界眼光诠释中国历史文化的新实践

大明宫遗址是迄今为止规模最大、最具有代表性的盛唐文化遗址，不仅蕴含着中国历史文化的丰富内涵，而且是世界人类文化遗产的重要组成部分。在新时期进行大明宫国家遗址公园的建设，是在世界范围内对中国文化元素的放大和延伸。这不仅需要具有中国特色，也必须具备世界文化遗产特质。大明宫国家遗址公园在建设中，借鉴

了陕西省在汉长安城桂宫遗址、长乐宫及冰窖遗址、汉阳陵遗址保护中积累的成功经验，同时以开放的姿态和世界的眼光，积极探索遗址保护和展示的新途径。在遗址保护和遗址公园建设过程中，先后听取中国城市规划设计研究院、上海同济城市规划设计研究院的建议，参考了具有国际高端水准的英国阿特金斯设计顾问集团、德国 ISA 设计事务所、新加坡 DPC 国际规划与设计事务所的设计理念。通过举行"西安唐大明宫遗址保护展示示范园区暨国家遗址公园概念设计国际竞选方案评审会""大明宫遗址保护展示示范园区和大明宫国家遗址公园丹凤门、御道、宫墙遗址展示（概念）设计方案国际竞赛"等活动，使遗址公园建设从未来发展与城市发展相和谐互动的角度，在保持遗址原真性的基础上，利用景观营造、数字手段和轮廓表示展示模式，渲染了大明宫遗址的历史沧桑感，进一步引发了民族文化的自豪感。开创了多个国家参与中国大型土遗址保护的先例，使特色浓郁的中国文化符号通过世界先进方式和现代理念的展示，从而进一步扩大了大明宫遗址的影响，引起世界更多的关注，传播了中国文化，使大明宫遗址以更快的步伐走向世界，更加接近"申遗"目标，成为世界文化遗产中弥足珍贵的一部分。同时，大明宫国家遗址公园的建设引发了国内外持久的唐文化热，大型史诗电影《大明宫》已经走进联合国总部，《复苏的长安》在日本铁木真电视台播出。大明宫保护办公室还与英国牛津大学及牛津考古基金会签署了大明宫遗址保护合作协议，形成了广泛的国际合作，使大明宫国家遗址这一品牌加速走向世界，赢得广泛认同。

（三）以人为本推进大遗址保护的新模式

城市拆迁牵涉群众的切身利益，是大明宫国家遗址公园建设中影响稳定的最为敏感的问题。大明宫遗址拆迁涉及 7 个城中村、89 家企事业单位、100 万平方米的棚户区，以及西北最大的建材市场群，共计 2.5 万户居民，6000 余户商户，拆迁规模大、搬迁对象复杂，国际国内关注度高。大明宫国家遗址公园在建设中把拆迁安置作为头等大事来办，一切从群众的利益出发，按照"妥善安置、阳光操作、保障安全、和谐稳定"的思路，为大遗址保护建设中的拆迁安置积累了宝贵的经验。坚持拆迁与安置同步，成立了由西安市规划、房管、国土、文物等相关部门和曲江、新城、未央、莲湖 3 区主要负责人为成员的组织管理机构，实施市场化、多元化安置。采取招商引资的办法解决城中村拆迁安置，采取公司制的形式解决大明宫建材市场的拆迁问题，通过建设安置小区、提供现房、成立拆迁安置房屋交易中心等方式，保障群众住房需求。坚持眼前利益与长远生计兼顾，在拆迁安置中，城中村拆迁安置分给每户一定面积的商业用房，以股份形式交由村集体统一经营。商业用房选择产权调换的，根据不同位置，在安置区按原面积的 1.2—1.5 倍分给商业用房，从根本上为拆迁安置户解除了后顾之忧。同时，严格依法拆迁，依法仲裁，既保证了拆迁进度，又维护了社会稳定。目前，已经搬迁 2.2 万户，创造了城市大规模拆迁工作的零上访和零投诉，真正做到了村民、开发商、国家"三满意""三受益"，被拆迁群众"告别旧城区、迎接新生活"的美好愿望将变为现实。

（四）以全社会参与创新大遗址保护的新机制

可靠的资金供给是保障大明宫国家遗址公园建设顺利进行的关键因素，创新融资机制首当其冲。大明宫遗址保护项目投资巨大，完全依靠政府投入显然不现实。大明宫国家遗址公园保护工程在建设中，以政府主导与市场运作相结合，西安市政府将大明宫遗址保护区内的开发经营管理权交给曲江，曲江按照西安市统一规划全额筹资拆迁建设，成立了西安曲江大明宫投资（集团）有限公司，承担项目招商、投融资、基础设施建设、土地开发和经营管理工作，既发挥了政府的领导协调职能，又解决了项目建设的资金问题。大明宫集团注册资本10 亿元，按投资额和注册资本 5∶1 的比例筹措资金，形成良性融资链条，为大明宫遗址公园周边改造提供了资金保障。在此基础上，创新融资模式，尝试进行土地开发和企业投资联合摘牌，开创了由企业承担风险的城市管理新模式。这种模式，一是符合市场化、公开化和公平竞争的原则，改变了政府单一开发的管理方式；二是不再由政府负债，降低了政府的投资风险；三是由于城市开发商的参与，资金到位率高，具有很强的可操作性。这一模式充分调动了社会参与建设的积极性，有效地解决了政府投入不足、市场无法参与的难题，实现了政府主导、社会参与的有序开发的城市管理新机制。

第四节　以黄帝陵为个案的历史文化陵墓类文化旅游开发

一　项目简介

黄帝陵是中华民族始祖黄帝轩辕氏的陵墓，位于陕西省延安市南部的黄陵县，距离西安市约 150 千米，距离延安市约 108 千米，项目临近包茂高速，可达性较强。1961 年被国务院公布为全国第一批重点文物保护单位，编为"古墓葬第 1 号"，号称"天下第一陵"。

项目本底文化资源具有唯一性、垄断性和至高性。中华民族有不忘始祖、"尊祖敬宗"的优良传统，历代对黄帝的祭祀是对历史文化认同的光辉表现。千百年来，黄帝树立的开拓创新和团结凝聚精神，在中华民族几千年的历史长河中不断丰富与发展，薪火相传，历久弥新，已经成为中华民族共同的精神记忆和中华文明特有的文化基因。正是一座座民族精神的丰碑，筑就和延续着中华民族生生不息、波澜壮阔的历史画卷。中华文化是中华民族共有精神家园的前提、根据和基础；中华民族共有精神家园是中华文化，特别是其中优良的精神文化的升华和重新构建。

项目开发范围包括黄帝文化园区中的西部门户区、陵东片区和东湾景区 3 个地段。西部门户区规划范围为轩辕大道至两侧山脚范围，总面积约 48.05 公顷，以旅游者接待、旅游服务、文化休闲、景观绿地、郊野公园、标识性广场为主的门户片区。陵东片区规划范围包括 210 国道西侧的黄帝文化展示片区（占地约 9.76 公顷）和 210 国道东侧的文化园旅游展示区（占地约 26.19 公顷）范围，面积共约 35.95 公顷。东湾景区的规划范围为官庄及其周边片区，面积约 69.41 公顷，结合官庄改造的契机，利用良好的养殖水域环境，建设以生态景观公园、体验休闲旅游、休闲宾馆、度假地产等为主的黄帝陵外围休闲旅游度假重要片区。

二 黄帝文化主题探讨

（一）黄帝文化简述

1. 黄帝文化性质。

黄帝文化是大文化，不是某一地域性文化，更不是某文化圈的范畴。黄帝是中国史前真实存在过的一位伟人，由于他为史前人类做出过巨大贡献，所以当时的人们对他敬重有加，之后便由这种敬重的行为演变上升为一种民族性的文化现象，从而使黄帝文化一直传承至今。

立足于历史唯物主义，研究和考证黄帝文化，对先祖文化负责。近年来出现的黄帝文化热，是华夏民族的幸事。但是，由于过于强调地域性，出现了大量臆想的人造景观，给后续的黄帝文化研究留下很多费解的难题。从事黄帝文化研究和考证的人士，应该正本清源，从历史唯物主义的角度出发，为华夏民族的子孙后代留下一笔翔实可靠的黄帝文化遗产。

2. 黄帝文化结构。

黄帝文化包括了人类生存需要的全部内涵，以及衣、食、住、行等。一说衣，黄帝之前的旧石器时代，人类主要是用树皮、树叶裹体御寒遮羞，黄帝时代发明了养蚕纺织，改善和提高了人们的穿戴，人类生活出现了质的飞跃。二说食，黄帝之前，人们的食物主要是植物的果实与野兽肉类，之后发明的原始农业和野兽禽类的驯养，人们的饮食结构发生了质的改变，使人们体质变强，寿命延长。三说住，黄帝之前，人们是依自然洞穴与高空筑巢而居，为防止野兽侵害，黄帝时代发明了修筑窖穴、窑洞、圆锥体房、人字形草房，拓宽了人类居住的环境，长久定居成为可能，大大提高了抵御自然灾害的能力，原始村落从此不断发展壮大。四说行，黄帝之前人类的迁徙主要靠双脚步行，黄帝时代由于社会生产力的发展，于是发明了木轮车，极大地方便了人们的生活和生产的需求，特别是在部落间的军事发展史上，发生了质的飞跃，谁拥有战车多，谁就能主宰世界，黄帝部落在军事上能够取得最后胜利，与车辆的发明是分不开的。另外，黄帝时代除了衣、食、住、行的发明外，还有很多其他的发明，如历法、医药、文字等。多元的文化创造，极大地推动了华夏民族的发展与振兴。

　　3. 黄帝文化传承。

　　《礼祀·祭仪》中的"礼之五经，莫重于祭"，包括祭天、祭地、祭祖先，证明了祭祀在中华文明的发展史上有着非常重要的意义。祭祀活动表达了人们对天地的敬重，并且积淀成了一种文化现象，后来经过人们的不断重复和总结，先祖的文化就这样一代一代地传承下来了。从远古的祭祀形式中原封不动地传承至今的就是悬挂被祭祀者的遗像。《竹书纪年·五帝》中说："黄帝既仙去，其臣左彻者，削木为黄帝之像，帅诸侯朝奉之。"这段话翻译成白话就是说：黄帝仙逝后，黄帝身边有一位叫左彻的大臣，选用上好的木材，雕刻了一尊黄帝像，供奉在重要的位置，并且率领诸侯大臣朝拜敬奉，以追思黄帝的功德。

　　黄帝文化的传承，还有一个重要的途径，就是从远古开始的口头传说。远古之始，还没有发明文字，只有简单的符号，如原始陶文、原始岩画等。所以，一些重要人物、重大历史事件、自然灾害及自然现象，只能靠当时人们的理解口头表述传播下去。这种传承方式现在用科学的手段可以证明，一个是从远古口头传承至今的"黄水漂天"的自然灾害，另一个是关于米面场的传说。

　　首先，通过考古学上所掌握的远古人类居住的村落遗址的变化，可以解释"黄水漂天"的自然灾害确实发生过，而且还知道发生在龙山文化时期的黄河中上游。例如，在位于黄河中上游的陕北、宁夏和甘肃省的陇东、秦安县的大地湾等，在仰韶文化时期或早期，人们大多选择在距水近的平缓地带居住，到了龙山文化时期，上述区域人们的村落住址全部选在距河水远的半山坡或山顶之上。这种现象表明在当时一定发生过很大的洪水灾害，给人们造成了灭顶之灾，幸存下来的人们总结经验，把村落建造在距河水远的山腰台地。

　　其次，据说远古时期人们不怎么生产或劳动，所需的食物靠老天爷从天上降下。这种传说的理由是人们发现了山顶或半山腰台地存在的"米面场"。后来，通过考古学的手段，认定这种传说中的"米面场"是新石器时代远古人们的居住面，因为这种光洁的平面是用石灰抹出来的，也叫"白灰面"。

远古时期的传说，不是凭空的传说，而是有一定的客观存在才会有传说。由此可见，民间有些关于黄帝文化的口头传承是有史实依据的。

4. 黄帝文化核心。

远古时期的发明与创造，有石磨、石斧、火种、麻绳、弓箭、八卦、耒耜、水井、陶器、文字、铜器、玉器、丝绸、乐器、指南车、医药、历数、造屋、造车、造船等 20 项之多，其中有些工具与器物在黄帝之前就由先民们发明创造成功。黄帝在中国科学史上的重大贡献，是在前人发明的基础上，突出了"创新"。人类脱离了动物界后，懂得了羞耻二字，便用树叶、树皮、兽皮等遮住羞丑部位；黄帝在前人的基础创新发明，用麻和丝织品来缝制衣服，使人类的穿戴有了一次跨越式发展，这种创新的成功一直沿用至今。起初，人们的饮食全是生冷食物，人类学会保留火种以后，饮食以烧烤为主；黄帝时期人们创新发明制作了陶质炊具，人们的饮食由烧烤转为蒸、煮，改变了饮食习惯，增强了人的体质，延长了寿命，提高了社会生产力。居住条件也由洞穴、巢居，创新为择地修筑房屋，改善了人们的定居条件。人们的迁徙出行由全靠脚力，创新了以车代步，提高了人们的社交往来。另外，还有人们用的生产工具，石器由粗糙的打制旧石器，创新为磨制的新石器，如此等等。

和谐是中华民族的一种美德，从远古时代的黄帝时期就成为人们的一种追求，正是在民族和谐的基础上缔造了辉煌千年的华夏文明。《太平御览》第 79 卷引用《蒋子万机论》中反复强调："黄帝之初，养性爱民，不好战伐。而四帝各以方色称号，交共谋之。"四帝是指东方木也，其帝太；南方火也，其帝炎帝；西方金也，其帝少昊；北方水也，其帝颛顼。黄帝为土，位于四帝中央，这就是人们常说的金、木、火、水、土五行的渊源。《蒋子万机论》中又说："'边城日惊，介胄不释。'黄帝叹曰：'夫君参于上，民安于下，主失于国，其臣再嫁。厥病之由，非养寇耶？今处民萌于上，而四盗亢衡，递震于师。'于是遂即营垒以灭四帝。"黄帝战胜四帝之后，建立了神国，从此国民们过上了和谐安宁的生活。

黄帝时期的发展观，主要表现为以下几点：一是提高生产力，因此就有了"帝采首山之铜，铸鼎于荆之隅"的传说记载。正是在黄帝时代就创造了冶金技术，极大地激发了社会生产力的飞跃发展。二是不断拓宽人们的生存空间，解决快速增长的人口问题。三是为了提高人们的意识观念，黄帝多次到处问道，以强化思想意识转变，提高人们自身素质。四是要求人们追思先辈恩德，激励自信心，黄帝亲自扫地设坛追思后土功德，并留下了"扫地坛"遗址。

（二）黄帝文化的时代特质

1. 黄帝文化的基本精神。

黄帝文化的基本精神就是中华民族的团结凝聚精神和开拓创新精神，这是对黄帝时代历史特征的总结。在黄帝文化中，积淀和凝结着丰厚渊深的精神价值内涵。自古以来，对黄帝的历史探索和历史纪念总是与弘扬这些优秀精神价值融为一体。黄帝文化中蕴含的以土地为根发展经济、以民生为本创造发明、以和合为纲建邦立国的精神，可以综合概括为"天下为公"的伟大精神，亦可泛称为"黄帝精神"。

2. 黄帝文化的现代意义。

黄帝文化具有很强的文化象征、情感纽带和精神感召作用，黄帝文化是中华文化之根，是中国传统文化的源头和核心，对中华文明的形成、发展产生了重要的影响，在团结各族人民、振奋民族精神、推动文明建设等方面具有积极的作用。黄帝文化已经成为中华民族的共同精神财富。经历 5000 年之久的黄帝文化，是历久弥新的中华文化的重要组成部分。

黄帝文化是中华各民族的共同精神财富。黄帝文化资源包括黄帝与黄帝族史迹传说史料，黄帝族后裔与中华民族形成的关系，黄帝祭祀，黄帝时代的考古发现、民俗研究和民间故事，托名黄帝的古代著作等 5 类资料。根据资料的学科属性和意义，应从多角度、多层面阐发黄帝文化的精神，深入挖掘黄帝文化的价值。

（三）解读中华民族精神家园

1. 中华民族精神家园的内涵。

民族精神家园是民族共有的精神支柱、精神根基和精神寄托，是民族的"安身立命之所"。具有自己的精神家园乃是一个民族具有主体性的深层内涵和核心标志。民族精神家园是由宇宙意识、价值观念、道德情怀和思维方式所构成的精神系统，其核心是价值观念和价值理想。

中华民族精神家园并非只建设共有的"精神"，而是包括了培育这种"精神"的载体即"家园"，也就是实实在在的环境和氛围。同时，不能把民族精神框定在一个狭窄的范围内，忽视中华民族的民族精神多元性，这是研究民族精神家园的出发点。家园不仅是经济利益共同体，它同时又是一个充满温情与相互理解的精神寄托。

2. 中华民族精神家园的特征。

主要包括民族性、多元一体性、包容性、创新性及时代性。天人合一、顺乎人性、和而不同构成了传统核心价值观念的理论框架。关于文化经典的重新诠释是中国传统核心价值理论革新的主要方式。中国传统核心价值观念的传播形式主要是教化，目的是塑造人的道德。

3. 中华民族精神家园的实践途径。

首先，强调教育的价值。民族精神家园建设的基础是现代公民文化科学素质的全面提高，应该加强教育的普及和提升。特别要加强人文文化与科学文化相和谐的建设，培养学生的和谐文化思维、和谐文化观念与和谐文化精神，它是教育的历史使命。

其次，突出文化认同与现代性反思的意义。建设民族精神家园的途径有立法保护民族文化，加强宣传提高民族自觉的文化保护意识，正确处理各民族发展、弘扬本民族优秀文化与建设中华民族共同精神家园的辩证关系等。要立足于对中国传统文化的继承、重视兼容会通、体现时代要求，从文化自觉的角度思考精神家园建设的思路，从古代儒家注重道德自觉的伦理本位出发，分析建设共同精神家园的多方面资源，即学以明伦的伦理实践、效法天地自然的情感实践、养气立志的君子人格实践及其现代价值。

4. 建设中华民族精神家园的意义。

构建精神家园是建立人的尊严、促进人的幸福的必要手段。中华传统文化的认同能够强化民族凝聚力，促进全民族在价值规范和思想品性方面的共同观念，培育天下一家、和而不同的广阔胸襟，为建构现代中国的新型文化体系提供思想保障。

（四）黄帝文化和中华民族精神家园的融合

1. 黄帝文化构建精神家园的历史过程。

夏、商、周时期，人们已经普遍认为黄帝是华夏共祖，这种祖先认同的趋势为春秋战国时期的黄帝崇拜、秦汉时期的大一统局面，奠定了观念和心理基础。在中华民族多元一体格局形成与发展的过程中，黄帝文化起着构建共同心理的重要作用。

2. 中华文明的传承与革新。

黄帝文化是中华文明的起源，是构建民族精神家园的宝贵资源，体现了时代性与民族性的统一。黄帝文化与继承和发扬民族精神的关系是"源"与"流"，是"继往"与"开来"的关系。推陈出新、继往开来是文化生命力的表现，如果没有创新，就会使文化失去活力；如果否定继承，又可能迷失本原。"继往"同"开来"相互联系，"推陈"与"出新"是辩证的统一。

3. 黄帝信仰的意义和价值。

黄帝是中华民族共同体形成时期的共祖，是中华民族的缔造者和中华早期文明的集大成者，在他身上凝聚着整个民族的智慧和创造。在中华民族由弱变强的今天，在中国人由文化自卑走向文化自信、自觉和自强的时代，深入认识黄帝文化在中华民族多元一体格局中的地位和作用，正确解读黄帝文化的精神内涵，发挥黄帝文化在团结各族人民、振奋民族精神、推动文明建设中的积极作用，是一项需要全社会共同关心和参与的重要工作。

黄帝信仰是将祖源认同与文化认同合为一体，不单纯是血统的探源，同时也是文化的寻根。黄帝信仰整合了民族的统绪，使中华各民族有一个共同的心理归属，起到了巩固中华共同体的作用，凸显了中华文化的精神，开启了文化民族主义的先河。

三 开发思路

项目的开发旨在通过项目设计，设置黄帝文化展示类项目、黄帝精神体验类项目、中华文化产业派生项目，加深旅游者对以黄帝文化为根脉的中华文化的了解，体会中华文化历经几千年的沧桑洗礼，并且以黄帝文化园区为基点，建设中华文明根祖旅游综合体，实现精神文明和物质文明的共赢。项目开发以 2011 年 7 月批准生效的《黄帝文化园区总体规划》为依据，并且在这个基础上对核心区域进一步具体深化和提升。本次策划包括区域策划和单项策划两个层次。区域策划根据划定范围，立足于对黄帝文化的深入研判，在文化立意、文化主题的基础上，实现对区域的现实性详细策划。单项策划则在全面深入研究黄帝时代、黄帝功绩的前提下，立足与体验、传承黄帝文明的高度，引领旅游者穿越时空，见证文明，同时制定产业策划，为区域经济发展构筑原动力引擎。

四 建设目标

人文目标是将黄帝文化园景区建设为华人祖地式的人文初生精华荟萃展现的人文景区；艺术目标是将黄帝文化园景区建设为承载中华民族千年艺术成就的现代创作式艺术景区；产业目标是将黄帝文化园景区建设为带动大西安景区链与地区经济的综合新型服务产业的核心景区；最终目标是将黄帝文化园景区建设为独一无二的华人精神理想家园，是中华民族核心文明事件发生地、当代爱国主义教育体验地、生态休闲度假目的地的人类文明景区。

五 总体规划

规划总面积约 24 平方千米，由"一轴一河一环八区"构成。

黄帝文化园区的先期实施区域是以《黄帝文化园区总体规划（2011—2030 年）》为依据，包括陵东片区、西部门户区、东湾片区以及园区中的重大公益性项目。陵东片区规划总面积约

35.95 公顷，是黄帝陵祭祀片区展示黄帝文化的延伸区，功能以
文化博览、展示、旅游服务为主。西部门户区规划范围为轩辕大
道至两侧山脚范围，总面积约 66.7 公顷，是进入黄帝陵景区的门
户，集文化休闲与展示、旅游接待服务、郊野公园、景观绿地等
多功能为一体，具有重要的形象展示作用。东湾片区的规划范围
为官庄村及其周边片区，面积约 69.41 公顷，是黄帝陵东侧整体
景观与生态环境的重要组成部分，是黄帝陵外围发展休闲旅游度
假产业的重要片区。

　　黄帝文化中心位于轩辕殿东南，与轩辕庙、黄帝陵构成黄帝陵景
区的地景文化，是黄帝文化展示和弘扬爱国主义、传播民族文化的重
要平台。建筑结构似玉龙形，全部隐藏于地下；建筑顶板上设 2 米以
上覆土，密植成林，与桥山 81.9 公顷的古柏森林浑然一体，凸显黄
帝陵的"圣地感"。

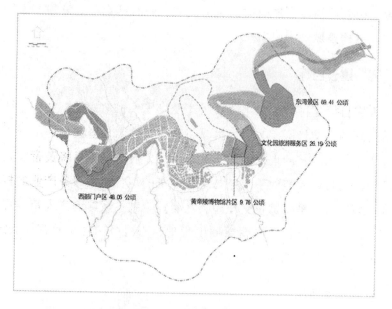

图 7-4 黄帝文化园区总体规划空间布局

六 项目的 SWOT 分析

（一）优势分析

1. 历史文化优势。

黄帝是中华民族子民公认的始祖，黄帝陵是亿万民众膜拜的精神图腾圣地，项目所在的这块土地不但是中华先民发迹的地理坐标，还是文化的原点，"同在一片蓝天下，共举一捧中华圣土"。这里具有历史文化记忆的唯一性，也有资源的独一性。黄帝陵国家级旅游度假和文化体验区作为国家级度假区具有丰富的文化体系，包括始祖文化、祭祀文化、山水文化、民俗文化、革命文化等。所以，在这片区域运作相应主题的文化产业项目，具有其他地方无可比拟的优势。

2. 产业优势。

历经十几年的一期和两期工程，黄帝陵项目投入近 3 亿元的建设资金，为第三期的启动奠定了良好的基础，已经形成了包括生态休闲度假、文化体验观光、生态观光、商贸服务、商务会议等功能板块的基本产业雏形，为深度开发提供了较大的平台。

3. 区位优势。

项目所在的黄陵作为未来大关中地区进入陕北地区的门户，位于关中城市群"一线两带"发展轴和延安地区中心城市主要发展方向结合部的关键位置，是咽喉要塞。同时，从旅游区位角度看，黄陵具有南连关中，北接延安，东通晋陕峡谷，西拓甘宁的大区域旅游中枢的特殊地位，这为项目的导入提供了优良的交通和客源基础条件。

另外，从项目所在的黄陵文化园核心区来讲，项目位于核心地带，西延高速公路从中穿过，前有黄河渭水，远望秦岭华山，处于群山环抱的绝佳盆地之中，沮河呈环绕状从前面蜿蜒流过，桥山高耸于其间。这些都使其具备显著的风景区位和山水资源优势。

（二）劣势分析

1. 文化遗产转化为产业的难度。

项目开发既不能过度商业化破坏原有的历史文脉资源，又必须转化为产业模式以增加活性，文化遗产才具有长久的生命力。转化这个劣势是存在的，适度才是解决之道。

2. 原有基本功能模块比较薄弱。

项目在需要深度开发中，合作的双方还缺少具有国际高度的专业化运营与设计人才，需要提前储备。

（三）机遇分析

1. 唯一得到全球公认的黄帝陵。

这个项目具有其他涉及黄帝的项目所不具备的巨大公众认知度，并且其余涉及黄帝的项目中没有这个项目如此丰富的产业业态规划与内涵，这些都会作为对旅游者强有力的吸引物。

2. 项目中很多产业设计为国内首创。

项目具有资源的独特性和产业的独特性，如黄帝御膳坊美食街和上古先民原生态第一体验村落等。

（四）威胁分析

1. 反复炒作黄帝主题。

很多相对应的工程举措粗放低劣，有可能会造成公众对此主体业态的审美疲劳和消费疲软。所以，做深做精产业是根本出路，精心布局、合理规划引导，深耕细作。

2. 资金投入不足。

合作双方的资金可能投入不足，会造成产业开发不够深入的问题。

七　开发过程中存在的困难

如何深入开发黄帝文化，将其在旅游娱乐及商业地产项目上充分展现，提升项目的商业价值，使项目利润与知名度最大化，这就要求在项目开发过程中解决存在的以下问题：区内与区外的照应、过渡方式；现有景区不大，季节性旅游明显；人气凝聚度太低；基础服务设施欠缺；柏树群划红线不能动；境内河流的防洪规划影响等。

八　启示与借鉴

在历史文化陵墓类资源开发的过程中，要将注意力集中在浩渺的文化资源中寻找可以活化、立体，能够与现代人的生活产生关联的要素。要系统梳理传统文化资源，让收藏在禁宫里的文物、陈列在广阔大地上的遗产、书写在古籍里的文字都活起来。要以理服人，以文服人，以德服人，提高对外文化交流水平，完善人文交流机制，创新人文交流方式，综合运用大众传播、群体传播、人际传播等多种方式展示中华文化魅力。历史文化陵墓类资源是提升文化软实力的非常好的平台。

（一）策划方面

围绕着将黄帝文化园区建设为中华民族精神家园这一目标，通过核心区的轩辕传奇世界、中华非物质文化遗产留存中心、炎黄美术馆、全球华人宗祠4个核心项目，来彰显这一文化。

以黄帝精神为核心依托，解析中华民族精神实质，表现中华民族精神支柱，展示中华民族精神象征，凭留中华民族精神寄托。

（二）规划方面

以实现圣地体验为目标，通过对区域、组团、轴线、建筑、群落、空间、景观的整体规划与设计，达成朝觐人类文明的综合感受效果。

结合项目内容策划，在提高对逐年增长的旅游者接待能力的同时，通过特定历程的规划、空间营造、功能满足，达到国家级最高接待要求。

整个园区建筑、空间、景观风貌，蕴含中华民族传统文化的核心元素，应用最新科技与艺术，和谐实现中华民族的传承与面向未来的创新。以打造中华民族精神家园为最高目标，整合中央政策、地方财政、专项基金、机构支持、金融平台、市场资金等所有资源，完成构建。

（三）运营方面

充分挖掘基础建设与内容建设产生的产业链拉动效应，以园区建设的采购、合作、委托形成的市场需求为初始原点，在建设过程中吸引相关产业汇聚形成产业园雏形，借助示范效果与合作传播，逐步将其导向为价值外部输出型新型服务业园区。

区分维持型与营利型项目，统筹市场机制与计划机制，在保障文化园民族圣地功能品质的前提下，强化运营能力，优化产业结构，形成良好的资金循环与价值增长。

第八章　关中民俗文化旅游开发

第一节　以西岐民俗生态园为个案的关中西部民俗文化旅游开发

一　项目简介

西岐民俗生态园依托丰富的周文化和民俗文化资源优势，积极发展"住周公故里小院，品正宗岐山臊子面，体验西府民俗风情"为内容的农家乐乡村旅游产品。

西岐生态民俗园位于岐山县城西北，南临西宝公路北线，北接周公庙风景名胜区和周公庙遗址，东距西安 135 千米，西距宝鸡 60 千米。

岐山—周公庙二级旅游专线纵贯县城西北，园区内建成了长约 6.5 千米的旅游专线公路；渭北换线公里横穿东西；距离西安—宝鸡高速公路、陇海铁路蔡家坡站 20 分钟车程。以岐周公路为轴心，南起"周公庙风景名胜区"牌坊，北至周公庙南沿，沿岐周公路向西各延伸 600 米，面积约 7 平方公里。

二　开发思路

项目开发以大周文化为背景，以西岐民俗文化为核心，以美食休闲、生态农业、民俗风情和文化观光等 4 大旅游产品为依托，建设成为全国知名、西北一流的民俗文化旅游区。

三　建设目标

全面改善规划地的社会经济环境，提升生活环境质量；通过规划，丰富规划地的综合旅游项目，完善旅游接待服务体系，塑造岐山民俗生态园的旅游新形象。通过3年左右的建设，使西岐民俗生态园成为岐山县继周公庙风景名胜区、五丈塬风景名胜区之后的又一个核心旅游区，打造成为全省乃至全国的知名品牌。

四 总体规划

综合考虑西岐生态民俗园的资源特征、地形条件、交通状况和发展需要，项目空间布局为：一廊五区。一廊为四季景观长廊（岐周公路），五区为迎宾服务区、生态居住区、观赏农业区、民俗体验区、周文化区。

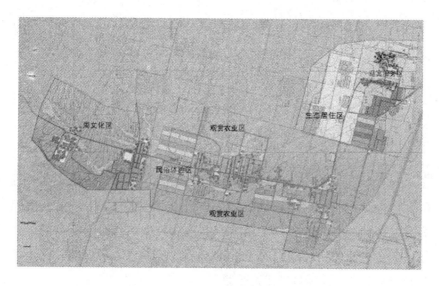

图8-1 西岐生态民俗园空间布局

五 具体举措

（一）市场开发方面

1. 树立统一形象，建立市场网络。

生态民俗园以"凤鸣奇境，礼仪先邦；神来仙味，和谐家园"为形象主题，在旅游市场上形成统一、固定的旅游形象。采用旅游超市或者旅游服务点等形式，组织建立旅游销售网络。

2. 掌握市场动态，抓住重点。

紧扣旅游的时尚性，把准旅游市场发展的脉搏，针对园区的主要客源地，进行有针对性的形象宣传与市场促销。主要产品应该及时更新，重点抓住游客艺术欣赏喜好和流行时尚的变化，及时改变生态民俗园的市场促销手段。

3. 进行产品细分，针对专门市场。

按一定的特征，进行产品细分，将产品分为不同的系列，针对专门的市场投放适销对路的专项产品。

（二）土地利用方面

1. 总体思路。

突出旅游区土地利用的重点与特点，明确用地功能；保护各类风景游览用地、耕地、林地和水源地；综合分析各地块的特色，确定各地块的使用功能与性质；因地制宜调整土地利用方向，发展符合旅游区特征和要求的土地利用方式与结构。

2. 土地利用分配。

土地利用包括风景游览用地、游览设施用地、居民社会用地、交通与工程用地、林地、园地、耕地和其他用地等。风景游览用地指旅游区向旅游者开放的、游览赏景对象集中的用地，是旅游活动得以开展的主要用地区域。游览设施用地是指为游客服务而又独立于景点之外的旅行游览接待服务设施用地，包括服务点、游娱文体、休养保健、购物商贸等设施，直接为旅游者服务。居民社会用地是指间接为旅游者服务而又独立设置的居民社会、生产管理等用地，包括居民点建设用地、管理机构用地等。交通与工程用地主要包括旅游区内道路、交通设施、工程设施等用地。林地是指旅游区内未列入景点的生长乔木、竹类、灌木等林木的用地。园地指旅游区内用于种植以采集果叶根茎为主的集约经营的多年生作物的用地。耕地包括了菜地、旱地、梯田、水浇地和其他耕地，对基本农田进行绝对性的保护。

六　启示与借鉴

（一）合理规划，科学发展民俗乡村旅游资源的开发

应对旅游地的区位条件、资源特色、生态环境、社会经济及客源市场等进行认真和翔实的调查与评价，并且以区域旅游经济开发及系统生态学理论为指导进行合理规划和科学开发。绝不能不顾客观实际和旅游市场规律，盲目上，拖着上，各自为阵，重复建设。各地应该在国家旅游业发展总体规划的指导下，做好详细规划和开发工作。旅游主管部门应该对各地乡村旅游的开发工作提供指导并且实施监督，确保旅游开发合理有序地进行。

（二）以市场为导向，开发特色产品

乡村旅游的开发也应该遵循市场规律，根据旅游市场需求的情况，开发出适销对路的产品。同时，要注意旅游产品的特色性，以增强吸引力，特色是旅游产品生命力的所在。当前，中国乡村旅游应该加强休闲娱乐、民俗风情、"绿色产品"等特色产品的开发。

（三）加强环境保护和教育，促进乡村的可持续发展

乡村旅游地在规划设计时必须进行环境影响评价（EIA）和环境审计（EA），确定合理环境承载力和旅游者容量，预测旅游开发对环境的影响和所要承担的风险，确定"生态经济适合度"，并且在此基础上采取适当的环保措施。可以选择一批各方面条件都很好的旅游地实施国家 ISO 9000 和 ISO 14000 认证，使之与国际接轨，创建国际知名的乡村旅游胜地。对旅游开发者和经营管理者实施"分级"评定，以确定其是否具备开发经营的能力和权利。[1] 设立"公众教育馆"，对旅游者进行生态环境保护教育，培养生态学人格。要大力提倡和开展生态旅游，建议园内交通均采用马车或人力车，将烧煤、烧木材改为使用沼气或电，尽量使用当地生产的绿色产品，环卫工作应该有专人管理和清扫，生活垃圾实行分类收集，统一处理。[2] 对破坏环境的

---

[1]　赵登华：《乡村旅游要巧打"特色牌"》，《经济日报》2007 年 5 月 28 日。

[2]　谌强：《文化有力推动新农村建设》，《光明日报》2006 年 11 月 29 日。

旅游者应该给予一定处罚。同时，在部分乡村旅游地建立"生态定位站"，通过旅游活动对乡村生态环境变化的影响进行定位监测。良好的生态环境是实现乡村旅游业及其社会、经济可持续发展的重要基础。

第二节　以关中印象体验地为个案的关中中部民俗文化旅游开发

一　项目简介

近年来陕西省咸阳市礼泉县乡村旅游快速发展，袁家村以其显著的成效，引领了农民致富的新路。为了进一步把袁家村旅游做大做强，并且通过这一典型带动更多的农村和农民享受"三农"资源的旅游成果，促进全县旅游业和经济社会又好又快地发展，县委、县政府决定将袁家村和周围9村建成乡村旅游示范区。

袁家村等10村是大唐明君李世民长眠的九嵕山下一处龙脉福地。历史文化深邃的皇天后土，花果无垠的山川风貌，别具特色的乡土风情和在关—天经济区的优越区位，为旅游业的发展创造了难能可贵的条件。在国务院关于把"旅游业培育成国民经济战略性支柱产业和人民群众更加满意的服务业"战略决策指引下，发展乡村旅游业不但是时代的必然，而且大有可为。

文化旅游区位于县城东北烟霞镇境内，北山南原，呈阶梯形跌落，属暖温带半干旱大陆性季风气候，年平均气温为12.96℃，无霜期为214天，年均降雨量为537—546毫米，针叶林和落叶阔叶林混交地带，经济果林覆盖。宝鸡峡四支渠流经原区东西，烟霞洞冷泉溪流饮用、灌溉功能兼具，半山区水源由吊水向机井取水发展。文化旅游区是大唐皇家陵园的重要地段，境内有数10处昭陵陪葬墓冢、大唐御道等遗址，有汉代名士郑子真隐居之地烟霞洞，近代"耆硕大儒"刘古愚著书立说、讲学说道的烟霞草堂。民间文化底蕴深厚，传统作坊、民间技艺、生活习俗别有特色，关中印象体验的民俗文化内容丰富多彩。文化旅游区内 10 村共有 8000 多人，1.6 万亩土地，农民以种养业为主，山区农民比较贫穷。随着新农村建设的加快和移民新村的陆续建成，人居环境日益改善，交通环境优越，近临福银高速公路，关中环线擦边而过，距 312 国道只有十多千米，距咸阳、西安咸阳机场和西安仅 30 分钟到 1 个小时车程，昭陵大道、秦琼大道正在建设和提升中，增强了文化旅游区的可进入性，通村公路比较完善。

文化旅游区所在地烟霞镇是省级重点镇，礼泉城乡一体化建设示范镇。规划设计单位充分注意到这一文化旅游区在烟霞镇乃至全县发展大格局中的地位，从县域经济社会发展的大视野着眼，力求通过规划编制把这个旅游区建成一个以转变旅游经济发展方式为重点，在统筹城乡发展、建设休闲农业中有典型带动意义的乡村旅游示范区，并且在统一规划中贯彻以下理念。

（一）突出袁家村旅游的核心地位

以质量提升为主旨，巩固和发展"农家乐"和民俗文化旅游的现有成果，着力打造一批新品、精品，推进袁家村向更高形态的乡村旅游转型，率先进入全国旅游名村行列，发挥在本旅游区的"领军"作用。

（二）创新发展模式

规划充分考虑到袁家村同其他 9 村的依存互补关系，力图通过规划编制，推进本旅游区由"一花独放"到"花开满园"。从整体发展需要出发，打破村界，盘活资源，统一布局，错位发展，构建乡村旅游联合体，实现多村共同发展新模式。

（三）大打特色文化牌

深入挖掘贞观文化内涵，聚集民间文化精粹，着力实现物质和非物质文化遗存由抽象到具象、由静态到动态、由口碑流传到物质产品的转化，彰显我之长的文化主题，塑造"关中印象体验地"的强势品牌形象。

（四）坚持大旅游发展理念

通过规划引导，力推旅游业和建设高效生态农业、农产品加工业、农村流通业、食品业等相关产业的最大融合，发挥旅游业在加快新农村建设、改变城乡二元结构、化解深层次矛盾中的重要社会功能，实现乡村旅游示范基地、城乡一体化建设示范基地、现代农业示范基地三大目标。

袁家村从 2007 年 9 月起开始兴办"农家乐"，并且建起了康庄老街，年接待旅游者 80 万人次。新一轮旅游开发建设快速启动，面貌日新月异，对外影响力不断提高。受袁家村旅游致富启示和影响，周边其他 9 个村发展旅游业的积极性日渐高涨。基于这种情况，礼泉县正在积极筹划建设贞观文化园和重力打造烟霞旅游名镇的同时，做出了把袁家村等 10 村建成乡村旅游示范区的决策。

"关中印象体验地——袁家文化旅游区"位于礼泉县东北的烟霞镇内，包括烟霞镇关中环线以北、昭陵大道以东的 10 个行政村落，即袁家村、西周村、东周村、严峪村、官厅村、山底村、上古村、沟西村、下高村、上高村，总面积 20 平方千米，南临关中环线，西靠昭陵大道，交通十分方便，区位优越。

二　文化旅游区性质和开发模式创新

（一）文化旅游区性质

以九嵕山、昭陵为依托，以唐文化和关中民俗文化为内涵，10 个村落联动发展，把文化旅游区建成集观光游览、文化民俗体验、休闲度假、康体娱乐、尽享生态之愉的综合性关中现象体验地。

（二）开发模式创新

文化旅游区在开发模式上体现五大特色。

1. 旅游区坐落在九嵕山和昭陵博物馆之间的陵区板块内，南部紧靠昭陵博物馆，北接昭陵陵山南坡，文化旅游区的区位具有独有性。

2. 历史文化内涵极为丰富。不仅有大量深厚的唐文化内涵，而且也是关中地区较为典型的地区，民俗文化十分丰富，两种文化紧密相连，互为补充，形成独特的历史文化的内容和形式。

3. 文化旅游区以独具盛名、远近皆知的袁家村为核心组建而成，形成以袁家村为带动，其他各村"一村一品"、独具特色的文化旅游区域格局。

4. 文化旅游区以袁家村为核心的 10 个行政村村落，将根据旅游发展的需要，在开发中打破行政村的界限，统一开发、统一建设，形成互相联系、互相依靠、互相融合、互相推动的有机的文化旅游区整体。在开发模式和经营模式上，将创造出一条新的路子。

5. 将文化旅游区的开发建设与城乡建设统筹、产业结构调整融为一体，缩小城乡差别，解决经济二元化状态，将农民就业与新农村建设紧密结合起来，着力创出一条文化旅游开发与城乡统筹发展的新路子。

三　开发思路

（一）指导思想

坚持科学发展观，转变旅游经济发展方式，调整旅游产业结构，根据旅游产业升级的需要，坚持旅游体制和机制创新，走以袁家村为核心、10 村联动、统一旅游开发和建设的新路，全力打造市场全新需求的适销并且具有后发潜力的旅游产品。要把旅游开发和建设与当地经济社会发展紧密结合，与烟霞镇城乡统筹发展紧密结合，与农民转产、就业、致富紧密结合，创造全新型的文化旅游示范区和具有鲜明特色的关中民风民情印象体验地。

（二）规划原则

1. 政府主导，统一规划、统一部署、统一组织、统一协调。

在文化旅游区建立后，应该建立相应的政府级管理机构——文化旅游区管理委员会，对总体规划进行统一部署，对文化旅游区的开发和建设进行统一协调、组织和管理。

2. 以市场需求为导向，充分发挥市场机制的作用。

旅游市场的需求更新变化速度快，当前的市场需求可能很快被新的需求所替代，旅游者需求更加多样化和个性化。因此，在规划中要以市场需求的发展趋势为导向，同时以兼顾旅游经济转型的势态设计旅游产品和相关设施。要充分利用市场机制，对旅游资源进行有效配置，注意引进民间资金，实行旅游投资多元化，使文化旅游区的开发和建设更具有开放性和活力。

3. 产品设计、开发中坚持走创新化、特色化、精品化之路。

创新是发展的根本，特色是立足的基点，精品是获取市场认可的必由之路。一成不变的旅游产品难以满足日新月异的旅游市场的发展变化，以现有的产品和设施无法使文化旅游区获得长期健康的发展，只有坚持创新，不断推出具有特色的精品，才能够在激烈的市场竞争中立于不败之地。

4. 求真务实，力求有较高的可操作性。

在规划实施过程中，既要以资源条件和市场需求为导向，又要从实际出发，走出一条资源节约型、环境友好型的低碳景区发展之路，使文化旅游区在开发和建设后能够尽快获得效应。同时，在产品的设计中求真务实，便于操作，这样将更加有利于吸引投资，尽快进入建设的程序。

5. 经济效益、环境效益、社会效益相统一。

在经济层面上，要追求较高的投入产出比，尽量实现投入低、见效快的旅游发展效应；在环境层面上，依托现有的旅游资源，在对原有的景区环境进行保护的基础上，为未来的环境进行提升，保持文化旅游区自然、人文的和谐；在社会层面上，通过旅游的开发，进行城乡统筹，解决城乡经济二元化的问题，提高村民收入，解决村民就业问题，实现景区和社区发展的双赢。

6. 在文物保护的前提下开发旅游。

文化旅游区位于昭陵遗址保护区内，区内有多处昭陵陪葬墓及相关遗址，地下更是有大量珍贵的唐代文物，因此应该充分认识到景区的开发与遗址、文物保护之间的密切关系。在开发中，不仅要避免对原有的遗址和文物的破坏，更要进行保护性开发，促进遗址区的保护和提升。

四　建设目标

到 2020 年，文化旅游区成为关中地区具有典型意义的、唐文化氛围浓郁的民俗文化旅游体验地，在国内具有较高的知名度，成为陕西省具有文化旅游发展示范作用的基地。解决在城乡统筹、使农民走向富裕之路上，实现成功开发和建设的文化旅游景区。

按照规划要求，3 年内文化旅游区初步建成，旅游服务设施、基础设施较为完备，基本可以满足旅游者在文化旅游区内的多方面需求。产品已经初具规模，形成科学合理的产品结构和分布，旅游开发和建设、城乡统筹、产业结构调整、农民就业和收入水平等，都将有明显的提高和进展，成为咸阳市"文化旅游示范区"。

到 2015 年，旅游接待人数将达到 165 万人次左右，旅游收入 2.65 亿元左右；到 2020 年，旅游接待人数将达到 200 万人次左右，旅游收入 4.07 亿元左右，实现当地农民人均经济收入在现有基础上增加 5 倍以上，生活环境和生活条件有较大的改善。

五　总体规划

依据资源类别、地理方位、市场潜能，构建一大环（旅游区大环线）、多小环（若干绕村小环线）、三纵（昭陵大道、袁家大道、大唐御道）、三横（秦琼大道—花果大道、嵕山大道、御果大道）连点的线路网络和九宫格局，形成 1 村为核心、9 村合抱的发展空间。因地制宜布局旅游"六大要素"，建设 8 大功能分区，功能区分的设施建设风格体现唐文化和关中民俗文化两大特征。烟霞镇周围以仿唐风格为主，其他地区以关中民居风格为主。按照资源类别、地理位置和土地利用空间等重要因素，以村为圆心，对旅游项目进行环村块状布局，形成 6 个不同的功能板块。

六　产品设计与市场营销

（一）产品设计——袁家村

1. 设计理念。

袁家村旅游产品设计，着重把握 4 条原则。

（1）认真把握袁家村同其他 9 村的互动互利关系，突出袁家村在

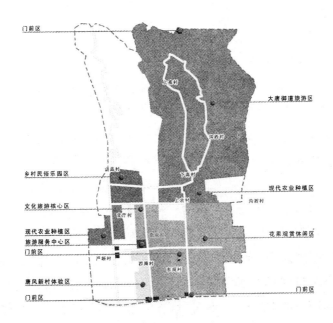

图 8 - 2　烟霞镇旅游功能分区

旅游区中的核心地位，将其产品设计列入规划之重，同时做好其他 9 村项目均衡布局，构建大袁家旅游新概念。

（2）认真把握现有基础和后续发展的关系，站在省级旅游名村（袁家村已经被列为陕西乡村旅游示范村）建设的高度，着力推出一批有利于转型升级的新业态，加快旅游业从初级形态向高级形态的转化。

（3）认真把握重点和一般的关系。既要注意完善产品结构和功能补缺，又要突出重点，特别是要强化文化主题产品设计，丰满关中印象体验地的品牌形象。

（4）认真把握村镇关系。袁家村的旅游产品布局与烟霞镇功能分区衔接，力求把袁家村建成烟霞镇旅游的先导区、样板区。

2. 旅游产品板块细分。

按照资源类别、地理位置和土地利用空间等重要因素，以村为圆心，对旅游项目进行环村块状布局，形成旅游出入口、旅游服务中心、关中风情主题街区、村院休闲体验区、田园别墅群落、老年颐养园等 6 个不同的功能板块。

3. 产品设计要点。

（1）旅游出入口。

开设 4 个出入口，既是抵达袁家村的通道，又是整个旅游区的门户。西出入口择址于昭陵大道与秦琼大道交会处，设有醒目的牌坊、大型图文标志物。旅游牌坊与唐文化协调，体现出唐文化格调，标有"关中印象体验地"字样。秦琼大道两侧建设景观林带，华灯映照，具有旅游导引功能。南出入口之一择址于关中环线北侧袁家村现设大门附近，大门以关中民俗文化为主格调重建，设有 5000 平方米的旅游广场，安放关中民俗文化大型浮雕作为旅游区的代表性标志，设置旅游区旅游全景图，形成旅游区的第一印象。南出入口之二择址于关中环线与东周村通村道路交会处，是北来旅游者进入袁家村和直接进入大唐御道的重要门户，门户区设有生态大门与进入景区后的景观林带呼应。北出入口择址于上高村北天桥附近，是北上陵山、南入旅游区的必经之地，设置醒目标志物，立石竖碑，作为导入符号。

（2）旅游服务中心。

旅游服务中心选址于袁家村废弃水泥厂旧址，项目建设体现引导、咨询、游客集散、职业培训等综合功能。

乡怡楼，旅游服务大楼，由主体建筑和群楼组成低层建筑，控制高度不超过 3 层，建筑面积 1500 平方米左右，内部设有大厅、游客接待处、小型 3D 影视厅、旅游商品销售处、快餐食品和饮品销售处，各楼层均设有高等级洗手间，3 层设有文化旅游区管理机构。

生态停车场，位于袁家村村南，为中心停车场。坚持车在林中的建设理念，把停车场建设与景观建筑结合起来，既可以发挥停车功能，又可以发挥旅游者观赏景观的功能，把生态停车场打造成陕西省首创的绿色景观式停车场，并且根据高峰期旅游的车流量建设满足大小车辆的停车位，同时划出停车预留地。

（3）关中风情主题街区。

街区包含康庄老街、老街扩展区及宝宁寺、关中大戏台等地理空间和文化元素，是旅游区黄金地段和核心价值的集中体现。

　　康庄老街，建设的重点是丰富产品，提升品位，扩大空间。老街西段为比较成熟的民间传统作坊区，各种"老字号"店铺林立。下一步应该着重改善室内环境，提高服务水准，重点加强互动项目，促进旅游活动方式由静态观赏向动态参与转变。对一些社会鲜见和失传的作坊和产品，如老油坊、老磨坊、老酒坊等，可以组织民间技师当众说艺，现场揭秘，开展开缸祭神、品茶论道等文化活动，诠释传统制作工艺的原生态益身养生价值，增强产品的知识感、猎奇感、趣味感，提高传统产品的市场魅力和导购艺术，对茶坊"童济功"和移植明清民间豪宅进行整合，兴建瑜伽馆、室内游泳场等休闲设施和高档宾馆。建议新建建筑外观造型尽量与康庄老街协调，内部设施现代时尚。老街东段为关中特色小吃区，开设礼泉烙面、腊汁肉、羊肉泡馍等名优小吃专营餐馆。精选和引进关中其他各县名特小吃，创新经营模式，实施"一票通"服务。旅游者一次购票，各据所好，随心就餐。开设酒吧、茶吧、饮吧、网吧，营造夜间生活亮点。老街东段北部为乡村休闲娱乐区，将改造更新现有娱乐设施，新增农村传统娱乐项目，特别是少儿活动项目。扩大水面，增设观鱼、戏水等活动内容。营造绿荫、花卉景观，布局休憩设施。老街扩展区老街以北实施二期工程，二期工程是对老街区项目的丰富和补充。目前，除了希腊外商建设用地外，中国企业家协会驻西安办事处、金花药业出资正在修建"九嵕书屋""幽岚阁"。可以继续引进企业和个人资金，建设"名人雅斋"连体。利用扩展区空旷地段，打造礼泉艺术走廊，集中展销本县特色艺术品，如昭陵文物复仿制品、羽毛插花、景谷画、皮影、古今书画等；划出一定地段，建设关中特色工艺品精粹集群。

　　祭祀文化，寻根问祖是重要的旅游文化活动，旅游区地处贞观文化圈内，有着广泛的国际国内旅游市场潜力。中华世界李氏宗亲会已经同礼泉县签约，开发昭陵文化旅游项目。袁家村也有开发祭祀文化产品的动意，设想修建李氏祠堂和文臣武将祠堂。建议这一文化产品的开发应该与文化宗亲会的策划做好衔接，形成互补关系，建设用地，可以选在宝宁寺附近。

　　寺庙文化，要按照历史原有风貌整修宝宁寺，使之展现昔日的盛况。一方面，要使袁家村寺庙文化得以挖掘；另一方面，还可以开展传统庙会以及平日的祭祀活动，并且相应增加有关旅游服务设施。

民间演艺，整修袁家关中大戏台及广场，编排演艺节目，进行节庆演出和巡回演出。

（4）村院休闲体验区。

一是提升"农家乐"品质。按照农村传统民居风格，逐步改造"农家乐"经营户住所的外观造型和室内设施，进行庭院化布局，浓郁农家生活方式。改变雷同化、城镇宾馆化的餐饮模式，突出乡土特色。从每户一道特色菜、每户一个昭示牌、每户一个谏言簿、每人一身土织布服饰、每人一套文明用语"五个一"做起，规范服务标准，打造"农家乐"旅游新形象。

二是依据市场发展需要，适度发展"农家乐"经营户。

三是抓好村史馆建设，整修展馆，完善展出内容，优化旅游环境。

四是加强村办招待所旅游功能，建议通过招商或民营化运作方式，把招待所改造成乡村旅游活动场所。

五是打通环村道路，改善街巷卫生条件，增加环卫设施，营造绿荫花木，实施亮化工程。

（5）田园别墅群落。

在村东生态田园，营建多栋造型各异的休闲别墅群，一期建设10栋左右。别墅区融住所、田园于一体。各套别墅保持较大间距，花木隔离。设施高档，风格时尚，私密、幽静、浪漫，完全与康庄老街形成反差。周围果园按休闲理念建设，改变粗放种植方式，实行绿色管理。

（6）老年颐养苑。

中国已经进入老龄化时代，老龄人口居世界之首，"空巢"老人迅速增多。敬老养老是党和政府十分关注的社会责任，也是子女必行的"孝子工程"，具有越来越广泛的市场前景。老年颐养苑是为本地和外地老龄人口市场提供的以休闲、度假、放松身心、养生康体、欢度晚年等为主旨的旅游服务场所。颐养苑建在袁家村关中大戏台以南，旅游地产性质，前期建筑面积 2500 平方米左右，200 张床位。现代化设施，健康饮食、体检医疗功能完备。苑内细水清流，假山廊榭；花木合抱，百果飘香，附近有现代化医疗机构和老年健身设施，宜居宜养。

根据《咸阳市旅游发展总体规划（2010—2020 年）》，文化旅游区内要建设敬老院服务中心，在烟霞镇打造老年宜居城。因此，老年颐养苑应该与县敬老服务中心和老年宜居城互动补充、互相推进，把老年颐养产业、事业做大做强，成为咸阳市乃至陕西省老年颐养的示范地。

（二）文化旅游区产品设计——其他 9 村

1. 设计理念。

（1）坚持在市场审视前提下与旅游区发展目标相呼应的产品建设方针。按照省级乡村旅游示范区的要求，进行产品建设高标准定位。根据乡村旅游目的地建设的需要，规划旅游项目。面对区位优势，特别是在西安国际化大都市圈和关—天经济区的优越地位，打造市场冲击力强的产品纽带。

（2）以丰满和强化关中印象体验地核心价值品牌为重点，强化主题产品设计。充分利用"三农"资源的比较优势和文物、文化长项资源，构建生态农业观光、花果休闲、田园养生、山地度假、乡土娱乐、文化体验等特色鲜明、多功能组合的产品体系，塑造花果之乡、乡村乐园的独特形象。

（3）旅游区的产品空间布局应该遵循以下原则：打破村界、统一规划、整合资源、按需布点、优势互补、错位开发、重点突破、有序推进。

（4）以惠民、富民为根本出发点，尽可能多地设计一些农民参与能力强、易见效的项目，坚持市场化、商业化产品开发模式，为社会资本注入和礼泉富有者回报家乡创造发展空间。

2. 产品建设要点。

以村落、田园为载体，文化为内涵，观光、休闲、度假、康体、养生、乡村体验为主要功能，打造休闲农业、关中民俗文化和大唐文化 3 大产品体系，12 个重点项目。

（1）异域樱桃园。

个人投资置园。引进欧洲大粒优质品种，以色列滴水浇灌，有机肥栽培，现代科技管理，是休闲、采摘、品果、购果的最佳选择，纯净、和美的绿色天地。开发空间广阔，市场优势明显。目前，已经有自发性的旅游者前来考察、游览，经营者对建设旅游休闲性果园有很高的热情和具体设想。

樱桃园现有面积近 50 亩，经营理念先进，果品受宠，已经荣获"陕西省引进国外智力成果示范推广点"称号。下一步，需要加强科研、生产、经营一体化发展，为园区注入新的旅游元素。

樱桃园的形象用语为：怡情乐耕园，异域樱桃香。

樱桃园的景观设计：扩大面积至 400 亩左右，由门前区、服务区、樱桃文化展示区、园内游览区、亲水区构成游览框架。

门前区：修建生态景观大门，标出"异域樱桃园"字样；修建"樱林停车场"，并且设置旅游全景图。服务区：门内北侧现有建筑改建为"樱花楼"，具有接待、服务和管理功能。樱桃文化展示区：门内南侧设樱桃文化园，展示樱桃的栽培技术、品质品种、营养价值、科研成果、产品声誉、专家赞语、名人题记、誉樱诗画等图文符号。园内游览区：园区北界密植常青林，同园外墓地隔离；沙石或砖铺园区环道和曲直不一的步行小道；步道两侧吊挂名果木牌，结合树种更新放宽株距行距，留出赏绿、照相、摄影空间；划出一定地段为采摘区。园区南向建"樱林在望"观景亭，实木建亭，八角凉亭，篷草封顶，创造远望峻山，近览绿海之悦；选择适宜地段，开辟"乐耕园"，乐耕园是园主耕耘的示范场所，又是樱树认领区，客主有教有学，亲密接触，和合共乐。园区东部设"卧龙石"，东临唐御道，曾经有唐王在这一带狩猎采果的传说，在此立石刻字，以激扬今人怀古思幽的情趣。亲水区：设在园外东北方向。增挖机井，营造水面，起土推山，栽植环湖景观林，开展垂钓、烧烤、戏水活动；修建"樱花酒家"，"樱花酒家"为环湖散落式结构，提供山野小吃、休憩设施。

（2）花果大道。

花果大道拟建在袁家村废弃水泥厂旧址到樱桃园之间。此处密布有西周、东周、上古3村多种果园，有营造花果休闲大道的良好条件。修建西入口至樱桃园之间长约2公里景观大道，三级路面，能够满足大型旅游车双向行驶的需要。在景观设计方面，则在门前设置"花果大道"大型引导标志，对大道沿线果园进行整体改造，改变当前比较粗放的作物方式，按生态果业示范基地的标准进行规范。

倡导农民合作经营，转让、承包，连片种植。选择不同花色、不同花期、不同果种的果业林木，引进培育建设千米景观带，打造苹果、酥梨、梅李、红杏、蜜桃等十大休闲果园，集中展示礼泉果乡魅力。开通花果大道到十大休闲果园的支道，布设园中木屋和休憩设施。利用沿途闲置农居，开办"果乡人家"。

（3）葡萄长廊。

葡萄长廊拟建于花果大道东端、东周村至上古村路段。这一路现为通村公路，是规划中北上旅游的主通道。葡萄长廊是花果长廊的接续和延伸，无须占用耕地，开发建设比较方便，拓宽关中环线东周村至上古村通村公路，达到大型旅游车双向行驶的需要。景观设计方面，在道路上空搭建千米葡萄棚架，栽植礼泉和各地适生葡萄，攀架而生，形成大气壮美的绿色长廊。设置必要的坐凳、茶饮点，旅游者自由采摘，自品自乐。开辟葡萄大道至葡萄园和果园的6—8条支道，将旅游者引入园中。园中设休憩场所和简单食品、饮品销售点，各个休憩场所应有不同的布局和特色，给旅游者留下更多和更深的印象。

（4）御杏庄园。

御杏庄园拟建于山底村古杏园和咸阳市公路局一处闲置苗圃园内，占地200亩，位于昭陵大道要冲，古杏木茂密，自流矿泉水浇灌，所产杏果传为皇室贡品，称为"御杏"，市场难求。苗圃园业主与山底村都有意利用这一资源发展旅游，对苗圃和杏园进行整合，统一布局，整体利用。御杏庄园以休闲度假为主要功能，建造园林化旅游酒店，四星级标准，一期建筑面积3000平方米，建筑物位于苗圃园南端，低层时尚。酒店内设标准客房50间，客房要体现个性化和人性化，内部装修和陈设备有不同，并且内设特色不同的餐厅和包间、健身娱乐场地和会议室。对现有的苗圃园进行改造优化，以新的创意营造多种花木景观、休憩阁亭。引烟霞洞矿泉入园，利用北高南低的地形，从北而南形成多层次叠水和溪流水景。在山庄东南角开挖 10 亩大小的矿泉水湖面，湖中建小岛，并且以栈桥相通。湖周边栽种灌木、花草，建设小型亭、廊和雕塑等小品，体现高雅、秀丽景象。拆除苗圃围墙，提高通视效果，大打御杏文化牌，策划举办御杏旅游节，并且形成定式，根据资源不同的归属关系，建议御杏庄园由苗圃业主和山底村联合开发，或对外招商。

（5）万亩石榴园。

石榴是礼泉主要果品之一，同红杏、蜜桃一起被誉为礼泉县 3 大"御"字号贡品，已经在沟西村送驾坡和上高村浅山区培育了万亩石榴基地。这一带自然生态原真性特点鲜明，山野情趣浓郁，文物遗址尚丰，有较高休闲、游览和养生价值。石榴园要遵循绿色发展理念，按精致果业、健康果业培育，张扬石榴的养生文化。石榴是世界上历史最悠久的水果之一，可以追溯到公元前 400 年。石榴不但会创造"五月榴花照眼明"的身心愉悦，而且被推荐为果蔬中的"抗氧化之王"，抗氧化能力超过红酒、绿茶和其他果汁。美国、以色列等国的医学研究人员发现，常饮石榴汁对预防心脏病、高血压、动脉硬化，对抗癌症，推迟老化过程都非常有益。在人们越来越注重健康的情况下，石榴园要主打养生牌，开发要注重同周边的山地景观、文物、民俗景观有机结合，多方位体现休闲度假、养生健身的功能。在石榴园建设入园小道，旅游者可以入园零距离观赏花果。石榴成熟季节，旅游者可自行以采摘，在管理处计量交款。

（6）种养基地。

种养业是旅游产品建设的一大要素，也是扩大市场供给内容、解决袁家村食物原料近距离采购的需要。远离化肥，远离污染，绿色经营，无公害管理。亲近市场，亲近旅游者，同袁家村建立供需关系，旅游者观光和就地采鲜结合，同时创造条件使产品进入超市和外地市场。根据实际情况和适生适养条件，建议建立以下五大种养基地：上古村辣椒种植基地、上古村和严峪村蔬菜种植基地、下高村豆类种植基地、上高村土鸡养殖基地、官厅村生猪养殖基地。

（7）果蔬大棚及生态餐厅。

果蔬大棚拟建于袁家村大道东侧，有西周村集体用地 10 余亩，袁家村也有意开发旅游。建设果蔬大棚及生态餐厅既可以填补规划区无大棚种植的空白，为旅游者特别是为淡季旅游开辟一个个性化景观，又可以为市场提供一种全新的用餐模式。选取高科技实验型发展模式，建造宽体温室大棚，棚区面积 3000 平方米左右，钢木结构、无公害材质。用现代农业科技手段培植名花、名果，全年绿景，四季花香。以关中环线过往车辆、行人、各类旅游者、公务接待为卖点，划出适当空间，打造生态餐厅，餐桌 300 个左右，包括敞开式大众餐厅、中小型宴会厅、生日厅等，餐座之间花木隔离，食品绿色，为旅游特别是为弥补淡季旅游项目的缺陷开辟一个全新型的热点。果蔬生态大棚外园开挖人工湖，建设果蔬大棚以吸纳社会资金为主。

（8）韩家大院。

沟西村送驾坡因为先民敬送大唐皇亲登临昭陵祭祀而得名。经过送驾坡北上昭陵的山道称御道，曾经有皇家在此小憩的传说。沟西村为一韩姓家族所居，传统礼仪时代传承。韩氏家族另迁新居后，旧的窑院尚存，后人有意出资修复，发展旅游。

按照修旧如旧的原则，对韩家旧居逐步修复，对 3 米多高的代表性 2 层窑楼、御匪岗、窑室连体通道等个性化建筑优先恢复，并且进行创意化设计。编写家史，搜集散失家物、家规家训，长幼居室、饮食起居、耧犁扒磨等按旧俗摆放。大锅做饭，请来者体验 86 口人同锅用餐的和谐氛围。参照韩氏后人传说，注入"迎驾""送驾"等唐文化元素，并且设皇室成员小憩窑室、院前槐木拴马桩，营造旧时柏林，与临北"御道""驻跸亭"一起构成唐文化景观。

（9）窑洞休闲度假村。

上高村地处半山坡，村民原采以土窑为宅，村民将整体搬迁新居，原有窑洞闲置。上高村与邻村送驾坡，是万亩石榴示范基地，大唐御道穿境而过，留有多处唐文化遗存。村北的青龙山是道教圣地，发展休闲度假旅游条件尚好。选择15户人家、50孔窑洞先行修缮，美化周围环境。窑居、山地、庙宇、御道、石榴园、移民新村等一体化利用，构建民俗文化体验、宗教文化体验、果园生态体验等多功能休闲度假村。整修庙宇，办好每年农历七月十三日玉皇庙会。礼泉县的顶天寺因故拆迁，如有可能可以迁建在青龙山，以丰富青龙山宗教文化内涵。

（10）乡村乐园。

礼泉县是小戏之乡，散见于民间的乡土娱乐活动五花八门，积极挖掘整合这些资源，是对非物质文化遗产的传承和弘扬，又是强化乡村旅游特征的重要命题。官厅村紧邻规划核心区和昭陵大道，客源潜在优势明显，一位在外从业者有在官厅村开发旅游的动意。根据旅游区的食、宿、行、游购、娱乐等要素建设的需要，结合市场可行性分析，官厅村旅游项目可以与其他9村错位布局，将乡村乐园作为一种选择。乡村乐园临昭陵大道而建，也是礼泉县旅游区规划唯一一家以乡土游艺为特色的主题乐园。这个项目应该突出乡村化、民俗化、参与性、趣味性特征，户外活动和室内活动相结合，修建集吃、住、娱为一体的游艺大厅和娱乐场馆，开设露天活动广场，策划各种竞技、赛事等活动，举办民俗节事活动，集聚旅游者，开拓市场。

（11）大唐御道。

文化旅游区内有千年古道，穿南北而过，直至陵山。当地农民传为李世民为君时所建，是大唐后继皇室、国戚、重臣登临昭陵祭祖的车道，其名"御道"，俗名"官道"。御道沿线，山峦谷幽，鸟语花香，野趣盈溢，很少人为破坏，尚存多处文物古迹和皇家轶事。御道经过的送驾坡，曾经是苍松翠柏之地。上高村留有"马刨泉""天桥"等多处大唐文脉的物化见证。底蕴深厚的历史文化，旷美无华的山野风情，为开发御道旅游创造了先天条件。同时，这条御道的开通也将为登临陵山开辟一条新的旅游线路，与昭陵大道一起组成游览昭陵的大环线。以御道送驾坡、上高村段为重点，进行景观布局。在送驾坡村口适宜地段设置"迎驾门"，参照皇亲和徐懋恭等文武大臣在送驾坡歇脚的故事，进行演绎、创造，修建"驻跸亭"，制作黎民百姓"送驾"群雕，同韩家大院皇家小憩密室、拴马古槐一起构成御道文化集合体。御道两侧，还原长青松柏，密植"御石榴"，营造风景林带。保护和修复上高村"马刨泉""天桥"，立石置碑。整修青龙山寺庙，注入必要的旅游元素。整合线路，以御道为轴，打通纵贯文化旅游区南北的旅游大通道。大通道从上高村北延至陵山，从送驾坡南经过上古村、东周村与关中环线相接，串联沿途花果大道现代果业示范园、异域樱桃园、葡萄长廊、石榴园、韩家大院、上高村窑洞休闲度假村等诸多景区（点），并且在大道两侧营造多彩花木景观，编制唐文化氛围浓郁、山乡花果纷呈、步移景换、物我和合的旅游黄金线路。旅游活动方式方面，创建御驾巡游"新模式"，组建皇家马车、马队，设计皇服唐装，骑皇马、坐御辇巡游。选择御道沿线的景区（点）作为驿站，提供相应的休憩、赏景设施。重要节庆和旅游者比较集中的时段，组织迎皇送驾仪式和民间文化活动，体验盛世欢乐。做好御驾游配套活动开发，顺应旅游者的个性化需求，提供旅游车、单双座自行车和电瓶车等交通工具，旅游者各行其便。道路建设与各种不同的出游方式对接，适应汽车、马车、自行车双向行驶的需要。

（12）唐风新村。

唐风新村拟建于秦琼大道与袁家大道交会处、规划建设的县敬老院以南。这个地段有西周村集体用地20亩，西周村拟以土地入股或出租方式，引入资金开发旅游项目。唐风新村建设的初步设想是：新村占地30亩，先期建造6000平方米，30个仿唐小楼，廊、亭、水榭布景，唐文化装饰、仿唐御膳创意，宫女服务，形成与袁家村旅游文化品位和而不同的差异化节点。仿唐建筑物不要一字排开形成街道式，而应该是村落式，街区按井字形布局，建筑物安排错落有致，避免形体一体化、规格化，有的可以是铺面式，有的可以是民居式。同时，在街道适当地点可以建设唐风新村的标志物。唐风新村是文化旅游的经营场所，因为建筑物的不同，在文化旅游经营活动中应该显示出不同的方式和特色。唐风新村作为旅游房地产项目进行开发和建设，规划区内还有许多优势资源，如烟霞洞、刘古愚烟霞草堂遗址、古墓群等，这些资源随着条件的成熟，应该逐步列入开发序列。

（三）旅游形象设计

1. 总体形象："关中印象体验地"

设计依据：文化旅游区历史文化内涵十分丰富，特色突出，民风民情浓郁，在关中地区具有代表性。经过近几年的旅游开发，特别是袁家村风俗民情街区的建设，使流传中的风俗民情集中、升华，使历史文化资源经过创意转化为具有强大吸引力的旅游产品，因此形象设计应该体现文化旅游区的本质含义和核心内容。

2. 形象宣传口号

（1）"九嵕山下满目翠，龙眼福地花果香。"设计依据：文化旅游区位于著名的九嵕山下，登山南眺，整个文化旅游区尽收眼底。10多年来，礼泉县大力发展果业，成了全国闻名的果业大县。位于烟霞镇的文化旅游区又是果业发展的重要示范区之一，果树覆盖面积达80%以上。环境优美，生态诱人，春季来临，繁花似锦、香飘万里，夏秋之季，果实累累、挂满枝头。

（2）"改革走进袁家村，旅游架起致富桥。"设计依据：改革开放前，袁家村贫穷落后，农民度日维艰。改革开放后，在村党支部书记郭裕禄的带领下，全村农民艰苦创业，走上了致富之路，生产不断跃进，生活不断提高，街区楼房快速兴建，村容村貌日新月异，"三农"问题有了根本改变。袁家村成了农业发展、产业调整的典型，农民走上致富之路的典型，社会主义新农村的典型。通过发展文化旅游，可以使旅游者感受到这里的巨大变化，了解改革开放的巨大成就。

（3）"花果大道，观花采鲜田园乐；葡萄长廊，赏绿品香痴如醉。"设计依据：在本文化旅游区设计中的花果大道和葡萄长廊2个项目，既是文化旅游区的重点，又是引人入胜的亮点。花果大道和葡萄长廊均长约1000米，对旅游者既有游览性、观赏性，又有参与性、趣味性，是旅游者必游的地方。

（4）"麻、辣、酸、咸、苦、甜，六味俱全；关中风味小吃，百品不厌。"设计依据：近年来所打造的风俗民情一条街集中了关中地区的各种风味小吃，数量品种有 20 多种，不仅小吃原汁原味，而且制作和售卖也遵循传统方式，这样的旅游景点在关中地区其他地方是难以寻觅的。旅游者在游览过程中不仅可以体验传统的饮食文化，而且也能够品尝风味小吃。

（5）"驾御辇，当一天皇亲国戚；乘六骏，来一趟御道巡游。"设计依据：大唐御道，是一条体验唐文化的特色旅游线路，着唐装、驾御辇、骑六骏这一特殊的旅游活动方式，将大大增强旅游者的好奇感、诱惑力，激发旅游者的参与情趣。

（四）市场营销

以市场需求为导向，在抓好产品开发和提升的同时，要研究市场动态和市场需求状况，制定市场营销策略，大力开拓客源市场。

1. 以人为本开发市场。

在进入旅游体验时代的情况下，市场营销要特别注重以人为本的理念，要以接待好每一位旅游者和使每一位旅游者都受到关爱和尊重为宗旨，使他们来时高兴，走时满意。因此，文化旅游区必须规范服务程序，强化服务意识，提高服务质量。

2. 举办活动赢得市场。

文化旅游区要定期和不定期地举办各种节庆活动和文化旅游活动，如文化演艺活动、宗教文化活动、果品采摘销售活动、唐皇室的迎驾送驾活动、游乐赛事活动等，各种活动的时间要尽早向市场公布，并且重点地向相关单位和群体进行通报，以稳定和增加旅游者数量，保证活动的成功。

3. 绿色差异营销。

绿色差异营销是旅游从单一的观光型向复合的体验型过渡，满足现代人回归怀旧、关爱环境的心理的一种营销策略。要向广大旅游者提供更多门类的产品，更丰富的活动方式，使旅游者得到更多的体验，获取更多的历史文化知识。这种绿色差异营销应该着眼于市场差异，因此，它对于拓展客源市场有着十分重要的意义。

4. 媒体网络营销。

一方面通过邀请媒体记者开新闻发布会,利用电视、网络、广播、报纸、杂志等方式进行营销;另一方面制作广告牌,印发宣传册,设计张贴画和 DVD 等影像宣传品,广为散发,扩大市场影响。另外,还应该利用旅游交易会、展销会等进行宣传促销。

七　具体举措

(一)以实际资源作为依托,创立"关中文化体验"的主题定位

袁家村地处渭北高原和关中平原的交错区域,村域范围内几乎不存在地文景观和水域景观,自然旅游资源禀赋较差。袁家村本身的历史遗存并不充足,全村建筑格局基本上是"文革"后修建形成的,没有文物遗址和文保单位。就资源条件而言,和秦岭北麓的众多依山傍水的山村、抑或历史悠久的文化古镇相比,袁家村的旅游资源显然处于劣势。袁家村要想在关中地区的乡村旅游发展中脱颖而出,就必须根据自己的资源特点,明确自身旅游形象定位,设计出独特的旅游产品。自 2007 年开始,袁家村开始打造"关中文化体验地"为主题的旅游形象,以乡村休闲、文化体验作为旅游产品的定位,利用复建关中民居、街巷,展示关中乡村生活和生产流程,品尝礼泉小吃,辅以农家乐休闲、住宿,提供较为完整的旅游服务。通过 5 年的发展,袁家村在关中乡村旅游的影响力开始逐渐体现,目前袁家村已经被认定为 3A 级景区。

(二)客源市场选定准确,符合旅游发展趋势

袁家村的乡村旅游发展有赖于客源市场的准确把握。乡村旅游的客源市场从人员构成上分析,应该主要是居于大中城市的城市人群。由于这些人久居城市,饱受城市病危害,加之经济高速发展给人们内心造成的异化作用,使得这些人群更加向往感知和感受久违的乡村田园生活。袁家村以西安、咸阳两市市区居民作为核心市场,以关中城市群作为开发市场,以全省范围乃至西部地区作为边缘市场,根据市

场定位，进行有针对性的营销，获得了良好的旅游收益。①

（三）旅游基础设施水平不断提升，满足不同群体需求

关中地区由于经济条件的限制，很多乡村旅游在开发的过程中忽视了基础设施的建设。时至今日，很多乡村在发展农家乐旅游的同时，仍然缺乏标准公厕、停车场、通信基站等必要的基础设施。袁家村在基础设施的建设上统一规划，使得建筑风貌一致，基础设施建设水平高。仅从村庄中公厕的数量、布点和卫生条件上来看，袁家村就明显优于同类村落。

（四）基于"舞台真实性"的传统文化体验产品设计

舞台真实性是指旅游者在旅游过程中所接触的一种现象，即旅游者所接触到的当地文化，并非具有原始文化特征，而是经过当地居民或者旅游经营者经过修饰而搬上舞台的一种文化表现形式。袁家村的旅游产品，并不体现当地村民当下生活的原真性，甚至现有的街巷和民居也不是原来村民居住的场所。但是，这些复建或者移植的建筑和展示活动，却真实地反映了关中农村在半个世纪前真实的生活场景。它不具有现实的真实性，但是具有舞台真实性，而舞台真实性恰恰能够满足城市旅游者对于心目中乡村旅游的认知需求，达到预期的心理满足。

（五）公司化运营模式保证可持续化发展

乡村旅游要想长远发展，必须引入先进的机制、理念和专业人才，并且兼顾旅游者和当地常住民的利益诉求。袁家村通过设立"关中印象地旅游公司"，对景区实施公司化运营。这种机制既能够避免很多地区乡村旅游发展小打小闹、各自为政的乱局，又能够充分调动资源，合理融资，壮大规模，还能够吸引旅游专业人才的加入，从而保证景点的可持续发展。

---

① 于全涛：《关中地区乡村旅游探析——以礼泉袁家村为例》，《现代商业》2013年第8期。

八　启示与借鉴

（一）提升"资源认知"，挖掘文化内涵，注重特色乡村旅游开发

乡村旅游对旅游者最大的吸引力是乡村意象，传统的农耕文明遗迹及生活形态是乡村旅游发展的优势资源，对城市旅游者具有很大的吸引力。因此，既要有意在乡村营造一种"可印象性"的整体氛围，又要向市场宣传推介，形成鲜明的乡村意象。保持乡村旅游产品的乡土气息的浓郁性和真实性，是乡村旅游魅力持续不减的基础。乡村旅游发展要求广大参与农户"与时俱进"，认识到自身拥有的土地及生活形态的文化价值，提升"资源认知"，既要认真分析旅游地乡村的历史发展过程，从中探寻乡村发展的文脉、生活习惯的演变、民俗风情的沿革，还要挖掘其特色魅力及其表现形式，在保护的前提下开发出具有浓郁乡土气息的乡村旅游产品，使农村自然、朴实、绿色、清新的环境氛围，天趣、闲趣、野趣融为一体的乡村旅游产品更具有独特的魅力。

（二）合理规划，采用亦农亦旅、农旅结合的复合型开发模式，形成乡村旅游产品体系

农业和旅游业具有无矛盾的多行业共生性特点，农民在种植农作物的同时也衍生了乡村旅游赖以存在的田园风光。如果能在追求农作物经济效益的同时兼顾到田园风光的游憩效益，就能够做到农业和旅游业的共同开发。乡村旅游地要把这样有双重效益的资源优势转变为经济优势，就要以市场为导向，全面规划，合理布局，打造自己的品牌。例如，种"色彩田"，即利用农作物四季色彩的变化为旅游者提供色彩缤纷的田园风光，增加游览乐趣；设立采摘节，以新鲜无公害的绿色农产品吸引城市观光者；增加参与性农耕项目的开发，让旅游者真正体会"日出而作，日落而息"的田园式生活，提高乡村旅游体验价值。农旅结合的复合型开发模式可以起到双赢的效果，并且有利于乡村旅游地形成有特色的旅游产品体系，成为具有区域特色、环境协调、品牌效应的乡村旅游目的地。

（三）突破资金瓶颈，推行规模化经营

乡村旅游的资金投入仅仅依靠政府是不够的，应该用新的思路吸引更多的社会资金或有经济实力的企业参与乡村旅游的开发和建设，实现综合性开发，邦联式经营。大力发展与旅游相互配合的项目，在"吃农家饭，干农家活，住农家屋"的乡村旅游项目中把各种民间娱乐艺术及民俗表演纳入其中，形成系列和规模，延长旅游者的停留时间，产生规模经济效益。同时，将乡村旅游开发纳入城市旅游大系统中规划和建设，形成城乡一体化规模，不仅可以使城乡之间资源和产品优势互补，平衡旅游淡旺季，共享市场，形成循环顺畅、功能增强、竞争力强、综合效益高的乡村旅游系统；还可以充分利用城市资金、技术等优势，加大投入，推进乡村旅游的健康发展。

（四）创建良好旅游环境，提高乡村旅游服务质量

在政府部门统一的规划和指导下，协调进行乡村旅游基础设施及旅游设施的完善工作，努力提高乡村旅游接待能力和服务水平。完善通往乡村旅游目的地的交通路网，增强可进入性；完善客房建设，提高旅游接待容纳能力；完善厕所、污水垃圾处理等卫生设施，整治旅游生态环境；加快旅游信息服务建设，设立旅客服务中心，提供旅游信息服务；进行有规模、有步骤的旅游服务人员培训，提高当地农民的综合素质，创造良好的和谐的乡村旅游环境。

（五）创新宣传，增加影响力，扩展客源市场

乡村旅游宣传促销的重点应该放在环境的康体保健效益方面，激发人们的有效旅游需求，拓展客源市场。在宣传方式上需要不断创新，要充分利用互联网、户外宣传扩大影响，选择有效的宣传促销方式，如主动邀请一些户外旅游爱好者前来参观，还可以举办一些大型的比赛等，提高本地区的知名度。

（六）以人为本，实现乡村旅游的可持续发展

乡村旅游的开发要以科学发展观为指导，以人为本，重视居民参与和旅游者需求，坚持社会、经济和生态效益全面发展；要根据都市旅游者对乡村旅游的特定需要，有针对性地开发乡村旅游项目并且实施有效的控制，用经济可持续发展思想来指导乡村旅游的产、供、销

活动；加强对传统文化、民俗文化价值的宣传，激发当地农民对所在社区和地方文化的自尊、自爱和自豪感；对旅游者加强尊重接待地社会文化和风俗习惯的宣传教育，以保持乡村旅游在社会和文化方面的可持续发展；加大环境保护和生态环境教育投资力度，提高公众的乡村旅游环保意识，实现乡村旅游的生态、环境、资源、经济等各方面的可持续发展。

第三节　以韩城为个案的关中东部民俗
文化旅游开发

一　项目简介

韩城市，又名司马故里，是中国古代伟大的史学家、文学家、思想家司马迁的故乡，现在是陕西省计划单列市。韩城市位于陕西省东部黄河西岸，关中盆地东北隅，距省会西安210余千米，北依宜川，西邻黄龙，南接合阳，东隔黄河与山西省河津、乡宁、万荣等县市相望，总面积1621平方千米，占陕西省面积的0.79%，耕地42万亩，地形地貌为"七山一水二分田"。

西周时为韩侯国封地，后为梁伯国。春秋先为晋地，后属秦。秦惠文王十一年（前327）始置夏阳县。秦汉至南北朝仍称夏阳。隋开皇十八年（598）改称韩城县。唐时曾经改名韩原，后又复名韩城。金县治徙于薛峰以东土岭，后又迁回今址。明清沿袭。1948年成立韩城县人民政府，1983年10月改为韩城市，1985年被国务院批准为对外开放城市，1986年12月被命名为全国历史文化名城，2006年被命名为中国优秀旅游城市，2012年5月升格为省内计划单列市，副地级市。2011年度全市生产总值175亿元，人均生产总值4.5万元，地方财政收入完成8.7亿元，全市规模以上工业总产值达到465亿元，旅游综合收入达到6.7亿元。

韩城境内文物古迹丰富，截至2013年全国重点文物保护单位15处（司马迁祠墓、大禹庙、魏长城遗址、文庙、党家村古民居、普照

寺、城隍庙、法王庙、玉皇后土庙、梁带村遗址、北营庙、林源原始
生态区）等；韩城市还有赵氏孤儿的发生地、九廊庙、三义墓，以及
程庄村等，在全国名列前几位，有"华夏史圣唯司马，关中文物最韩
城"之说。

二　开发思路

基于对整个项目的形象定位、地理文脉、文化肌理、发展条件等
各方面的分析，韩城旅游发展总体空间布局为"两带三区"的空间
格局，相关的旅游产业品牌分布其中。通过水陆的有效结合，最大限
度拉大空间格局。深入挖掘黄河文化、史圣文化、古城文化，并且利
用三大文化的内涵与品牌，塑造新韩城的旅游经典。通过景观韵律的
合理配置，实现游览的兴奋点有张有弛，层层深入。

三　建设目标

以打造中国黄河旅游典范为发力点，创造世界一流的历史文化资
源、生态资源、民俗文化资源托举的创新导向的时尚动感的母亲河旅
游经典的史记城、黄河城。

四　总体规划

总体空间布局采用"一点激一带，一带活一片"的带状格局。
"一点"指司马迁祠；"一带"指韩城古城至司马迁祠的濛水河一带；
"一片"指整个韩城旅游发展项目区。以一点为引擎，激活黄河文明
大旅游带，再依托黄河旅游的景观带，盘活整个韩城旅游片区。

在功能分区上打造"两带三区"的空间格局。"两带"指黄河大
观和史记长廊；"三区"分别指古城遗风、韩城绝唱、黄河畅想。

五　具体举措

三大策略助推韩城市旅游迅速启动，实现突破式发展。

（一）先造势，后写景

韩城市在旅游空间的安排上通过黄河大合唱等节事活动，实现核

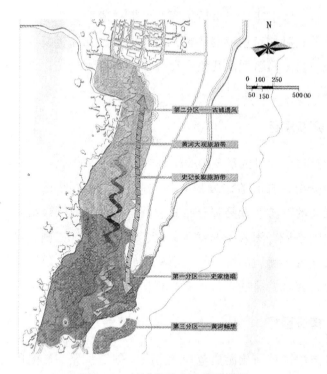

图8-3 韩城旅游开发空间布局

心引爆、聚集人气、聚集眼球，增强市场影响力，在中期再全面实施整体项目。

（二）先写意，后写形

韩城旅游发展实现主题先行、概念先行，尤其是"新韩城新韩流"品牌之剑，黄河文化、史圣文化、古城文化等概念均可以先于全新产品打造品牌的传播、市场的预热。另外，应该加大力度进行基础设施的建设和文化内涵的提炼以及景观意境的打造。

（三）先软件，后硬件

韩城旅游发展可以软件先行，以丰富多彩的文化活动、淳朴好客的民俗民风吸引和留住旅游者；先行建设经营品种，逐步完善硬件设施。对于古城按照修旧如旧的原则进行维修保护，然后植入百工坊、美食坊等项目，聚集人气，引来商气，通过招商引资再进行酒店、别墅等相关产业，以此带动全市的旅游建设。

六 启示与借鉴

(一) 复古再现，文化沿革

对现在已经消失的民俗文化通过搜索、整理、建设、再现，还原或部分还原当时的历史风貌或传说中的状态，让旅游者了解过去的民俗文化。这种模式的优点是可以令时光"倒流"，满足旅游者原本不能够实现的愿望。例如，美国波士顿的"活人博物馆"，通过仿照当年格式建造的房舍、棚圈、碉堡、菜园，再现了 300 多年前欧洲移民的生活、劳动和风俗习惯。[①] 香港九龙荔园耗资千万元修建的"宋城"生动地反映了中国宋代都市的风土人情，引起了中外旅游者的极大兴趣。在完整的真实的历史空间里，全方位再现已经消逝的历史幻景，展示活历史。[②] 除了韩城，关中东部地区还有很多有深厚历史渊源的民俗文化旅游地，可以在延续民俗文化传统的基础上进行适度恢复和重建。

(二) 主题附生，提升价值

将民俗文化主题与某一特定功能的旅游业设施结合起来，形成相得益彰的效果，在民俗村内部或外围地区建设民俗主题餐厅、民俗主题酒店、民俗商业活动街区等，从建筑外形、内部装潢、员工服饰、饮食风味、歌舞表演等方面都反映民俗文化，形成一个"主题型民俗旅游区"。这种模式的最大优点是避免了传统博物馆的封闭性，可以使旅游者在民俗文化街区内自由地休闲、购物、餐饮、娱乐，如北京的"胡同文化游"、上海的豫园、南京的夫子庙等，都树立起了很好的样板，成为那一地区很有吸引力的民俗旅游场所。关中东部地区可以建设大型民俗文化步行街，步行街两边店铺的店面、招牌、旗幌、家具、摆设要体现关中风情，现场制作民俗手工艺品，如提线木偶、马勺脸谱、泥塑、刺绣、面花、核雕等，旅游者看了以后还可以参与

---

① 李胜利：《基于游客体验的民俗旅游资源开发模式研究》，《干旱区资源与环境》 2009 年第 23 期。

② 陶犁：《民族文化旅游产品开发探析》，《思想战线》2002 年第 4 期。

制作。搭建简易舞台，请民间艺人或当地百姓表演秦腔、皮影、眉户、碗碗腔等，让旅游者近距离接触原汁原味的民俗文化。

（三）短期展示，动静结合

这一模式有两种情况：一是出于民俗传统的节庆活动；二是流动性的民俗文化表演活动。节庆凝聚着一个地区民俗风情的精华，是这个地区民俗文化的集中展现，旅游者观赏或参与当地的节庆活动，可以最直接地了解和感受当地的民俗文化。大型活动与节庆旅游以民俗文化的展示为特色，将民俗文化从潜在状态转变为可以销售给旅游者的产品状态。① 例如，山东潍坊充分利用了历代善制风筝、喜放风筝这一民俗事象，创造出一个风筝节，吸引了成千上万的国内外旅游者。近年来出现的原生态演出，是民俗风情旅游开发的新思路，在把民间文化推向市场的道路上做了十分有益的探索。大型原生态歌舞集《云南映象》对云南原始乡村歌舞和民族舞蹈进行了全新编排，展现了云南少数民族对自然的崇拜和生命的热爱。第一，关中地区要扩大传统民俗节庆活动的影响，如庙会、社火、年俗等项目，实现"旅游搭台、文化唱戏、经济受益"。第二，举办"民俗文化艺术节""民俗文化艺术展"等大型节庆活动，荟萃了关中民间艺术精华，逐渐扩大声势，办成国际性的规模，产生类似西班牙斗牛节、巴西狂欢节的效应。第三，深入挖掘开发秦腔、眉户、弦板腔、灯盏头碗碗腔、华县皮影戏等互动性、参与性强的表演性项目。第四，逐步推出如《云南映象》《印象·刘三姐》那样的大型民俗文化演出剧目，使旅游者身临其境，使关中之旅成为旅游者体验民俗文化的快乐之旅。②

---

① 吴晓隽：《文化遗产旅游的真实性困境研究》，《思想战线》2004 年第 2 期。

② 李胜利：《基于游客体验的民俗旅游资源开发模式研究》，《干旱区资源与环境》2009 年第 11 期。

第九章 关中宗教文化旅游开发

第一节 以法门寺为个案的佛教文化旅游开发

一 项目简介

法门寺位于陕西省宝鸡市扶风县城北 10 千米处的法门镇，东距西安市 120 千米，西距宝鸡市 96 千米。

法门寺始建于东汉末年桓灵年间，距今有 1700 多年历史，有"关中塔庙始祖"之称。1987 年 4 月 3 日发掘出了 1113 年之前的 2499 多件大唐国宝重器，而且意外发现了佛祖释迦牟尼的真身指骨舍利，这些稀世珍宝在中国社会政治史、文化史、科技史、中外交流史、美术史等方面的研究上，都具有极其重要的价值。2006 年被国务院批准列入第 6 批全国重点文物保护单位名单。

法门寺的佛文化资源是当今世界绝对神圣性、权威性和珍稀性的佛教资源集合体，是最具有唯一性和文化艺术吸引力的特殊资源，是整个景区赖以存在和发展的基本依托。

佛指舍利是释迦牟尼佛涅槃遗体火化后的坚固遗体，法门寺佛指舍利闻名世界，据传舍利曾经放出万道白光，并且 7 次受到唐诸帝迎入长安和洛阳内道场供养。据地宫出土的《志文》记载，所发掘的第 1、2、4 枚质似白玉，为"影骨"，唯独第 3 枚灵骨微黄质似骨，为"灵骨"。"灵骨"安奉于壶门座玉棺中，其外套刻有 45 尊造像，据尊造之宝函錾文载，这枚舍利乃释迦牟尼佛真身指骨，其颜色略黄，表面稍有裂痕和斑点，并且分泌出些许似骨质的粉粒状物质。

二 开发思路

景区的整体开发依照两条线进行，另一条是"圣"，一条是"俗"。在新景区体现圣俗共融，在超越的精神世界（圣）与现实的人类世界（俗）之间寻求平衡。

法门寺围绕"佛指舍利"这一核心，表达佛教圣洁、庄严的意境，通过"僧、佛、法"3 区的划分来呈现圣与俗的完美共融。

僧区体现"圣"，是寺僧禅修之地，佛教信仰之地，是法门寺的精神园地；佛区体现"圣俗共融"，是佛文化的象征地，民众从俗界经过佛光大道到达圣界；法区表"俗"，是佛化生活，这里将设置更多一些体验性、互动性的活动。

三 建设目标

将项目的发展定位为"陕西法门寺旅游经济区"。这不是一般的宗教文化景区，也不是一般的旅游产业区，而是一个发展佛文化的"主题经济特区"。"特区"的"特"表现在 3 方面：一是享有高度经济管理权的"行政特区"，在行政上隶属省政府直接管理，享受地市级的行政管理权；二是以"佛教文化"为发展特色，打造国际性佛教文化旅游区和国际宗教交流平台；三是打造文化经济发展模式的示范区，成为文化经济向区域经济发展的典范。

四 总体规划

"1 + 5"组团式布局，即"一'心'五'缘'"。

围绕"佛文化"这个中心主题，对产业链进行了延伸和衍生的有机设计，形成了"1 + 5"组团发展的空间格局。"1 + 5"代表着佛教文化意境的一"心"五"缘"，一"心"指"佛教文化中心区"，即是现在的法、僧、佛 3 区；五"缘"分别是佛泉养生区、佛都服务区、佛缘产业区、佛学运用区、佛荫农业区 5 大功能区和"佛教文化中心区"构成完整的"佛教世界"，构成既具有文化内涵又具有产业基础的"世界佛都"。

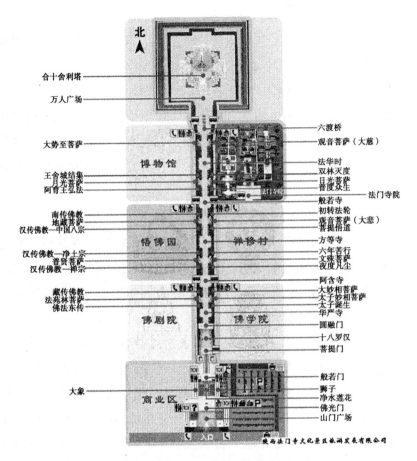

合十舍利塔
万人广场
大势至菩萨
博物馆
王舍城结集
月光菩萨
阿育王弘法
南传佛教
地藏菩萨
汉传佛教—中国八宗
悟佛园
汉传佛教—净土宗
普贤菩萨
汉传佛教—禅宗
藏传佛教
法苑林菩萨
佛法东传
佛剧院

六渡桥
观音菩萨（大慈）
法华时
双林灭度
日光菩萨
普度众生　法门寺院
般若寺
初转法轮
观音菩萨（大悲）
菩提悟道
方等寺
六年苦行
文殊菩萨
夜度凡尘
阿含寺
大妙相菩萨
太子妙相菩萨
太子诞生
华严寺
圆融门
十八罗汉
菩提门
禅修村
佛学院

大象
商业区
入口

般若门
狮子
净水莲花
佛光门
山门广场
陕西法门寺文化景区旅游发展有限公司

图 9 - 1　法门寺旅游开发总体规划空间布局

五　盈利模式

（一）最初级的盈利模式：旅游门票盈利模式

即通过简单的围起来收取门票的模式，这是景区最基本和最初级的盈利模式。在投资回收期，门票收入可以作为法门寺项目主要的盈利模式之一。

（二）核心盈利模式：游憩产品和特殊产品服务盈利模式

一方面，提供有助于丰富体验（经历）的游憩服务以及相应的服务体验来实现盈利的模式。在法门寺景区，可以由佛剧院提供佛乐表演、佛文化主题公园提供参与性的宗教类动态产品、在禅修村提供修行体验活动等项目来取得收益。

另一方面，可以提供宗教信仰特殊产品，如提供功德牌位、佛像供养等获得收益。

（三）外延盈利模式：旅游综合服务盈利模式

通过旅游者的交通、餐饮、住宿、购物等相关外延服务来获取盈利的模式。法门寺景区提供电瓶车服务，本次策划所设计的佛泉养生村、佛香花街、佛韵茶街、佛味素街和佛香玉街等都将成为重要的盈利来源。

（四）深度开发盈利模式：商业盈利模式

即通过自身的节庆活动和对外招商以及会展、广告等其他一系列对外服务而达到盈利目的的组合模式。本次策划所提出的延态产品，如浴佛节、盂兰盆会、涅口节、成道日、大法会及其所带来的各种商机，也将产生众多的盈利机会。

文化是旅游的灵魂，参与是佛教徒、旅游者与景区之间的黏合剂。新规划的世界佛文化中心，以合十舍利塔为依托，以佛文化旅游为主题，将法门寺景观与文化体验、参禅悟道、现代休闲活动相结合。通过打造文化与旅游并存，内在与外延相协调的产品链，形成规模与细节兼顾的空间组织和盈利模式。在有序的空间内实现文化展示与环境体验的功能，使法门文化成为膜拜佛祖、熏习佛法、洗净心灵、修身养性的机缘。

六　开发过程中存在的困难

（一）多头管理互相牵制

法门寺存在的多头管理现象主要表现为：僧人管理寺院，博物馆管理文物，法门寺管理委员会管理周围的基础环境建设，但是申请世界文化遗产却由县政府负责。宗教旅游具有活动覆盖面广、行业界定模糊等特点，多部门管理这种权责不分、管理混乱的现象严重地妨碍了法门寺旅游的发展和资源的保护，常常出现资金不到位、出现问题互相推诿、账目不透明、办事效率低下等现象。

（二）开发商损害了周围居民的利益

由西安曲江新区倾力打造的法门寺文化景区，东西长达 4 公里，法门寺所在的法门镇的周围居民过往均要绕道，生活上极为不便。另外，法门寺文化景区规划占地面积 9 平方公里，这使得紧邻法门寺院墙外的村庄和耕地被征用，大北巷有居民 162 户，拆迁了 118 户，但是拆迁户一直对征地补偿标准心存芥蒂，有些拆迁中的钉子户甚至遭到恐吓、打击报复。同时，景区高墙阻断了周围个体商贩的生意客源来源，对其生存保障造成威胁。

（三）开发商与景区矛盾众多

法门寺文化景区建设有限公司为自身利益，在有关政府部门的大力支持下，强行在法门寺山门口砌围墙，设出入口，卖高额门票，并且还封闭了寺院内部用车的出入通道，因此 2009 年 3 月 20 日法门寺决定当日开始关闭山门进行依法抵抗。与此同时，法门寺僧侣还一齐拥出山门，合力推倒正在施工中的围墙。而法门寺方丈室见到该寺慧慈法师时，他称法门寺与景区建设方最初的合作没有商量、没有参与，法门寺是在景区后期运作成熟时才被拉进去的。法门寺希望景区建成后能够成为弘扬佛法的净地，可是景区要建歌舞厅、杀鸡宰羊，由此可见几方矛盾众多。

文化旅游开发必须有选择性地开发。法门寺经过上千年的历史积淀，已经和寺院内外的地域、自然、民俗融为一体，景区开发必须照顾到历史与现实的和谐统一。

（四）景区门票高而贵

法门寺门票旺季为 120 元，而少林寺为 100 元，五台山为 168 元，峨眉山为 150 元。虽然在这些景区之中法门寺门票属于中等，但是对于一个刚成长的景区，知名度和市场影响力还不能与上述景区相比，所以门票的高低会影响一大批常客。而且法门寺门票对学生是没有优惠的，这点就使自身形象大打折扣。学生是一群富有生机、激情的庞大群体，他们强烈的求知欲和好奇心更能够使景区生机盎然，而且佛教其中的深奥哲学、为人处世之道也需要向学生传播，这样有利于法门寺自身发展，也能够帮助学生更好地成长。

七 启示与借鉴

(一) 减少机构, 提高景区管理水平

在法门寺景区, 多头管理的部门应该根据实际进行合并, 重新进行职能和管理划分, 尽量减少重复机构, 提高办事效率, 避免为利益问题而相互争斗和扯皮的现象, 同时管理、监督权衡利弊, 相互协调进行。

(二) 妥当协调多方关系

法门寺景区开发过程中牵扯了多方关系, 有当地政府、景区僧人、周围居民、曲江新区 (开发商)。开发商与景区僧人和周围居民都存在过矛盾, 曾经一度非常严重, 甚至升级到抗议冲突, 造成恶劣的社会影响。法门寺景区要想快速健康地发展必须处理好多方关系, 尤其是僧人和周围居民, 这多方关系必须有一方主要领导, 而且在不损坏其他方的利益情况下, 经过会议或谈判形式相互友好协商, 为景区发展提供一个良好的外部条件。

(三) 景区项目建设和门票价格应该举行公众听证

法门寺是国家重点保护单位, 是祖先留给后人的宝贵财富, 众多文物价值不可估量, 对后世文化、文学、艺术等影响深远。因此, 法门寺的建设与发展不是几个部门的事情, 而是全社会的事情, 所以法门寺景区建设应该听取社会的意见和建议。不仅能汲取大众智慧, 而且能显示景区开发商人性化的管理制度和海纳百川的气魄。

对于景区门票的价格, 管理方也可以举行听证会, 广泛听取群众的意见, 制定出易于百姓接受的价格。同时, 调动社会参与积极性, 增强对景区的好感, 从而更好地宣传法门寺。

(四) 加强区域联动, 提高整体效益

可以借助成熟的市场运作方法, 把上述景区和西安兵马俑、大雁塔、秦汉王陵等传统旅游景点结合, 再将太白山国家森林公园、炎帝陵、关山牧场、天台山等知名景点予以串联, 做成西安—宝鸡大旅游文化圈, 形成区域联动, 增强规模效益。

（五）扩大绿化面积，美化景区环境

法门寺景区处于关中之地的扶风，属于温带落叶林类型，冬日树叶全部掉落，让本来严肃的佛教景区略显萧条和冷寂，如果结合景区规划进行绿化，种植四季常青树木，改变冬日景区的萧条和冷寂。法门寺景区规划面积比较大，所以后勤保障服务也要到位，要完善卫生设施，培训服务人员，提高景区环境质量。当然，也要通过宣传教育等方式，提高旅游者的环保意识，让旅游者自觉地爱护景区的环境卫生。

（六）通过吸引高级要素实现法门寺旅游的升级

对于法门寺而言，高级生产要素是指专业化的人才和现代管理制度。宗教旅游的综合性功能要求内部有良好的管理，明确职责分工，提高效率。因此，法门寺旅游应该引进现代科学管理制度，以加强对宗教旅游项目的管理；同时法门寺旅游也应该加强经营人才的专业化，这不仅提高了效率，而且通过专业化人才的导入体现出法门寺旅游的特色。例如，在旅游中可以由神职人员充当导游，这对于提升佛教旅游的专业性具有重要的意义。

（七）以文化活动提升品牌影响力

法门寺可以大力开展佛教旅游文化活动，形成"教商交融、寺市互动"的宗教旅游模式，扩大自身影响力。例如，在2009年5月9日法门寺合十舍利塔落成仪式上，世界唯一的佛指舍利被顺利安放塔内，一下子就吸引了海内外两万多名高僧大德、社会贤达、企业家、八方信众等前来瞻仰。国家主要领导人和相关部委也参加了此次盛典，引起了极大的社会反响。

文化是景区的魂魄，也是拉近景区和旅游者的距离、增进相互了解的主要途径。法门寺今后的发展要把握文化这条主脉，推出自身优势，同时结合现代化的声像传媒，把景区文化内涵生动、形象地呈现出来，而且要"走马"阶段性地变化内容，让旅游者不醉不归地"观花"。这些旅游活动的开展旨在促进旅游热点的形成，因此旅游活动的开展时间最好选在旅游旺季，并且和周围景区活动连成一片，形成互动效应。

第二节　以楼观台为个案的道教文化旅游开发

一　项目简介

位于陕西省西安市周至县楼观台中轴线上，北起环山公路，南至老子说经台。项目地理位置优越，县城东临西安，西接宝鸡，南连汉中，北通杨凌。国道 310 横贯东西，穿境而过，与近在咫尺的陇海铁路并驾齐驱。国道 108 纵贯南北，将西宝南线、陇海铁路与西宝高速公路紧密相连，北通咸阳国际机场，交通十分便利。风景区优越的自然环境孕育了悠久的历史文化，使得这块古老的土地增添了玄秘神奇的色彩。

楼观台是中国古代伟大思想家老子讲说《道德经》的地方，是中国传统道文化的发祥地。据《庄子·天下篇》中载，已言及先秦有关尹喜、老聃一派的学说。汉司马迁《史记·老子传》及托名刘向所撰的《列仙传》中，亦有老子为函谷关令尹喜著《道德经》，2 人共去西域流沙之说。

据《楼观本纪》《楼观先师本记》《丹台新录》《高道传》及部分楼观遗存碑文称：古楼观台原为西周康王时尹喜的故宅，因为尹喜于此结草为楼，观星望气，故号楼观。周昭王时，老子过函谷关，关令尹喜闻气问道，老子讲说《道德经》五千言以授之。周穆王好尚黄老，追仰仙踪，乃重葺楼观屋宇为尹喜建庙立祠。其后，周秦汉魏晋历代帝王皆钦崇道说，修葺楼观，拨赋田户，招纳四方幽人逸士，楼观遂成为"天下道林张本之地"。

任继愈编《中国道教史》论及楼观道派时称：从现有资料分析，楼观道之有较为可信的传承，大概应始于魏晋之际，形成于十六国北魏。魏晋南北朝时期是中国道教变革与发展的重要时期，以楼观道派的兴起而告一历史段落。虽然中国道教形成于东汉，但是其基本格局的奠定实际完成于魏晋南北朝，楼观道无疑对中国道教基本格局的形成起到了重要作用，因此楼观台在中国道文化史上有着崇高的地位。

时至隋唐，楼观台发展到鼎盛时期。隋大业十三年（617），唐高祖李渊晋阳起兵，进军关中，是年十一月初八，攻克长安，高祖遣使诣楼观设醮祈福。唐武德二年（619），高祖勒令鼎新修营楼观老君庙、天尊堂及尹真人庙。武德三年（220）春，李渊率百官千余人至楼观祀老君，曰："朕之远祖，亲来降此。朕为社稷主，其可无兴建乎？"于是，降诏楼观改为宗圣观。武德八年（625）欧阳询撰《大唐宗圣观记》刊石纪念。时至玄宗，崇道之风尤甚。唐开元二十九年（741）四月，玄宗梦见老子，老子告曰："吾有像在京城西南百余里，汝遣人求之，吾当与汝兴庆宫相见。"（引自《资治通鉴》卷214）玄宗遣人至终南楼观显灵山得老子画像，迎回兴庆宫，玄宗作《玄元皇帝临降制》颁示天下。唐天宝二年（743）追尊老子为"大圣祖玄元皇帝"，天宝八年（749）加封为"圣祖大道玄元皇帝"，天宝十三年（754），又加号为"大圣祖高上金阙玄元天皇大帝"，道教发展进入全盛时期。作为毗邻京师的道教发源地，受皇室青睐，楼观台得到了空前发展。

延及宋元，楼观台依旧兴旺不衰，香火绵延不绝。金哀宗天兴年间（1232—1233），楼观遭遇金军战祸，"累代宏观，焚毁殆尽"。元初，全真教宗师尹志平及道士李志柔等主持修复楼观，出现了楼观台的再度勃兴。

明清以来，虽然屡有修建，但是景况已经不如先前，呈现日渐衰落之态。中心宗圣宫退至说经台，其名渐称楼观台。自新中国成立，尤其改革开放以来，楼观台的发展进入了新的历史时期，文物保护及旅游发展出现了喜人的景象，楼观台呈现出一派前所未有的兴盛气象。

纵观楼观历史，自周发轫，累代相传，群贤荟萃，文化灿烂，对中国道文化的发展做出了突出贡献，闻名遐迩，影响深远。西楼观以大陵山为主体，因为山势起伏状如大凤入林，又称凤凰山。《水经注》载："就水出南山，北迳大陵西，世谓老子陵。"山顶有一自然洞穴，称为吾老洞。清乾隆年间周至知县邹儒题诗《吾老洞》曰：

"吾老古洞名,有墓称老子……遥遥几千年,竟作先贤累。难怪洞中风,昼夜号不止。"西楼观原祀灵宝天尊,与道德天尊、元始天尊合称为"道教三清"。

元始台祀元始天尊,为道教之玉清圣境。元大德二年(1298)在元始台上建玉清宫。其东南山顶有水池曰仰天池,道教神话传为老君炼丹醮火之用。池旁于清康熙元年(1662)建八卦楼,亦称栖真亭。

二 楼观台旅游资源

(一)景点

主要以人文胜迹和历史掌故形成的景点,有说经台、宗圣宫、炼丹峰、上善池、闻仙沟、吕祖洞、显灵山、化女泉等。

1. 说经台:传为老子在楼观台设坛阐说《道德经》之地,位于炼丹峰北的闻仙沟畔,说经台由前院、老山门、碑廊、灵官殿、老子祠、斗姥殿、修道院、救苦殿等8部分组成,占地1.18万平方米。楼、堂、阁计146间;金石文物60多件,名人字画30余幅,其中有唐武德年间欧阳询书《大唐宗圣观记》碑,宋代大书法家米芾书"第一山"碑,元代大书画家赵孟頫书"上善池"碑,以及老子祠大门内两侧的两组道德经碑石等珍贵文物。东侧一组为唐代以楷书镌刻的"楼观正本《道德经》",西侧一组为元朝高文举古篆书(梅花篆字)"古老子",具有很高的历史和艺术价值。说经台于1956年公布为陕西省第一批重点文物保护单位。

2. 宗圣宫:位于说经台北1公里处,原为春秋晚期尹喜观星望气的草楼观遗址。唐武德三年(620),高祖李渊亲至楼观拜谒老子,诏改楼观为"宗圣观"。以后各代陆续扩建,规模益阔,历史上是楼观台的中心,占地1.8万平方米,唐、宋、元期间的建筑已经遭受破坏。山门入门处碑廊保存有张岂之、杜鹏程、刘文西、茹桂等当代名家盛誉老子的书画作品。山门左右楷书"尊道,贵德",正中榜书"宗圣宫",进正门有宗圣宫、玄门、紫云楼、三清殿、文始殿、四子堂等建筑,正面一碑,楷书"洞天福地"。东地石牛,藏于竹丛碧树中,为元世祖至元十五年(1278)所雕,造型写实。今存三清殿、文始殿、紫云楼 3 座楼殿的遗址。这里保存的文物有宋元以来的碑石 24 通，各种石刻造像数十件，古树名木数十棵，尤其是传说中周代所植直径 3 米的古银杏树以及系牛柏、三鹰柏等 9 棵古柏树，其中古银杏树传为老子手植。

宗圣宫遗址现存关于记载楼观台、宗圣宫、老子、尹喜以及历代楼观高道仙侣的古碑 30 余通，元代石牛 2 尊，唐、宋、元代石狮 5 尊，古牌楼 1 座，以及零散的古石刻构件、碑头、碑座、莲花座，瓦当、古砖难尽其数，同时增添了山门、围墙、碑廊及老子骑牛等石刻，并且于其南新建现代碑林。目前，在仿古街路西原宗圣宫遗址旁，按错位修复的原则进行重建。

3. 炼丹峰：位于老子说经台南 2 公里处，海拔 888.8 米。炼丹峰有砖石殿堂 1 座，历史上曾经有金炉和银炉各 1 座，相传太上老君在此烧炼金丹。

4. 上善池：说经台前院，有 2 个对峙小亭，八卦悬顶，2 亭下竖立石碑 1 通，碑上刻的元代大书法家赵孟頫隶书"上善池"3 字，取意《道德经》"上善若水，水利万物而不争⋯⋯"气韵生动，异常珍贵。亭侧有一石砌小池，池水清冽，终年不涸，此即楼观台著名的景观——上善池。

5. 闻仙沟：位于炼丹峰东侧，传说陈抟老祖和华县县令来此造访八仙之一的吕洞宾而得名。沟蜿蜒直上，纵深 7 公里。沿沟而上，竹木葱茏，荆藤夹道。春时山花烂漫，清香袭人；秋时层林尽染，红叶满山。沟内多飞瀑流泉，喷珠泻玉，山鸟飞鸣，蜂蝶共舞，如若仙源。

6. 吕祖洞：位于说经台东南闻仙沟左侧，显灵山崖畔。传说唐僖宗乾符年间（873—888），吕洞宾曾经在此凿洞修行。明宪宗成化年间（1465—1487），秦王朱爽在此创建吕祖道观，又在原洞两侧新凿万圣、文始 2 洞。明万历年间（1573—1619），扩建了玉皇、三官等殿。这里流传着吕洞宾许多神话故事，吕祖洞同风景秀丽的闻仙沟融为一体，自然景观秀丽。目前，吕祖洞被陕西省微波站占用，省政府已经要求限期迁出。

7. 显灵山：位于说经台东南闻仙沟左侧，山势平缓，但是山形奇幻，植被葱茏，有道教建筑群碧瓦丹柱隐透林隙，与说经台遥相呼应。

8. 化女泉：位于说经台西1公里处，传说老子以吉祥草化美女以试弟子徐甲，徐甲心动，老子怒以杖捣地，捅出两眼清泉。化女泉水甜润，沁人心脾。泉南建有老君庙。

（二）社会民俗风情资源

1. 牛斗虎：牛斗虎是楼观台地区颇具特色的民俗娱乐表演活动。农民爱牛畏虎，逢年过节，在农村广场舞牛斗虎，以增添年节欢乐气氛。以楼观镇八家庄之牛斗虎最为精彩。

2. 集贤古乐：集贤古乐的历史可追溯到西周时期，周穆王西巡时曾经在集贤村西的黑河口玄池一带演乐。村东村北的长杨、五柞等秦汉宫殿群中，乐府乐工也曾经上演古乐。唐初，周至县设"县内乐声"，盛唐时设"衙前乐"等，其乐工大多选自集贤村。主要演出宫廷遗音、民间音乐及散乐等，也有新制乐曲。集贤古乐蕴含着历史文化的丰富传承，形成了独具特色的地方民间音乐，和民间语言、风俗、审美意识有机结合，改编的部分《仿唐乐舞》享誉华夏。

集贤村分东西两堡，东堡古乐俗谓香会，称集贤古乐社。演出时彩幡高挂，三角旗、方龙旗飘展，黄龙伞竖于鼓手身后。西堡古乐称水会，是楼观台、重阳宫两大道教祖庭音乐濡染的结果。

3. 周至锣鼓：周至锣鼓源于北方少数民族的鼓吹乐。汉初边防军队用其壮声扬威，后来用于朝廷。皇帝宴乐群臣时，在宫廷演奏的叫横吹。军队凯旋时，用在社庙演奏的叫短箫铙歌。汉时鼓吹是非常隆重的音乐，万人将军方可备置。

周至乡村锣鼓队配器各相异，东乡繁，西乡简。黑河以东秦汉时为宫苑地，受宫廷音乐熏染，演奏节奏舒缓，流行有《十番鼓》《往里滚》《三观宫》《鼓拍》等鼓谱，又分香会、水会古乐。黑河以西锣鼓演奏节拍紧凑，鼓谱流行有《蝎子尾》《风搅雪》《老鸭拌嘴》《蛟龙出海》《老虎磨牙》《黄鹤阵》《龙虎斗》《十样景》等。村民婚嫁寿诞丧葬，均请吹鼓班表演。近年来，民间锣鼓常和西洋铜管乐、电子琴、架子鼓合奏，伴以民歌、流行歌曲或伴以戏曲唱段。

4. 周至戏剧：周至戏剧戏种包括秦腔、眉户、弦板腔、道情等。全县一度有剧团 20 余家，自乐班近百个，以仰天、禅定、哑兴等剧团出众，多在红白喜事或庙会时助兴演出。县内还曾经有木偶剧团 10 余家巡回演出，皮影社 20 余家。

周至山区和河滩南方移民聚居区流行花鼓戏，河南移民聚居处流行豫剧，形式多样、异彩纷呈。

5. 周至民居：周至独特的山、原、川、滩地域背景，和临近古都的文化背景，使周至民居荟萃了关中西部民居的主要特点。山区为板房、石房，平原为瓦房。山区民居善于就地取材，民居多建在向阳背风的平畅高阜处，先平整房基，放线取平，用板夯筑无收分的土墙，木做穿斗式，深山民居。有的用板材建房，屋墙、屋顶均为松杉木板材，有的屋墙用圆木叠成；建在高山海拔 2000 米以上的木板房房顶，有的覆铁瓦，有的钉铁皮，俗称铁板房、铁板庙。耿峪乡民生村地处深山，有的民居石砌台阶石砌墙，墙上架木梁，梁上钉椽，椽上覆薄石片为瓦，人称石房子。周至平原典型民居是硬山式四合院、三合院，进门有照壁，正屋住长辈，前房住晚辈，左右厢房或做庖厨，或住晚辈。近 10 年来，以新型建材和新型布局模式的民居不断涌现。

6. 伯夷、叔齐的传说：殷末周初，名士伯夷、叔齐隐居此山，留下饿死不食周粟的千古绝唱。

7. 白居易的诗歌：白居易，在元和初年任周至县尉的近 2 年中，创作诗歌数十首，以《长恨歌》《观刈麦》和《黑潭龙》为代表，成为新乐府的一座里程碑。

8. 《终南五景图》：是清咸丰年间（1851—1861）周邑翰林路慎庄的代表作，属乡土风情绘画。终南五景以《河堤春柳》《稻畦秋浪》《终南叠翠》《颓塔夕照》《烟墟晓市》5 图分帧组成。

9. 诗词胜迹：楼观台自古就是关中区的游览胜地，这里人文活动非常活跃，历史上无数帝王将相、文人学士和高道仙僧来楼观或瞻仰游览，或吟诗作画，或修仙炼道。其中周秦汉唐有 10 余位帝王，李白、王维、白居易、欧阳询、苏轼、吴琚、米芾、赵孟頫等 40 多名文人学士；钟离权、吕洞宾、陈抟、严达、歧晖等 23 名高道仙僧，留下了大量人文胜迹；当代著名的学者、教授、艺术家如茅盾、刘宁一、赵朴初、石鲁、赵岂之等 30 余位，都在楼观题字留画。

三 开发思路

在尊重道教宫观形制的基础上和满足现代旅游需求的原则下，项目重点开发以道教文化旅游为内容的华夏文化寻根朝拜旅游项目。规划以太清门、上清门、玉清门 3 段划分轴线，形成道教"三清圣境"，三清殿、四御殿、玉皇殿等核心建筑，重点以文物博览、旅游观光、道文化交流等为产业依托。

向南扩建宗圣宫，拆掉原先的仿古一条街，改造成一个大型的道文化景观广场。整个广场由一个蜿蜒的循环水系环抱，形成一个绿树浓荫的亲水广场，体现水利万物、经一至九、九九道成。循环水系为道温泉地热引流，也可以利用雾化设备产生大量人工雾，使园区内形成水雾缭绕的仙都风貌。人们可以在这种空幻影像中随意穿梭，伴随着秦岭山中那飘忽不定的山岚雾气，变化周流，感受浩渺宇宙之间，天地万物相依相存、相克相生、无穷无尽的自然法则。

广场东北方为道文化博物馆，西北方为宗圣宫，中间区域为进山朝圣大道及多重道教宫观，沿整个山体修建登山石阶，点缀亭台楼阁等各类建筑小品，使道文化主题公园与说经台连成一片，实现历史上楼观台两大文化原点宗圣宫与说经台的会合。原陕西省国税学校整体搬迁至道文化博物馆南面，按老子学院的规格进行建设，在这一规划区内的东楼村实行整体拆迁。

（一）台前区

即说经台之北，与周户环山公路以南之间的空间，对于体现规划目标，创造"圣地感""祖庭气派"有着重要作用，是风景区总体规划的重要部位，因此要求台前空间静谧、空灵、完整，否则难以衬托出楼观台"悠古、清虚、玄灵、朴素"的气质，台前区建筑体量、形式、风格、色彩、空间形式以及建筑质量等都应该严格控制。

台前区是楼观台景区楼观台的门户，主要由宗圣宫、仿古街、老子广场等要素及相关功能要素和景观要素构成，目前台前区一些建设及大量服务设施、生活设施削弱了楼观台原有的气质。台前区应该针对现状存在的问题，进行环境整治，改善尺度感，搬、拆、改造现代建筑的小饭馆、旅馆，合理安排各种用地，组织好人流、车流，创造富有文化内涵的、有感染力的台前空间。

（二）老子广场

在现仿古街之南端的半圆形空地及现有林场的办公楼处，建设"老子广场"，塑老子像，用水体、雕塑、绿化、小品、灯光等多种元素展示祖庭的宏大气魄和道文化的博大精神。老子广场宜开敞、旷远、宏大、清幽，一定要保持广场与说经台之间的视觉关系，即通过视觉轴线将台前区与说经台有机地联系起来。说经台与祖庭广场之间以绿化为主，适当设计一些构筑物、小品雕塑，不宜修建体量过大的建筑。所有建筑高度严格控制，不能干扰祖庭广场与说经台之间的视线通廊。形式、色彩上应该与楼观台现状相协调，现存的建筑物根据规划应该在条件成熟时搬迁或拆除。

（三）说经台

说经台是楼观台风景区的核心，是拜谒祭祀的主要场所。说经台现有灵官殿、老子祠、斗姥殿、修道院、救苦殿等8部分组成，占地约1.18万平方米，金石60多件，有重要的历史和文化价值，为陕西省第一批重点文物保护单位。说经台规划的目标主要是保护好古建筑、文物古迹、古树名木，以及相关的空间环境。

（四）祭祀院

在说经台之南整修祭祀院，以满足今人拜谒祭祀的需求。在保护院中一切古树名木、碑石的同时拆除现有东西建筑、碑廊东侧建筑、水塔及其他影响景观的构筑物。

建成后的祭祀院，东为展示堂，主要展览历代研究老子的文化成就。展示堂为十开间单檐悬山顶，前有柱廊一圈，建筑为钢筋混凝土与砖木混合结构，仿明清风格。西为讲堂，用于开展学习、报告、交流等活动。讲堂大厅影壁后侧有曲廊，作为联系希声堂与讲堂之间的交通纽带，建筑形式及结构与展示馆相同。院北侧为祭祀平台，中间 3 间为山门入口，两侧 5 间为碑廊，建筑均为单檐悬山顶。两侧碑廊前各有 1 间六角亭，其中西侧为上善池，东侧内有石碑，维护现状，加以保修。祭祀院南侧的集散广场顺山路而上可至炼丹峰，路口处设三叠台，沿山势而上，承迎旅游者。原有的曲折山路自标高 576.907 米至 594.320 米处废弃，另建一直线小径，顺延自说经台而下的主轴线。

（五）参道

参道是景区重要的组成内容，是主要空间之间的联系过渡，楼观台景观区的参道主要是由从景区入口到"王理仙方丈塔"，再绕行希升堂南部山丘竹林，到祭祀院南山门，以及从祭祀院至炼丹峰的 3 部分组成。参道是突出祖庭圣地地位、加强伟大神圣氛围的一种空间规划设计，要十分注重参道的转折与连接、视线关系变化等，创造更具魅力的过渡空间。参道的修建不得破坏古树名木及植被。为适应地形变化，可以采用高低随宜、形断意连、曲不离直的手法，保持轴线的方向感。注意神圣气氛的营造，结合地形和环境，建造若干座体现道文化内涵和形制的牌坊，适当布置建筑小品或雕塑，营造景区应有的神秘性。通向炼丹峰的现有参道中所建的小屋等均应该拆除，沿参道所修建的公厕、建筑小品应该统一规划。可以在 572.9 米标高处，距说经台水平距离修建 1 座牌楼；在 687.1 米标高处，修建 1 座向上可以仰视炼丹峰，向下可以俯览说经台的牌楼；在 786.4 米标高处，修建 1 座由 3 间石牌楼和 2 个方亭构成的建筑，可以提供游人休憩。

（六）炼丹峰

炼丹峰是景观区的一个高潮空间之一，在保持历史原有格局的基础上可以加强"太上老君炼丹"的神秘气氛，平添旅游趣味。峰顶有金炉、银炉各 1 座，按太极双眼构图，使得空间序列在这里又一次的升华。紫微峰是炼丹峰上所看到的最高峰，是构成景观序列的又一高潮，上建仰仙亭，以亭子的虚灵而成为高潮空间的延伸。

（七）老子文化院

在虎豹沟以西修建老子文化院，主要包括老子纪念馆和中国道学研究院，展示老子作为伟大哲学家、思想家的丰硕成就以及对中华文明的深远影响，同时展示国内外对道文化的研究成果；道文化研究院应该是全国性的道文化研究基地。老子纪念馆和道文化研究院的建筑设计要体现楼观台作为道教祖庭的圣地感和深奥的"道"文化精神，建筑采用风格应该古朴并且能够体现中国建筑文化的优秀传统，其形式不是古代的复原式翻版，应该有所创造发展，力求既有历史文化的内涵，又适应当代审美的建筑空间环境，体现时代精神。建筑入口向东，取"紫气东来"之意。入口道路自门前广场向北接到主要公路上，周围密植松柏，掩映出老子文化院幽静的自然气氛。老子文化院主体建筑面积 1924 平方米，砖混结构，为局部 3 层的坡顶建筑，青瓦白墙，营造淡雅自然的气息。

四　建设目标

以宗圣宫—说经台中轴线为核心的道教文化展示区文化特色鲜明，重点以文物博览、旅游观光、道文化交流等为产业依托，以自然生态为景观环境、以道教文化为基本文化氛围、以珍稀野生动植物和山林景观为游览对象，将华夏文化探源与大道文化体验相结合，园林城镇休闲与民俗文化体验相融合，形成一个充满文化能量与生命活力的新时空，铸造人们思归的精神家园，人们可以在道韵清悠的秦岭之巅感悟 3000 年的历史积淀。

五　总体规划

重点开发以道教文化旅游为内容的华夏文化寻根朝拜旅游项目。道教文化区的规划是长条形的，喻老子之变相，孔子曾经对学生说，老子就是那种神秘莫测，可以腾云驾风、自由驰骋的神龙，以龙形主题公园寓意道学本身是一种龙的文明，它是周易变化的，使道文化广场得秦岭山脉之精髓——集山形、水势、龙脉于一体。

在规划内容上，着力展现道教文化内涵，表达"一元初始、太极两仪、三才相和、四象环绕、五行相生、六合寰宇、七日来复、八卦演易、九宫合中、一元复始"的宗教概念；在空间布局上以太清门、上清门、玉清门为节点，将主轴线划分为三段，与道教"三清圣境"意境相契合；在景观的空间序列上重点突出，特色鲜明；在游客集散的中央广场内，运用巨石结合水景的手法展现恢弘大气氛围，同时结合景观柱、大型地雕及涌泉喷雾等元素的巧妙运用，营造出宛若仙境的景观效果。

图9－2　道教文化区空间布局平面

六　具体举措

（一）道文化博物馆

在宗圣宫东面拆掉所有建筑，建立道文化博物馆，以壁画、文字、实物、模拟场景、书籍典藏等多种陈列形式，系统展示道教文化的起源发展及对中国传统文化产生的巨大影响。新建1座博物馆，将道家文化发展史进行系统归纳整理，并且通过多种形式对道家文化进行全面展示。通过道文化博物馆，将那些历史、文物、文字、图片以科学、艺术的手段有机结合，在景点上形成一个充满文化能量与生命活力的新时空，形成人们所思归的精神家园。

道文化博物馆分为几大部分：第一，"人间仙都"作为道家文化博物馆的序厅，壁画展现了道教的源流，尊神、地仙、吉神的形象生动地体现了道家所追求的"宇宙和谐、国家太平、修身养性、得道成仙"的思想。第二，"道脉流传"将系统全面地展示楼观台道教及道文化产生的源流及发展，并且搜集见证道文化发展历程的书稿、器物等，再现2500年道文化的发展历程。第三，"道贵养生"展示道家的养生术，包括外丹术、内丹术、辟谷术、导引术、武术等。第四，"洞天福地"，包括十大洞天、36小洞天和72福地，构成道教地上仙境的主体部分，历代道士过往期间建宫立观，留下了不少人文景观和神话传说，这部分将再现化身仙人的道者炼丹、修养、静思的场景。第五，"道教艺术"包括道家美术、道家音乐、道家服饰、道家茶艺、道家素食等。

宗圣宫和道文化博物馆以南，设置商务中心，专营道教用品（镇宅之宝、护身符、本命神、老子像、道乐音带）、道文化研究图书、各类经络按摩养生用品等。设置道教礼仪公司接洽点，承包每年的重要文化庆典，如老子祭奠大典（老子生日二月初十、忌日四月二十八日）、世界道家养生日庆典（5月25日），以及各类民间婚丧嫁娶祈福庆典的业务。设集贤古乐道乐剧场，旅游者可以在其中观赏道乐表演、道家武术表演、道家科仪表演和播放道文化专题片。

（二）老子学院

老子学院考虑设在道文化博物馆南面，按照道教宫观的建筑风格，进行功能设置。依托北京大学等国内一流高校及楼观台道观的号召力，建成老子学院这一国际性的中国道文化产学研基地，定期举办国际论坛，成为世界道文化研究高地。老子学院内配套建立一个以道文化图书收藏为主的图书馆，道藏公共图书馆以八卦方位进行设置，可以供学员借阅图书、影印资料及参观修行所用。用2—3年，将老子学院建设成为一个供较高层次人员及国外留学、访问学者深入了解学习研究道文化的书院，有计划地出版一系列符合学院文化理念的道文化图书。老子学院应该是一个与孔子学院并行不悖、各具特色、各有侧重、弘扬和展示中华优秀传统文化的中国文化书院。老子学院承办的"楼观论道"应该成为一个有较大影响力和吸引力的国际性文化论坛。

　　学院邀请海内外高道、社会名流、当代国内国际道文化研究领域的著名专家、学者围绕道与生态文明（自然之道）、道与养生健康（养生之道）、道与社会和谐（包容之道）等议题进行演讲阐发。由楼观台道观发起，从全国各省道教协会中推荐选拔中青年道士，定期来老子学院讲学，从道教的义理、修持、戒律、养生、教育、宫观管理以及道教对文学、社会道德、人文心理、生态环保等方面产生的积极影响等方面进行讲经说法。

　　集聚一支国内外一流的道文化研究专家学者团队，精心研发标准化的道家修真教育培训体系，出版研究专著和专业期刊。例如，把道家修真文练和武练的动作进行分项梳理，以比较科学合理的方式分别设置成若干套课程方案，打造标准认证的道家修真养生培训，设立楼观道家修真养生国际联合会，作为专业修真养生导师培训基地广收学员，进行品牌输出、招商加盟连锁经营。

　　（三）道温泉项目

　　收购已经在建的道温泉项目，这个项目是陕西省"十一五"期间重点旅游项目，是以自然生态为景观环境、以道教文化为基本文化氛围、以珍稀野生动植物和山林景观为游览对象、以温泉休闲养生保健为主要活动，集餐饮、住宿、旅游观光、度假、温泉养生浴、康体娱乐等功能为一体的复合型特色温泉休闲旅游度假项目。道温泉规划用地所在有优质温泉水资源，其中龙瑞温泉井深1702米，井口水温56℃，富含多种有益人体的微量元素。将道温泉原址西移，为朝圣主干道的建设留出空间，重新规划设计建设以下项目：各式温泉引流水景小品净手池，大众园林戏水式特色温泉泡汤，庭院宾馆式特色温泉泡汤，高档自然园林别墅式特色温泉泡汤。

　　营造洗涤尘累、入山朝圣的洗浴洁净概念，打造以道文化为特色的露天泡温泉休闲度假旅游项目。使"道温泉"成为具有国际影响力和市场震撼力的温泉休闲度假旅游著名品牌。从目前国内温泉经营情况看，温泉同质化比较明显，没有足够体现地方和民俗特色。而道温泉所处地域为道家祖庭、天下第一洞天福地，可以深度挖掘其千年的民俗文化风情，彰显其独特的市场定位。依托环境和民俗文化，道温泉复制性不强，也能够体现自身特色。温泉只是功能资源，只是配套，而不是吸引旅游者的关键，关键在于创造出温泉经营的特色——秦岭北麓，道家圣所，水利万物，道香浓郁，益寿延年，归隐林泉，带领人类重归生命的源头，实现天人合一的自然之道。整个区域从建筑风格、设施摆放、产品特色、服务标准均紧扣道家温泉养生文化的核心主题。

1. 营造与天共沐的仙家香汤。

楼观台风景区内有丰富的地热资源，利用温泉发展道家香汤沐浴的休闲项目，《太上灵宝无量度人上品妙经》云："道言，行道之日，皆当香汤沐浴。"《太上素灵经》云：太上曰："兆之为道，存思《大洞真经》，每先自清斋，沐浴兰汤。"利用秦岭药材，如白芷、桃皮、柏叶、零陵、青木香等世传道家 5 香发展保健药浴，做出楼观台度假洗浴的品牌——道家五香浴，将其打造成为中华第一仙家香汤。

2. 以温泉泡汤为核心的养生庄园。

以温泉为核心，主要开发游乐、餐饮、度假等项目，同时兼顾面向大众人群的温泉洗浴。项目规划建设五大区域：温泉游乐区（室内温泉游泳池、温泉幼教池、活血通络池、健腰固肾池、三花养颜池、香薰池、浅水池、室外温泉游泳池等），美食坊，运动健身俱乐部（台球室、健身房、板球房、乒乓球室、棋牌室等），文化休闲区（包括影视厅、书吧、电子阅览室等）和客房（包括四星级宾馆、普通客房区）。

（四）挖掘珍稀野生动植物深层次内涵

秦岭国家植物园总面积 639 平方公里，为世界第一大植物园。功能定位为生物多样性科学研究、生物多样性科学普及、生物多样性保护、生物多样性旅游。秦岭国家植物园规划为 4 个区进行建设：A 区为植物迁地保护区；B 区为动物迁地保护区和历史文化保护区；C 区为生物就地保护区和植被恢复区；D 区为复合生态功能区。其中 B 区位于楼观台一带，为动物迁地保护区，规划面积 16 平方公里，设置动物抢救中心，重点进行大熊猫、羚牛、金丝猴等珍稀濒危动物的抢救、繁育，并且进行物种回归自然实验；有珍稀野生动物 27 种，其中秦岭 5 大国宝驰誉世界，拥有世界最大的朱鹮人工饲养基地，是全国 4 个大熊猫繁育基地之一，是西北地区第一家对野生动物实施野外抢救、饲养繁殖、科学研究的专业机构；百花珍兽园现存栏国家一类、二类珍稀保护动物 418 只（头），其中大熊猫 13 只、金丝猴 22 只、朱鹮 256 只、羚牛 26 头。有各类动物馆舍、管理用房及外活动场地 7300 平方米。建成大熊猫馆、综合抢救区、褐马鸡饲养区、羚牛馆、兽医院、办公楼等总建筑面积 19843 平方米。在秦岭植物园内如何对道文化与珍稀野生动植物深层次内涵进行挖掘，有以下建议。

第一，可以建"陈宝炽驯虎雕塑"或"陈宝炽道观"。陈宝炽，颍川人，北朝时期周至楼观高道，尤其擅长驯虎，常有群虎往来相随，守护观院。西魏文帝召法师聆闻驯虎术。宝炽以驯虎喻治国御民方略，说："抚我则厚，虎犹民也；虐我则怨，民犹虎也。何术之有！"文帝心悦诚服。朝中大臣也竞相向道，尊之为师。陈宝炽为楼观道派名人，他的驯虎故事既体现道教的利生万物民胞物与，又具有传奇色彩示范意义，可以为楼观台珍稀野生动物景观注入道文化内涵。

第二，可以用药王救虎的题材表现动物抢救。孙思邈是中国乃至世界历史上伟大的医学家和药物学家，被誉为上山采药、遍尝百草的药王、医神。孙思邈曾经为受伤的兽王治病，手到病除解其痛苦，神虎感念孙氏恩德，每天跟在他的身前身后护卫。孙思邈入山采药，神虎为其背药篓，衔药锄；出诊时为他当坐骑、衔药箱。人兽相亲，其乐融融。

第三，建药王观或相关雕塑。在中国道教史上，以医学著称于世的道士和寿星，孙思邈堪称第一人。他一生坚持攀崖采摘、辨识草药，为人治病，研究中医，千金方妙济天下，药圣神灵佑四方。在秦岭国家植物园内建药王观，抄录各种药王古方于墙上，供人们学习研究、撮药煎服，使各类秦岭植物资源和人们生活日用有效结合。药王观中可以开发的题材很多，如药王医龙、药王救虎、一针救二命、太宗敕封等脍炙人口的药王故事。甚至可以为药王前后依次建 3 尊雕塑：一为 20 岁时，孙思邈纵谈老子、庄子的学说，被人称为"圣童"；二为 50 多岁时，唐太宗即位后，召他入京，孙思邈容貌气色、身形步态皆如同少年一般，太宗感叹其为有道之人；三为168岁时（孙思邈的年龄现今有6种说法，按最大说法计），唐高宗患疾，令其随御，孙思邈辞疾还山，隐于山林，童颜鹤发，身背葫芦，健步如飞。

第四，各类科普教育体验项目。

自然爱好者野营地：为户外野营爱好者提供露营场所及各类户外用品专营。

秦岭自然拍摄基地：以大秦岭之美为号召，举办全国生态旅游目的地摄影节，形成拍摄基地。

树屋之夜：修建一批依树而建的树屋旅馆、餐厅、酒吧、观景台。

季节主题活动：利用不同节令植物现象，开发樱花节、红叶节等一批主题旅游，同时开发周边产品。

李时珍之旅：以植物认知学习为目的的专项旅游线路。

植物手工坊：以植物枝叶果实加工为核心的体验式手工作坊。

植物科学夏令营：分不同年龄段、科属种类研发的教育项目，由认知、采摘、标本制作等环节组成。

动物互动乐园：半圈养动物区，尤其是儿童，与鸡兔相嬉，给牛羊挤奶，与小猴玩乐。

（五）楼观道派名人馆

1. 开山祖师尹喜殿。

据《史记》《楼观内传》载，尹喜字公文，天水人，善天文秘纬，涉览山水，于雍州终南山周至县神就乡闻仙里结草为楼，观星望气，其宅被称为"楼观"。后瞻见紫气东来，得迎圣人老子来楼观讲说《道德经》五千言，赞为道坛千秋盛事。后尹喜又著《关尹子》9篇，被道教尊为无上博大真人，楼观以尹喜为开山祖师。尹喜是具有地方特色和标识的周至文化名人，对其故事应该给予丰富充实，扩建其祭祀神庙宫观。

2. 尹澄告诫秦始皇。

秦始皇于始皇二十八年（273），驾临楼观拜谒老子，诏令在观南修建清庙。尹澄乃秦朝楼观著名的道德之士，始皇向尹澄询问御民及长生之道，尹澄以《道德经》"我无为而民自化"应对，始皇听后大悦，委尹澄主持观务，并且拨田给户，楼观由此大兴。遗憾的是这位千古一帝并未真正实行尹澄的告诫，强大一时的秦王朝终于在"劳民无度，暴政如虎"激发的天下大乱中覆亡了。

3. 田谷十老。

实际传播和发展楼观道的是北魏末的梁谌、王浮以及王延、严达、苏道标、程法明、周化生、王真微、史道乐、于长文、张法成、伏道崇等10人，世号"田谷十老"。今考证十老洞遗址在赵代村内，可以进行相关修复扩建。

4. 歧辉助唐。

歧辉，字平定，京兆人，隋唐之际周至楼观高道，善观天象。隋大业七年（611），炀帝亲驾征辽，歧辉语弟子曰："天道将改，当由老子后代治天下。"不几年，天下大乱，群雄并起，李渊在晋阳起兵反隋，歧辉尽倾楼观钱粮襄助军需，又派武道助阵。唐朝削平群雄，定鼎长安，诏封歧辉为金紫光禄大夫，鉴于歧辉助唐之功，楼观在唐代一直处于优越的地位。

5. 王重阳创立全真道。

王重阳，原周至东乡甘河镇人，元代高道。在南时村筑"活死人墓"穴居，潜心研道，构筑起全新的、具有强大生命力和吸引力的新道教理论，创立全真道，使道教发生了一次历史性的革命。全国道教派纷纷改奉全真道，形成了"仙源流入全真海"的壮观局面。楼观亦融入全真道，并且成为全真道在北方的十方丛林重镇。

6. 马丹阳传教丹阳观。

马丹阳，全真教主王重阳的大弟子，山东宁海人，俗名马从义。金大定十一年（1171），他为师父守墓满三载后，到周至竹峪洞清庵研道传教，广收教徒，创立全真道遇仙派。著写了《金玉集》《精微集》《神针赋》等著作，成为中国道文化和中医文化的宝贵财富，受到广泛的推崇。1183年，马丹阳逝世，元朝国师长春真人丘处机亲率弟子来周至安葬师兄。改洞清庵为丹阳观，并且对丹阳观进行了大规模兴建，达到鼎盛局面，以至民间流传"先有丹阳观，后有周至县"之说。

7. 丘处机中兴楼观。

蒙古太祖成吉思汗时，道教全真派高道丘处机西行万里，会见成吉思汗，被尊崇为"丘神仙"，全真道因此得以大兴。太宗八年（634），全真道掌教大宗师清和真人尹志平，到陕西拜谒全真道祖庭重阳宫，又慕名到楼观参访，见道观殿宇荡然无存，颇为凄然。为振兴道教，尹志平命李志柔修复楼观，历时7年竣工，此后楼观遂成为全真道观。世祖即位，诏改宗圣观为宗圣宫，后又3次敕命大修，使楼观的规模接近于唐朝时的鼎盛景象。

（六）楼观竹海

来楼观游览的人，最先跃入眼帘的是铺天盖地的竹林，这里绿波荡漾，空气清新，把这座山都装点得千媚百态。百竹园占地223亩，18属151个品种，是中国北方面积最大、品种最多的观赏竹园。古楼观的竹林，起根发苗来自哪里？为什么这么多，又为什么用铁链锁着那个大竹子？可以利用丰富的历史文化题材，将这里打造为一个独一无二的北方地区竹文化园区。

1. 周穆王植竹。

周穆王名姬满。史书记载，西周时周穆王为了夸耀武威乘"八骏马"周游天下，曾经携盛姬到过周至。休息于山青水碧的芝谷（今黑水峪）芝水（今黑河）之滨，宴于玄池（今仙游寺黑龙潭），奏广乐3日不息，并且在这里栽植了好多竹子，名为芝竹。据说从此以后，周至地区方有了竹子。周穆王又往楼观修建了楼观宫，成为楼观最早的宫观，竹子移植到古楼观后遍地生根，越长越多。

2. 铁链锁竹王。

传说楼观台竹林里有个竹王，比桶粗，统治着这里的竹子，繁殖特别快。可是后来某天，楼观台方丈夜梦道教护法神灵官告诉他，因为道士看管竹林不严，竹子常被人砍伐，触怒竹王，竹王要带子孙上华山，10日之内起程。方丈听后很着急，问王灵官讨教留住竹王的办法，王灵官告诉他用铁链锁住，它就跑不动了。方丈按梦中所说，果然留住了竹王，楼观台才得以竹海茫茫。这个故事反映了自古以来，楼观台人就有很强的环境保护意识。

3. 平阳公主起兵司竹宫。

平阳公主为唐高祖李渊窦夫人所生的女儿。隋大业十三年617年，李渊在太原起兵反隋，平阳公主以周至司竹园为大本营，聚众7万，起兵响应李渊。公主指挥各路兵马，一举攻占周至、武功、兴平。后又亲率精兵万余到渭北与李世民会师，声威震动关中，她所率领的军队被称为"娘子军"。现在周至的司竹府堡一带即当年平阳公主司竹宫所在地，仍然是翠竹连畴，郁郁葱葱。

4. 白居易种竹。

唐元和元年（806），诗人白居易任周至县尉时，亲手栽种竹子，在《新栽竹》诗中写道："何以娱野性？种竹百余茎。最爱近窗卧，秋风枝有声。"

5. 苏东坡剖竹制调水符。

苏轼喜竹，他曾经为诗："宁可食无肉，不可居无竹。无肉使人瘦，无竹使人俗。"这些话历来被爱竹者视为座右铭。苏轼还曾经在司竹园会猎，写出了洋洋数百言的长诗。他的《题南溪竹上二小诗》其一为："谁谓江湖居，而为虎豹宅。焚山岂不能，爱此千竿碧。"诗寄其弟苏辙，弟和《次韵子瞻南溪避世堂》诗："拄杖行穷经，围堂尚有林。飞禽不惊处，万竹正当心……"苏轼与友人章子厚同饮了仙游寺玉女泉之水，甘之若饴，喜不自禁，遂欲常饮此水。他与住持僧守真和尚商定：由他雇人自凤翔来此取水，并且用仙游寺所生长的芒竹制符，劈为两半，写字成契，各据一半，互换互验，以为凭据。一开始，此法果然管用，人勤水真，往返频频。日子一久，取水人却干起了投机取巧的勾当，制作了假符，并且于近处取回了假水。苏轼十分无奈，写了一首《调水符》，前有题记："爱玉女洞中水，既致两瓶，恐后复取为使者见绐，因破竹为契，使寺僧藏其一，以为往来之信，戏谓之'调水符'。"诗曰："欺谩久成俗，关市有契。谁知南山下，取水亦置符。古人辨淄渑，胶若鹤与凫。吾今既谢此，但视符有无。常恐汲水人，智出符之余。多防终无及，弃置为长吁！"

6. 竹文化馆。

以"竹"部各字为例说明竹子在中国古代文化中的作用和功能：筷、箸：吃饭的主要工具，源自竹子。篮、箱、筐、笼、篾、箩、簸箕、篱笆等：生活日用品。笔：写作的主要工具。筒：放笔之处。简：纸张发明之前主要的书写用品。篇：因为汉朝以前文字都是写在竹简上的，所以称为篇章。籍：书籍。和篇的来源类同。符：最早的象形文字都是刻画在竹上的。箭簇：射猎工具也少不了竹子。箬、笠：独钓寒江的渔翁戴的帽子。筝、笙、笛、箫、管：音乐演奏少不了竹。笞：惩罚人的刑具。篙、竿：撑船不可缺。簪：女子的饰物。筑：建房有竹。筏：小船。笺：竹可制纸。算：以竹筹算术。签：求卦卜签必用也。历代文人墨客所题咏竹诗、所绘以竹为题材的国画，随步换景，处处可见。

7. 银杏工程。

作为玄功德化、泽被于天下的道教祖庭楼观台，老子手植公孙树——银杏，其木虽然历经千载风雨，四肢开裂，但是依然生机勃勃，枝叶繁茂，足可以体现出中华民族精神文化的顽强永生与不息的活力，而且昭示出道教于国的无比尊大。楼观古银杏树有雌雄 2 株，宗圣宫 1 株为雄树，树身直径 3 米，高约 20 米，相传为汉代所植，树龄约 2000 年，虽然树身半毁，但是枝叶仍极繁茂。雌树在说经台山门前，树身直径约 2 米，高 29 米，树盖如伞，叶茂实繁，形成山上山下、一阳一阴的互为呼应，道法之神奇，天地之大美实在让人感叹。公孙树的形象应该作为一种文化人格上的象征而广为繁衍。在道教文化展示园区一带，尽可能培植多种规格的银杏树，使之古树参天，清幽旷远，如临仙境。让银杏的身影、果实、精神在太上开教之所成为普遍的存在，从而为延伸道教文化而发挥其不可替代的作用。景观上的特色与文化上的本征互存互补，古代圣哲老子的崇高便成为不断绵延的形象存在。另一方面，其道学文化的博大内涵与生生不息的创造力也在物观上得到了一定的展现。

七　启示与借鉴

（一）政府方面

由于中国是道教的发源地，有广泛的宗教信仰基础，不少地方政府或是旅游开发商看到了开发道教旅游所带来的收益。于是，在旅游业的发展中，以开发道教旅游为名，不管这个旅游景点曾经有没有过庙宇或道观，都乱建庙宇道观，以吸引人们到此旅游。任何一种宗教信奉的都是修身养性之说，因此当初在选址建造时，一般都选择在远离尘世、风景秀丽的山野地方，有些地方堪称是人间仙境。但是，随着宗教旅游的开发与发展，宗教圣地的城镇化现象也日益严重，到处是现代的建筑，伴随而来的是自然环境受到严重破坏和污染，道教氛围也日益世俗化。

在这一方面，政府要加强管理，避免道教旅游地周围成为商业区，避免宗教活动过于商业化。目前，中国对于宗教场所的管理处于多头管理的状态，宗教场所归宗教部门管理，但是宗教中的文物又归文物部门管理，而且在开发中也出现了多头管理的现象。在机构设置上，可以把旅游、宗教部门合并。开发宗教旅游资源时，要从正常发展的角度思考问题，进行多方沟通，把对宗教旅游资源和旅游者的影响减少到最小程度。由于宗教场所的门票收入和香客捐赠是归宗教场所自己所得，不需要缴纳税收，开发宗教旅游资源对于地方旅游收入来讲，只是通过宗教活动的开展，吸引旅游者前来旅游，以增加当地其他消费品的收入。在宗教旅游资源开发时，要尽量站在宗教部门的角度考虑问题，避免开发过于商业化的宗教活动，使宗教旅游活动朝着正确的方向发展。门票价格也不宜过高，以方便信徒、香客的到访，因为信徒、香客本身也是宗教旅游开展所依托的资源。

此外，政府对宗教文物古迹的修复与重建应该尽量保持其历史原貌，坚持"修旧如旧"的原则，切忌"整旧如新"。人工建造的风景也应该与周围的宗教文物古迹相协调，切忌不伦不类，破坏宗教景点价值和风格。总之，宗教景点的保护应该与旅游业的发展相结合。如果宗教文物古迹的保护维修不与旅游活动的开发相结合，最终只能是

"保"了宗教文物，"丢"了旅游，宗教文化这块国之"瑰宝"也无法为国家创造出新的财富，发挥应有的作用，宗教文化本身也无法得到广泛的传播和交流。为此，政府主导体现在高度垄断规划、统一负责投入或引资编制旅游发展总体规划、景区控制性详细规划的编制，构建科学合理的旅游规划体系，确保规划的科学性、完整性、严肃性和可行性，严格执行审批规划的程序。

（二）旅游企业方面

旅游企业应该充分认识和评价宗教旅游资源，开发体现宗教特色的旅游产品。宗教旅游是社会发展的必然产物，伴随着大众旅游的进一步发展，将有更多的人加入宗教旅游中来。宗教旅游资源是一种民族性、地域性都很鲜明的人文旅游资源，其宗教氛围的神秘特性、宗教建筑、教义等的历史文化价值，都是吸引旅游者的重要特征。在宗教旅游资源的开发上，要紧紧围绕宗教文化中一些正面主题，根据各个宗教景区的不同特点，开发一些有别于其他旅游活动的特色项目，如道教中的天道与人道等，创造出浓郁的宗教旅游氛围。在开发方式上，要从观赏性开发向体验性开发转变，采取一些动态参与方式。

宗教是一种人们精神层面上的信仰，宗教旅游资源的开发实质上是对这种精神层面上的信仰进行开发，因此应该同精神文明建设事业的要求相一致。在对其进行开发时，要规范开发方向，遵循旅游开发的原则，并且在宗教文化内涵的开发上下功夫。这点可以结合道教发源地的资源特点，极力打造出"道源圣城"的品牌。

同时，旅游企业应该加快旅游配套设施及服务区的建设，要充分考虑旅游者吃、住、行、游、购、娱六大需求，推进基础设施建设，完善综合服务功能。制约旅游发展的最大障碍在于通道，积极做好连接景区的公路升级，加快景区步游道、停车场、标示牌、供电供水、通讯、旅游厕所、垃圾清运站、污水处理场的修建，完善新县城旅游客运中心，把景区与周边的旅游景区结合起来，形成一条黄金旅游线路。

（三）道教组织方面

道教组织要以科学的态度，严格遵守和执行中国有关宗教的法规与政策中国是一个宗教种类繁多的国家，既有土生土长的宗教，如道教，也有外来的宗教，如佛教、基督教、伊斯兰教等。这些宗教不但历史悠久，并且中国经济、政治、文化、哲学等各方面都产生过深刻的影响，宗教问题在中国也具有长期性、群众性、民族性、国际性、复杂性等特征。① 因此，凡是涉及宗教的问题都应该采取科学、谨慎的态度加以对待，全面正确地贯彻宗教信仰自由的政策。为此，中国颁布了《中华人民共和国境内外国人宗教活动管理规定》《宗教活动场所管理条例》《宗教团体房地产政策规定》等有关宗教的具体法律和政策规定。开发利用宗教文化旅游资源，必须依法办事，认真落实各项政策，保证宗教文化旅游的有序进行，保护宗教团体的合法利益。通过宗教文化旅游，引导人们从事宗教活动要服从和服务于国家的最高利益和民族的整体利益。通过宗教文化旅游，挖掘和弘扬宗教教义、宗教道德、宗教文化中有利于社会发展、时代进步和健康文明的内容，发挥宗教的积极作用，避免其消极影响。②

一般的旅游者对宗教文化都缺乏足够的了解，他们参加宗教旅游的目的，就是要增长宗教知识、了解宗教活动。很多导游和一些宗教人士，由于宗教理论知识较差，不能向旅游者系统地讲述宗教博大精深的智慧，引导旅游者进行哲理性的思考，而只是宣传宗教中封建迷信的东西，导致宗教旅游成了向人们传播封建迷信的一种渠道。甚至有些巫婆神汉，以所谓的"开光"商品进行敛财，以打卦算命骗取钱财，使宗教旅游发展产生偏差。因此，道教组织应该派专人负责向旅游者讲述宗教博大精深的智慧，避免封建迷信四处泛滥。

此外，旅游文化是一种特殊的旅游资源，宗教文化旅游景点既是宗教活动场所也是旅游景点，所以这些景点的管理也存在多方面的利益纠纷。③ 宗教工作和旅游工作都是党和政府工作中的一个重要部分，

----

① 杨立志：《自然·历史·道教》，社会科学文献出版社 2006 年版，第 85 页。

② 邹统钎、吴丽云：《旅游体验的本质、类型与塑造原则》，《旅游科学》2003 年第 4 期。

③ 李晓梅、项桂芳：《武当道教文化旅游资源开发设想》，《十堰职业技术学院学报》2009 年第 3 期。

两者应该是相辅相成的，要在贯彻党和国家政策基础上互相支持、互相促进，旅游与宗教管理部门要加强沟通协调，按照政策规定，宗教的寺观、房地产、寺观的收入及正常的宗教活动由宗教界有关部门管理，接受政府宗教部门的监督，其他任何组织单位和个人不得侵占。旅游部门负责管理旅游设施，为旅游者提供优良的交通、住宿、饮食、购物、导游等方面的服务。关于门票的问题更要妥善处理，做到旅游部门、宗教人士、旅游者三方都满意。当旅游部门和宗教部门发生矛盾纠纷时，双方应该按照有关政策，积极加强沟通协调，及时解决问题，才能够让旅游和宗教共赢发展。

总而言之，宗教文化旅游资源的开发利用是一个比较复杂的问题，我们应该严格遵守党的宗教政策，合理处理好开发利用过程中出现的问题，最大限度地发挥当前形势下的各种有利因素，使宗教与旅游业互相促进，共赢发展。

楼观台道教文化历史悠久、博大精深，在陕西传统文化中占有重要地位，是陕西旅游的一个品牌，需要不断挖掘其道教文化的内涵，特别是崇尚自然、注重修身养性、返璞归真的特色，不断创新与发展，促进它与中国优秀传统文化和传统价值观念的有机结合。

楼观台道教旅游文化的发展规划对于其他地区旅游文化的发展具有很好的启示和示范作用，因此其他旅游景区，尤其是宗教文化旅游景区，应该以此为借鉴，从城市发展和城市文化建设的高度出发，重视旅游文化的深刻挖掘，开发出高品位、高附加值的文化产品，设计科学合理的旅游观光路线，促进旅游文化的开发研究，从而促进旅游业的可持续发展，对城市文化建设做出重要的贡献。

第十章　关中农业文化旅游开发

第一节　以杨凌现代农业创新园为个案的现代农业文化旅游开发

一　项目简介

杨凌现代农业示范园位于杨凌农业高新技术产业示范区内，该区简称杨凌区或杨凌示范区，是中国唯一的农业高新技术产业示范区，1997年7月29日在咸阳市杨陵区成立，由陕西省直辖，并且同23个中央部委共管，具有地级行政级别。示范区管理委员会享有省级经济管理权及部分省级行政管理权，享受国家级高新技术产业开发区的各项优惠政策、国家对农业的倾斜扶持政策以及西部大开发的各项优惠政策。

杨凌位于陕西关中平原中部，东距西安市82千米，西距宝鸡86千米，距离西安—咸阳国际机场约70千米。杨凌区交通便利，路网密织，可进入性较强。陇海铁路纵贯全区，西宝高速公路、西宝二级公路纵穿全区。

杨凌现代农业创新园占地52.5公顷。

二　开发思路

以市场为导向，发挥区域优势，突出地方特色，促进产业结构调整，以先进适用技术为支撑，加强农业技术的组装、集成和科技成果转化，促进传统农业的改造和升级；以改革创新为动力，促进体制创新和科技创新；以可持续发展为目标，发展科技型、生态型、观光型、休闲型、高效型一体化的现代农业，促进生态农业发展；以城市带动示范园区、园区服务城市为总体要求，以人为本，以农业为本，建设一个城郊结合的高效现代农业园区。

三　建设目标

紧紧围绕国家赋予杨凌示范区的使命，通过建设国内一流、国际知名的现代农业示范园区，聚集和展示国内外农业科技新成果，打造现代农业示范的核心区域和农业科技交流推广的平台，探索现代农业发展新途径，实现农业生产经营和组织方式的创新，推动农业产业化、标准化、信息化和集约化，转变农业增长方式，为推动中国干旱半干旱地区农业现代化发挥示范作用。以"科技·绿色"为主题，在设计中突出现代主义的简洁明快的设计风格，突出地域文化和特色。

杨凌现代农业创新园以展示国内外农业及其相关学科高新科技和创意农业的新成果、新技术为内容，以科技成果转化与旅游观光为经济增长点，以农业专家与企业技术部门为主体，展现农业的新技术、新品种和新成果。

四　总体规划

杨凌现代农业创新园在总体规划上以综合展览馆为核心，外围辐射奇异蔬菜馆、梦幻花卉馆、北方果树馆、南方果树馆、超级菜园、现代农业创意馆、工厂化育苗中心、西部特色栽培技术展示馆、未来植物工厂、植物克隆区等，并且配套有创新园水上餐厅、特色果树园、陆地巨型蔬菜、创新园管理服务中心等。

五　具体举措

(一) 积极争取政策支持

杨凌农业高新技术产业示范区发挥政府服务优势，一方面积极向省级及国家争取在政策、财政、土地使用等方面的支持和奖励；另一方面在管理委员会权限范围内对近期发展的重点建设项目给予政策和资金的支持，以市场为导向，为企业创造相关宽松的发展环境。

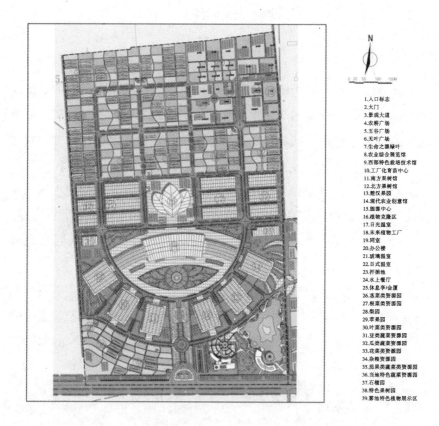

N

1.入口标志
2.大门
3.景观大道
4.农耕广场
5.五谷广场
6.无叶广场
7.生命之源绿叶
8.农业综合展览馆
9.西部特色栽培技术馆
10.工厂化育苗中心
11.南方果树馆
12.北方果树馆
13.楚汉花园
14.现代农业创意馆
15.能源中心
16.植物克隆区
17.日光温室
18.未来植物工厂
19.间室
20.办公楼
21.玻璃温室
22.日式温室
23.扦插地
24.水上餐厅
25.休息亭/会厅
26.茎菜类资源园
27.根菜类资源园
28.梨园
29.苹果园
30.叶菜类资源园
31.豆类蔬菜资源园
32.瓜类蔬菜资源园
33.花菜类资源园
34.杂粮资源园
35.茄果类蔬菜类资源园
36.当地特色蔬菜资源园
37.石榴园
38.特色果树园
39.雾池特色植物展示区

图 10 - 1　杨凌现代农业创业园区总体规划项目设置

（二）建立行之有效的投资融资方式

在开发过程中除了依靠政府的支持外，更应该积极地扩展其他融资渠道。首先明确政府主要投资方向为道路、园区植物大棚等相关的基础性项目，并且有选择地投资部分关联效应和在提高园区整体素质方面具有重要作用的示范性项目。开拓具体的融资渠道包括：努力争取海外投资，积极鼓励民间投资，多渠道筹措社会闲散资金，运用投资参股、贴息、借转担保等。

六　启示与借鉴

（一）立足主导产业发展

合理布局农业休闲观光项目，重视农业生产力和休闲观光的同步发展。正确处理好农业生产与休闲观光的关系。不要脱离农业主导产业，片面地、一味地、不切实际地去追求发展旅游观光业，以免重蹈曾经一度风风火火而又很快随之销声匿迹的"马路饭店"覆辙。

（二）拓展农业多种功能

重视现有设施栽培、生态养殖、立体种养、种养加一体化、有机农业等高效生态农业模式的功能拓展。

（三）坚持机制创新，促进多元发展

建立"政府扶持、业主为主、社会参与"的投入机制。完善基础设施和配套服务设施。积引导工商、社会资本投资。鼓励农民以土地、资金入股等方式参与建设。建议开发这种类型的项目应该成立开发公司，构建项目开发平台。

第二节　以武功为个案的古法农业文化旅游开发

一　项目简介

武功镇地处关中平原西部，东迄兴平，西邻杨凌、扶风，北接乾县，南隔渭河与周至相望。武功镇地处武功县西北部，距县城16千米，南隔沣水与杨凌区相望，西邻扶风县，北与游凤、苏坊两镇相连，东和代家乡接壤。

二　资源梳理

（一）旅游资源概述

武功镇为关中名镇，历史悠久，文物荟萃，曾经孕育了许多华夏民族的英模。古代有炎黄子孙的圣母姜嫄和农业始祖后稷，汉代有名垂青史的苏武，唐代有一代明君李世民，宋代有龙图阁大学士游师雄；明代有全国闻名的状元康海等。这些历史名人在创造中华民族的伟大业绩中，也给家乡留下了诸多名胜古迹，如教稼台、报本寺塔、苏武墓、城隍庙、康海祠堂、隋炀帝陵、绿野亭、唐太宗晒书处、姜嫄墓、后稷祠、杨虎城守城等。这些名胜古迹全都在古城周围，远不过 5 里。武功 8 景在陕西颇具知名度。

另外，武功镇还有龙王庙、清凉寺、娘娘庙、郑尚坡先周遗址。武功的小吃种类繁多，饸饹面、插酥、旗花面、粽子、油糕，样样让人垂涎欲滴。早在明朝时期，坐落于武功镇的绿野书院就培育出大量的人才，明状元康海曾经就读于此，其撰写的《武功县志》被称为《康志》，现收藏于美国国家图书馆；明朝文学家张载于此讲学；如今的绿野高级中学，前身就是绿野书院。

可惜的是，现在的自然环境人为破坏得太严重，很多古老的建筑都已经遭到毁灭性的损坏，武功古镇风貌已经荡然无存。

（二）类型

依据旅游行业国家标准和行业标准《旅游资源分类、调查与评价》（GB/T18972—2003）中旅游资源调查分类体系，通过对重要旅游资源点的实地考察、相关文献资源整理提取等方法，对武功镇的旅游资源采取概查的方式进行了系统的调查和分类。根据调查表的统计数据看，武功镇的旅游资源 8 个主类中占了 5 个，34 个亚类中只占 8 种，而 181 个基本类型中仅拥有 9 种，分别占全国旅游资源亚类和基本类型的 24% 和 0.05%。从中可以看出，武功镇旅游资源主类较为丰富，但是亚类和基本类型偏低。

（三）重要旅游资源

1. 教稼台封后稷官（武功八景之一）。

教稼台为周人始祖后稷教民稼穑的历史遗迹，位于武功县武功镇东门外，是全国唯一的一处古农业名胜，被列为关中四大名台之首。作为历史上最早的农业科学技术研究推广机构，教稼台巍峨矗立于距国家杨凌农业高新技术产业示范区 8 公里处的武功镇。教稼台为覆斗形，同古代粮食量具极为相似，台高 9 米，每边长 12 米，古朴典雅别具一格，辟四门洞，互相联通，寓意一年春、夏、秋、冬 4 季，台体四周护栏桩数恰好为 24 级，隐含二十四节气，前台阶分别为 5 级和 6 级，象征五谷丰登、六畜兴旺。古今名人钱范宇、刘暲昆、于右任、王任重、屈武、周尧、赵宏章等诗词、联语、手迹，刻写的碑、碣镶嵌其中，西北农林科技大学、陕西农科分院、武功科研中心等单位的《简介》立于台前。教稼台四周垂柳依依，翠柏常青，花繁叶茂，争奇斗艳。若遇天气晴朗，游人登台览胜，长川曲幽，漆水映带，田野碧绿，白云蓝天，太白屏南，梁山拢北，一切自然美景尽收眼底。

2. 苏武节碑龙门传（武功八景之一）。

苏武纪念馆位于武功镇龙门村前的台地之上，东临漆水，西依凤岗。苏武墓穴东向，背附青山，漆水河自墓前蜿蜒而过，依山傍水，环境优美，1957 年 5 月 31 日公布为陕西省重点文物保护单位。

苏武纪念馆占地面积 7000 平方米，建筑面积 580 平方米，其主要建筑依次为仿汉阙门、苏武牧羊铜像、南北庑廊、苏武大殿、南北祭亭、苏武墓祭台、墓冢。墓前竖有清乾隆年间陕西巡抚毕沅书《汉典属国苏公墓》、武功县令阮曙书《汉典属国苏子卿墓》及民国时期的《重修苏武墓门碑》等碑石。苏武文化广场、司马大道正在建设之中。2005—2007 年连续 3 年成功举办了世界苏姓祭祖大会，苏武，字子卿，陕西武功人，为平陵侯苏建次子。汉武帝天汉元年（前100）受汉武帝派遣，出使匈奴，后来因为受到副吏张胜事发牵连，滞留匈奴 19 载，仗节牧羊，忠贞不屈，爱国正气浩然长存。汉昭帝始元六年（前 81）回到汉长安，被汉昭帝封为典属国，专门负责边疆民族事务。神爵二年（前 60）苏武病故，葬于故里武功，终年 80 余岁。苏武作为汉代杰出的外交家之一、名垂青史的民族英雄，历朝历代都把他作为爱国主义教育的典范，史书、诗歌、戏曲均载有他的故事，世代流传，激励着一代又一代的志士仁人的爱国热情。

3. 报本胡燕更奇观（武功八景之一）。

报本塔坐落于武功镇北关，漆水环绕，西辅香山，依山建寺，依寺建塔，风景秀丽，景色宜人，为陕西名塔之一，曾经被咸阳市人民政府公布为首批市级旅游景点。报本塔因为建在报本寺内而得名，据宋代学士宋敏求编《长安志》卷 14 载：报本寺原为唐高祖李渊别宅，唐太宗李世民于隋开皇十八年十二月二十二日（599 年 1 月 23 日）生于此宅。李世民登基后，为报其母（太穆皇后）恩，舍宅为寺，名曰"报本"。报本寺塔建于何年，目前尚无定论。据传原为木塔，焚于战乱，北宋时建成砖塔。报本塔建筑手法为唐代风格，整体结构为楼阁式，7 级 8 面，通高 39.66 米，底部直径 10 米，第一层高 10 米，第二层不足 6 米，往上各层的面阔及高度逐级递减，每层的出檐呈叠梁式，柱额上安置砖雕转角，补间排列斗拱，砖雕图案粗犷大方，刀法严谨，每层辟门为四，圆卷式洞门真假相间，变化有序。塔势挺拔俊秀，内设塔梯，可以供旅游者登临塔顶远眺武功镇全景。报本塔地宫内金棺、银椁、舍利子等稀世珍贵文物近百件。

4. 王冠城隍第一庙。

武功城隍庙位于武功镇东街中段，坐北向南，占地面积 5000 平方米，建筑面积 1656 平方米。武功城隍神是全国唯一被唐太宗李世民敕封为"辅德王"的神灵，因而武功城隍庙也被称为都城隍府，其地位居全国各地城隍庙之首。

庙内建筑结构独具，宏伟高大，为一组完整的明代建筑群，其主要建筑依次为：牌楼、山门、献殿、中殿、寝殿等。牌楼通高 12 米、宽 15 米，为关中地区第一牌楼。中殿为单檐歇山顶，外沿斗拱五踩重昂，四角檐柱有明显的侧角和生起，整个装饰均为琉璃构件，五彩闪耀，富丽堂皇，歇山饰以琉璃"二龙戏珠"浮雕，珠球滚动，龙体飞跃，呼之欲出，为一般庙宇所罕见。仅从建筑学方面讲，它体现了古人的美学概念，对采光通风的追求，对地震的防御，对梁柱负载的计算，以及对保温、消暑、防潮、排水等生态环境的再创造，为我们提供了丰富的研究资料，其本身就是一座建筑学上的实验室。凡到此游览的客人，无不赞叹古人的鬼斧神工，现《武功名人胜迹展》陈列其中。

5. 忠义神武关圣帝。

关帝庙位于武功镇南关，杨（凌）—临（平）2 级旅游公路西北，面东朝阳，背附张载讲学处小华山（绿野书院旧址），总占地面积 6700 平方米。关帝庙也称"老爷庙"，始建于宋代，是一组明清建筑群体。13 间山门殿为仿清硬山式建筑，正中 3 间稍高、略宽，前后摆科，两侧分布均匀。正殿面宽 13 米，分成 3 间，进深 9 米，整体为单檐歇山顶，四角翘起如大鹏展翅，浑然天成，外檐施斗拱，五踩重昂，大斗歃上有形态各异的龙头，中间为 9 龙科，各昂头上还雕刻有狮子、虎豹、大象等，整个屋面通覆琉璃筒瓦，勾头、滴水、兽头、小五兽等均为琉璃构件，主色调为深绿色。寝殿宽 18 米，分为 5 间，进深 10 米，为硬山式屋顶。五路财神各执法器，端坐其中，审视着人间百态，武功关帝庙不失为一组集宗教、文化、建筑艺术于一身的民族宝贵遗产。

6. 绿野书苑小华山（武功八景之一）。

小华山位于武功镇南门外西侧，曾名"葆贞庵"。据县志记载，此处为宋代理学家张载讲学之"绿野亭"遗址，这里山水明丽，故名曰"绿野亭"。小华山地势崎岖，层峦耸翠，古柏森蔚。近年来，群众集资恢复和重修了"回廊折栏"和"飞檐八卦亭"，彩绘一新，是一个较为理想的旅游之地。小华山上现修有各类亭、庙、洞，供奉药王、土地、文曲星、观音等多种神灵，是农业社会信仰崇拜的集合体。

7. 姜嫄古墓小华山（武功八景之一）。

姜嫄墓位于武功镇南侧小华山上，1990 年被陕西省人民政府公布为重点文物保护单位。地中高，两旁垂供如翼，故称"飞凤穴"。《史记》载，姜嫄为帝喾元妃，履巨人之足迹而生后稷——农业始祖——第一周人，母以子贵，世人尊称姜嫄为圣母。清代陕西督学使吴大徵篆书的"姜嫄圣母之墓"匾额牌坊已经恢复原貌，蔚为壮观。清知县陈尔弗重修陵园围墙，方圆约 30 亩之大，树大葱茏，罩尽整个山头，历代铭碑林立其间，远远望去，十分巍峨。

8. 隋炀帝陵任人评。

隋炀帝陵位于武功镇西塬上，洛阳村东，曾经竖立有清乾隆陕西巡抚华沅书"隋炀帝之陵"石碑，陕西省人民政府 1957 年公布其为重点文物保护单位。据县志记载：隋炀帝杨广，于大业十四年（618）被宇文化及缢杀于扬州。唐王朝建立后，高祖李渊于武德五年（622）八月，令其子李世民迁葬炀帝于此，与隋文帝杨坚的泰陵构成一脉之穴，遥遥相望。

9. 上阁钟声响九天（武功八景之一）。

后稷祠坐落在武功镇城内的稷山之巅，俗名上阁祠，为人们历代祭奠姜嫄圣母、始祖后稷所立之祠。位于城西嫄畔上，始建于汉代，历史悠久，全国闻名。整个建筑布局依山而建，曲折凌空，叠翠参天，松涛阵阵，依山间有窑洞、神仙塑像、楼台亭阁，曲回之山道，别具景象，楼台高筑，钟声响彻九天。

10. 喀山晚照晒书卷（武功八景之一）。

喀山庙位于武功镇南2里、漆水河畔东崖上，地理位置奇特，居高远望西山，有夕阳重现之景观。传说唐李世民幼时在武功读书，在漆水河摸鱼嬉水，书没入水中，夕阳落而再现，将书晒干。

11. 东桥水波花柳显（武功八景之一）。

东桥为古丝绸之路经漆水河之古桥，周民族繁衍生息的摇篮之一，先民以河两岸而居，垂柳成荫，水清见底，鱼簇其中。

12. 二水塔影两河湾（武功八景之一）。

二水寺塔位于漆水河与漠峪河道交汇之嫄头上，"风水古来佳，水明塔影秀"。塔为7级8面，玲珑清秀，影映漆水与漠峪河水中，可谓独特之景观。

13. 石器时代浒西庄。

北距武功镇约2公里，东临漆水，南依后水，处于两水相交的三角形台地上。有古代文化堆积层、灰坑、窑址等，出土遗物丰富。

14. 姜炎成于漆水河。

漆水河即姜水，"炎帝以姜水成"，姜炎部落发源于此。可以说，武功镇是炎黄子孙和华夏文明的发祥地之一。

15. 先周时期郑尚坡。

位于陕西省武功县武功镇东约500米漆水东岸嫄上，嫄下漆水自北向南流10千米汇入渭河，村北1千米处漠浴河自东北而来汇入漆水，村西南2千米处后河由扶风西来，在浒西庄村东与漆水合流。这个遗址北至尚坡村，南到北庙村，南北约3000米，东西约500米。尚家坡村亦有古文化遗址，郑家坡遗址与其相连，故称"郑尚坡遗址"。

三　产业

武功镇久远的历史文化，使我们将思维锁定在文物旅游上，而文物资源却恰恰不是武功个性化、品牌化的优势资源。武功文化遗址保存的完整性也相对薄弱，因为年代久远或历史原因，多数已经遭到严重的破坏，几乎不见踪影，现在人们很难感受它的文化氛围和悠久的历史。虽然近年来随着人们对历史的重新认识和文化旅游的重视，对很多遗址进行了修葺和复原，但是已经大大失去了重要的价值意义。

同时，连同武功八景，武功镇拥有各种文化、自然类型的旅游资源，资源多样性让旅游开发陷入迷茫，武功旅游形象极不鲜明，旅游特色极不明显，缺乏统率型、统领型、拳头型的旅游产品。

武功镇旅游在一定程度上存在叫好不叫座的情况。由于产品形态基本仍然以文物展示及浅层复制为主，武功镇旅游一直无法真正进入市场化，存在的问题是"远者不来、近者不悦"，无法真正成为发展武功镇旅游的引擎和动力。

长期以来，武功镇的农业资源没有受到重视，更没有被当作旅游资源开发。今天大量来自都市的旅游者，平日里饱受都市生活的纷扰，内心深处对清雅闲逸的田园生活无比渴求，结合这一客源群体的出游需求，武功镇的田园风光有深度开发的前景。

武功镇有幸处于关中平原的核心区，紧邻西安、咸阳、宝鸡等中心城市，但是也很不幸地位于几个强大的经济区包围之中。尤其对于发展旅游这一高度感性化、个性化的产业，无论经济、文化、历史、建筑、艺术、生态还是影响力，武功都难以脱颖而出，用简单叙述的历史文化做旅游抓手，则更是主动地将自己降为西安附庸中的一个无名小辈。

在新经济条件下，世界任何一个角落、一个村庄，都有可能会成为世界的焦点。关键在于换一个视角看资源，换一种方式做产品，换一种模式求发展。旅游资源的可开发性，往往并不拘泥于其资源等级。能够满足市场需求、游客心理欲望的资源，哪怕只是个民间传说，也可能会做出一个大市场。我们用创意假想、市场导向的方式来审视武功镇，就会发现取之不尽的资源宝藏，而这些宝藏将是武功镇开拓旅游市场的利器。

（一）农业文明，千古一都美名传

中华民族以农立国，"农为政首"。而关中古来天府膏腴之地，"厥地上上"，为天下"上游"，"扼天下之吭"，武功（邰）居其腹心。武功是中国农业文明的发祥地，后稷教稼于武功镇稷山，"诞降嘉种"，被视为"农神"；其侄叔均代其父及稷播百谷，始作耕，被尊为"田祖"。引渭工程的前身成林渠于西汉时期建于武功。在漫长的封建社会中，武功农业文明依然辉煌灿烂，史称"邰地处处多农家，农家人人皆后稷"。武功出生的政治家苏绰（498—546）也曾经兼任西魏司农卿。连李世民做了皇帝重游武功故居时，都"韬戈器反农"，可见农业文明在武功之根深蒂固。

近现代，武功胤产了目前中国唯一的农业科学城。

当前，武功仍然为农业大县，是全国商品粮基地县、瘦肉型猪基地县、省级优质小麦、玉米良种生产基地、农业特产大蒜、辣椒驰名国内外，被誉为关中粮仓。武功即将成为全省第一个现代农业示范县。

可以说，武功诞生之农业文明，在历史长河中一脉相承，并且日益兴盛。武功做农业文明文章师出有名，并且具有唯一性、排他性、相对垄断性。

（二）千年古镇，历经沧桑仍绮丽

武功镇有人类活动的历史非常久远，是中华文明之发祥地，是炎黄子孙之祖地。而武功镇也已经历 1435 年的历史，虽然沧桑巨变，当年的雄风已经不再，但是骨架仍存，九街十八巷格局未变，武功八景基本幸存，市井文化依然兴隆（古会及物资交流会的盛况即是例证），民俗文化与纯朴民风依然灿烂。

陕西不缺古城，西安、咸阳就是中国最知名的古城，但是做古镇文化，武功镇可以说是别出心裁，可与西安、咸阳等古城实现错位发展。

（三）平川塬地，最宜人居黄土地

黄土高原的苍凉绝美让人向往。而高原区大多交通不便、气候极端、生活不便、景致单调。而武功镇在离中心城市一小时车程之内，在关中平原之上，有难得的黄土塬地，自然气候、生态条件绝佳；可塑性极强，窑洞、梯田、沟壑，黄土高原上有的要素，这里一应俱全，而高原上不可能享受的城市生活、乡村生活、大地景观，在这里却是比比皆是。武功镇塬依水成，是水岸塬地。

武功镇地形是两塬夹一川，东西塬各有特色，塬和川海拔差在80米左右，非常适合整体旅游开发。

（四）祭祖恳亲，宗族文化可利用

武功现已经将苏氏文化作为一张主要的旅游牌。后稷故里的炎黄民族祭祖、李唐故地的宗族牌都还没有进行有效的开发。

后稷是炎帝之祖，武功是姜炎部落发祥地。但是"后稷"之名基本属学术领域的知名人物，百姓还是认"神农教稼"，毕竟神农氏才是炎黄子孙一词中的炎帝，而炎帝不属于武功"特产"。后稷可称为"始祖之祖"，挖掘后稷之始祖文化，将比附于炎帝声望，强化自身地位。

在中国李姓人数占全国总人口近一成，从李渊支系的不在少数，而报本塔本身就是很好的祖地，稍加开发，就成一具有非常大吸引力的"李氏宗庙"，其号召力应不逊于苏氏文化。

（五）民俗文化，独秀关中武功情

在关中平原的西部，武功镇长期扮演着县署、郡署角色，丰富的关中文化要么花开武功，要么花落武功。而武功镇对这些民俗文化、民间工艺的传承，也因为其一直稳定的政治、经济、社会局面而得以良好地传承。

略加提炼打造，武功可形成关中文化之荟萃地，关中民居之展演地。土织布、旗花面、婚俗嫁娶等习俗均可成就一出旅游大剧。

（六）古会传统，千年不衰今更盛

武功有非常良好的商贸传统，武功逢农历一、四、七的古会，以及每年一度的物资交流会，一年盛比一年，已经初具规模、已成气候。物资交流会时，不只是东河滩，连老城也立即变得人声鼎沸，人气就是生产力，注意力就是财富，武功可谓得天独厚。

（七）康海县志，中国志书第一典

康海《武功县志》文辞尔雅，斟酌考究，是后来许多地方编制志书的参考大典，具有历史性的意义，如果能够将其予以升级，将可以小成本撬动大市场。

武功镇历史文化悠久，但是历史遗存保留得不够完整，人文景观一般；历史传说丰富多彩，但是缺乏特色和市场号召力；四季分明，气候舒适，但自然生态景观并不突出；渭河水系围城而过，但水域风光相对平庸。总体而言，武功镇的旅游资源等级并不高，但其资源类型较为丰富，组合性较强，人文景观、历史传说与田园风光交相辉映，相得益彰。资源的有机组合优势将为武功镇的旅游开发提供良好的条件和个性化打造的重要基础。

四 开发思路

武功是后稷故里，是后稷教稼之地，是中国农业文明的发祥之地，早在4000多年前，中国农业师祖后稷在这块热土上"教民稼穑、树艺五谷"，成功地推动了我国原始农业向传统农业过渡，创造了先古时期中国农耕文明和杨陵农业的辉煌。武功镇的历史，从某种意义上讲，就是一部中国农业及农业科技文明史。据记载，可以说我国农耕文明史由此发端，古迹后稷教稼台至今仍在武功镇东门外凝视着这片古老而现代的土地。

主题强调武功镇农业渊源之正、农业景观景致之美、农业文明传承之绝、农业社会淳朴之情。通过古法农业、农家乐等项目打造成闻名遐迩的农业都市。

五 建设目标

随着世界人口城市化速度的加快，城市污染加重，人们开始越来越怀念清新的空气、安静的环境、空旷的田野和绿色环抱的大自然氛围，回归大自然已成为一种时尚、一种趋势。农业游在国外已有100

多年的历史，创造了良好的经济利益和环保等社会效益，也成为都市人享受生命的重要旅游地。

"中国农都"：将武功的农业优势放大成规模产业，并加以合理的景观规划和旅游产品的设计，率先在中国打造一个以农业生态为主题，充满个性化、参与式、体验式乡土气息的城市生命空间延续体。

六 总体规划

根据旅游发展实际需要，武功镇旅游开发从空间布局上将形成"一心、两轴、五区"。

一心：以"关中古镇"为主题，武功镇镇区是武功镇旅游核心区及全镇旅游集散中心。坚持"恢复为主，内容先行；风貌复原，产业复合"的原则，重点传承历史文化、市井文化，推动古镇旅游、商贸物流、关中民俗旅游产业发展。古镇的恢复主要以"整体穿衣戴帽，重点拆迁重建"的节约型、集约型开发原则进行。

两轴：以具有核心纽带功能的南北向杨临公路和东西向的西宝北线为依托的两条发展主轴。其中南北轴线是农业文明轴，以农业文明史、农业文化线为线展开，从南到北，演绎从古到今之农业社会；东西轴线是关中民俗风情轴线，布置各种民俗文化园区、村落、集市，以及展现关中人家生活形态，设置艺术家生活区、黄土塬地体验区等。

五区：以武功镇为核心，以两条主线为依托，形成以不同主题和内容的五个旅游区。分别是"后稷故里"——古法农业示范区；"司农所城"——黄土塬地滨水度假区；"垄上行"——大地艺术游览体验区；"关中人家"——农家乐休闲度假区；"黄土绝恋"——隐世生活体验区。

七 具体举措

（一）"关中古镇"主题旅游商贸镇区

该区是以"关中古镇"为主题的武功镇镇区，是武功镇旅游核心区及全镇旅游集散中心。坚持"恢复为主，内容先行；风貌复原，产业复合"的原则，重点传承历史文化、市井文化，推动古镇旅游、商贸物流、关中民俗旅游产业发展。古镇的恢复主要以"整体穿衣戴帽，重点拆迁重建"的节约型、集约型开发原则进行，形成核心亮点，推动全县旅游。

1. 资源特色。

武功镇是一个历史古镇。早在先周时期，农业始祖后稷，教民稼穑于有邰，是一个文化名镇。唐太宗李世民、明状元康海均出生于此，北海牧羊二十载的苏武埋葬于此，可谓人杰地灵。在明朝时期，坐落于武功镇的绿野书院培育出大量的人才。明状元康海曾就读于此，其撰写的《武功县志》被称为《康志》，现收藏于美国国家图书馆；明朝文学家张载，于此讲学。如今的绿野高级中学，前身就是绿野书院。武功镇名胜古迹、人文景观众多，特别是"武功八景"最为有名。有诗为证："东桥水波苍柳显，姜嫄古墓小华山；苏武节碑龙门传，教稼台封后稷官；喀山晚照晒书卷，二水塔映两河湾；尚阁钟声闻九天，报本胡燕更奇观。"另外，武功镇还有建于明朝的城隍庙、龙王庙、清凉寺、娘娘庙、郑尚坡先周遗址、隋炀帝墓等。武功镇的小吃种类繁多。饸饹面、插酥、旗花面、粽子、油糕，样样让人垂涎欲滴。

2. 思路。

武功镇千年历史的背后是岁月变迁的见证者，是关中历史文化的载体，是流淌在风中的故事传说。对古镇原貌的恢复就是对历史的追忆，是武功镇灵魂的重塑。久居都市的人们来到这里得到的不仅是休闲生活的享受，更是关中文化的生动体验。建设接待和服务中心，提升武功镇的接待能力、旅游服务能力，精心重构镇区骨架，合理进行空间规划。使关中古镇处处洋溢着淳朴风情。深化打造与提升"武功八景"，使城市历史文化更加厚重多姿，在新时代焕发活力和风采。对街区风貌进行综合性的整治和提升。武功古城"金龟戏水"有九街十八巷的趣闻轶事神奇传说。在复原古镇的历史风貌时，更强调出它独特的城镇布局与考究。采用的方法是"重要景致强力恢复""主要街道整体打造""次要街道穿衣戴帽""破坏性建筑坚决拆除"。规范和引导城镇居民利用底层商铺进行商业经营，但要实现科学的业态布局，遵从规划指引，实现有组织的经营管理，强化商贸流通功能，加大活动策划与实施能力。

3. 重点工程与项目。

（1）再建城门。

恢复建设武功镇原有五座城门，将镇区格局确定，并加强导向性，强化旅游形象、增加武功镇旅游魅力。

（2）提升武功八景。

世苏故园。将以苏武纪念馆馆址为核心，向周边地区扩展（囊括西至西塬塬地，南至清凉寺，东至现牌坊处），并将周边工厂进行改造成为园区一部分。世苏故园将建设大型苏武纪念堂、在西塬上建造大型苏武造像，并建设世苏恳亲大会永久会址，成为世界苏姓寻根问祖的最高殿堂。世苏故园将成为世界苏姓的精神家园，将成为中国最重要的祭祖拜谒旅游区，它还将是瞻仰纪念民族英雄苏武的重要基地，是苏姓文化（如前秦苏蕙织锦回文诗、苏东坡诗词等）的核心旅游区域。定期和不定期的祭祖恳亲会将成为盛大的节事活动，每年吸引数十万人到武功进行旅游、度假、商务交流。

教稼台结合现有教稼台，和北部农田区域，建设后稷教稼园，部分恢复原始农业状态，进行现场教稼演示；在教稼园中设置祭农广场举办祭农大典；设置二十四节气长廊、观星台等传统农业设施，使其成为一个参与性更强的旅游园区。既是人流集散中心也是盛大节日的活动中心。

报本寺塔除进行恢复性的修缮外，还进行李氏宗祠的建设，让宗庙文化取代故居文化，成为一个重要的旅游吸引物。

城隍庙对周边破坏性建筑进行拆除、对门前的电线实现"地埋"，使城隍庙具有良好的视廊。恢复"晨钟暮鼓"，强化文化特色。再现"东桥水波苍柳显"景观，并设置丝绸之路的相关文化设施。

小华山重新修缮绿野书院，开设国学馆；对书院南端老百姓自建的宗教设施进行提升，在姜嫄墓周边规划华夏始祖祭典区域，控制其体量和范围。

喀山庙在周边设置观景台。

二水塔扩大周边视廊空间，水面上可设置一些小型船坊项目。

尚阁寺（后稷祠）与报本塔之间形成互动，与华夏始祖区互动，恢复其游览功能。

（3）关中风情购物街。

关中风情购物街主要是通过改造现有的沿街商铺，通过沿街插挂关中旗，从业人员穿着统一关中传统服装、售卖关中特产的方式，增添传统的关中文化氛围。

街道分街和坊两类。大路为街、小巷为坊。街的功能主要是综合性的旅游接待服务和商业服务，以客栈、购物长廊、餐食等为主，街道按关中风情打造，并分为不同的风格特色、进行不同的业态规划。坊则实现一坊一品或一坊一类，如可设置拍卖坊、手织布坊、草编坊、关中美食长廊等。

（4）武功名人长廊。

武功是一个名人辈出的地方，有远古的后稷，汉代的苏武，前秦的苏蕙，西魏的苏绰，明代的康海，清代的西夫子、孙景烈和民国的焦易堂。围绕这些名人通过景观打造，形成武功名人长廊。

（5）西部农贸城。

借助"中国农都"的影响力，在镇区北部建设"西部农贸城"，形成周围大区域内的农产品交易中心。

（6）关中民艺坊。

展现各种民间工艺品，如手织布、晒烟坊、米醋坊、耍货等。

（7）美食街。

以旗花面、饸饹面、插酥、粽子、油糕等特色美食形成关中美食基地。

（8）武功百艺。

将锣鼓队、抓猫儿、翻绞绞、伐马城等武功民间娱乐形式重新整合成为街头艺术，让游客参与互动。

（9）康海乐宫。

围绕武功名人康海在音乐上的造诣，在乐妓巷建设康海乐宫，让游客到此感受"慷慨悲壮、喉啭音声、阳刚之美与阴柔之情浑然一体"的"康王腔"，并以此为核心开展各类演艺活动。

（10）关中民俗村。

将这一地区打造成为关中民俗荟萃地、关中生活体验地，以客栈、工艺品、餐饮美食为主体进行综合性打造。

（11）武功大庙会。

依托后稷祠、教稼台及东河滩，整合物资交流会、古会，形成陕西最大的民间庙会。对庙会交易品种进行丰富、对交易场所进行规划、对交易过程进行管理，实现整体营销、加大宣传力度。交易可以农业物资、农村生活用品为主。

（12）武功大庙会。

依托后稷祠，整合物资交流会、古会，形成陕西最大的民间庙会。对庙会交易品种进行丰富，对交易场所进行规划，对交易过程进行管理，实现整体营销、加大宣传力度。交易可以农业物资、农村生活用品为主。

（13）特色客栈。

在镇上打造几家特色旅游客栈，通过这几家特色客栈的带头示范，争取调动当地居民对旅游开发的积极性，利用自家道院或民居投入旅游特色客栈的建设中来，从而形成规模上的特色客栈群。

所有特色客栈由景区管理处统一规划其形象系统，以形成统一的建筑风格。并约定所有从事旅游业的人员必须穿着统一的道教服饰，以形成鲜明的地方个性。

（14）粗粮馆。

修建一座以武功绿色农业菜为特色的餐饮服务中心。粗粮馆除了提供饭菜餐饮外，还设置茶和棋牌等休闲娱乐项目。

（15）传统面馆。

以传统的关中馆子为建筑设计，专卖武功特色的旗花面。据传清廷某皇后不食，张榜招厨，烹煮鸡汤伴以鸡蛋饼，切成菱花状，佐以香料，鸡油上飘葱花，细面些许，后即食。具有薄、劲、光、稀、煎、汪、酸味出头等特点，风味独特。武功京官传至乡间，流传于今。

（二）"后稷故里"古法农业示范区

1. 思路。

本区域跨漆水河两岸，有川地、塬地两种地貌。以农业始祖为主题突出武功农业发展的地位和历史感，以古法农业的规模化生产和观赏性为主要内容，在传扬中国古代农业的生产智慧的同时，更能让现代人产生好奇，也巧妙避开了杨凌现代农业示范区的冲突。

后稷是古代周族的始祖。传说有邰氏之女姜嫄踏巨人脚迹，怀孕而生，因一度被弃，故又名弃。善于种植各种粮食作物，曾在尧舜时代当农官，教民耕种，被认为是开始种稷和麦的人。后稷中国农业之始祖传说生于武功，强调出武功镇农业的历史渊源。

随着世界人口城市化速度的加快，城市病加剧，市民越来越怀念清新的空气、安静的环境、空旷的田野和绿色环抱的大自然氛围，回归大自然已成为一种时尚、一种趋势。于是，世界各国一些具有远见卓识的企业家们已经把目光投向了农场和村庄，建起了一个又一个农业公园，开发了多彩多姿的农业旅游，并且已经取得了明显的效益。

农业旅游在国外已有100多年的历史。它源于欧洲的西班牙，20世纪60年代初，有些西班牙农场把自家房屋改造装修为旅馆，接待来自城市的旅游者前往观光度假，被认为是农业旅游的起源。

而在中国这种旅游开发模式还处在初级间段，武功镇要抓住这次开发机会，锻造出一个高水准的"中国农都"品牌。

2. 重点项目。

（1）古法农业示范区。

古法农业是指在自然经济条件下，采用人力、畜力、手工工具、铁器等为主的手工劳动方式。采用历史上沿袭下来的耕作方法和农业技术的农业。基本特征是：金属农具和木制农具代替了原始的石器农具，铁犁、铁锄、铁耙、耧车、风车、水车、石磨等得到广泛使用；畜力成为生产的主要动力；一整套农业技术措施逐步形成，如选育良种、积肥施肥、兴修水利、防治病虫害、改良土壤、改革农具、利用能源、实行轮作制等。

在这一区域内将完全按照古法农业的生产方式进行耕种。在引起人们浓浓的怀旧之情时，更将祖先的智慧传与后人。

（2）中国传统农业基因园。

随着现代化农业技术的兴起，农业作物在加速度更新换代，尤其转基因技术的出现，更是加快了"推陈出新"的速度。今天的城里人经常会说起，吃不到安全的食品了，现在的食品吃不出以前的味道了。这里有作物品种产量上升、口感异化的原因，也有大家心理怀旧因素影响。而传统作物或品种，由于产量低、外观差，做不到标准化，一般农民已放弃种植。

引进、移植和保留各种作物资源，让现有作物品种以及部分濒临作物品种在这里流传下去，将是对人类社会的一大贡献。

同时，可以借此开发各类衍生产品，如传统粗粮系列等，形成品牌，从而像"手工造车"一样，做成高端产品，毕竟物以稀为贵。

（3）原始部落。

结合本区的遗址资源，打造原始部落。体验刀耕火种、穴居生活。

（4）古法农具文化中心。

以浒西庄遗址出土的农具文物为主，展示出中国古代各个时期的各种农具，并将这些农具设置于生活场景中，人们不仅可以参观，还可以亲自使用操作。

（5）漆水漂流。

在漆水河里，打造漂流项目，形成夏秋季节里时尚刺激的旅游项目。同时，一边漂流一边赏景，且将镇区与南区进行了连接，实现一条有特色的互动游线。

（三）"司农所城"黄土塬地滨水度假区

武功除后稷外，另有叔均、苏绰曾任司农官职。拟复原古代司农之城，形成一个独特的具有教稼文化体验的区域。

本区位于武功镇西塬南坡地带及南麓河谷川地。从杨凌方向进入，正是一片天然的城池。

以汉代的司农人文为主题内涵，利用区域内的的河流、黄土塬地、窑洞等特色资源开发设计度假区。

1. 思路。

目前，我国旅游者的出游方式正逐渐由被动式的跟团旅游向主动式的自驾车出游转变，自驾出游作为新兴的时尚出游方式在全国各地大受追捧。近年来，自驾车游客量占陕西省游客接待总量的比重日益提高，自驾车旅游市场发展迅猛。反之，陕西省自驾车旅游服务接待设施开发则显得相对滞后。

这是一个历史的机遇，武功镇可以充分利用自身优越的交通区位条件和良好的生态环境条件，以"生态、绿色、时尚、自在"为主题，把时尚流行的旅游元素和市场需求有机结合，在武功镇构建一个旅游休憩接待中心。

这里不仅有陕西省最大的汽车营地，还有关中最具特色的风情客栈，此外，这里的夜间娱乐活动更能让游客感觉到"夜关中"的独特魅力。总之，努力将这里打造成为陕西省的特色旅游集散地——自驾大本营，从而提升营销战略系统产品的魅力和档次，提高武功镇在陕西省的地位。这一片区也将是武功镇作为"休闲目的地"的重要组成部分。

2. 重点项目。

（1）所城雄姿。

在所城东段，就山形，顺水势，在土塬上进行雕凿，以及修建亭阁、瞭望台，形成一片壮观无比的城池。

（2）司农院。

建设一个古拙的城堡，具有防御、农业研究、生活功能等供游人体验。

仿古打造成一个古代农医天算的研究中心，可引进农业科研机构入驻，既是景观及旅游基地，也是现实的办公场所。

同时本区域也是进行农业科技的社会教学点，成人可以在此学习农业技术，儿童可以在此观察植物的生长，辨认各类作物等，获得科普知识。

（3）窑洞群。

窑洞，一种特有生活方式的载体，一个特殊时代的生活方式。

打造窑洞生活，是将远去的记忆融入现代生活时尚的理想境界。

以当地废弃遗留下来的窑洞重新整理开发，在保持窑洞原有的形态下将现代化生活设施植入内部，游客们可以在这里小住，在感受窑洞风情的同时也能享受到现代生活的舒适。

（4）汽车营地。

汽车营地是一个专为自驾车旅游开辟的集景区、娱乐、服务为一体的综合性旅游度假地。汽车营地在国外发展已经十分成熟，但在中国尚处于起步阶段。随着我国自驾车出游的日益成熟，汽车营地发展的潜力十分巨大。

随着生活水平的不断提高，以自驾车的形式到陕西省进行周末自驾旅游活动越来越普遍，但为自驾车旅游者提供专业服务的汽车旅游营地仍然处于市场空白的现状，依据《中国汽车露营营地建设标准》修建一处大型汽车营地。努力将其打造成陕西省，乃至西北地区重要的自驾基地。

（5）漆水水街。

滨江水街是武功镇独具特色的旅游商业街，这里有独具特色的客栈，有充满小资情调的酒吧，有琳琅满目的旅游商店，这里有香气四溢的美食，有令人目不暇接的手工艺作坊，有充满地方气息的风情表演，这里将是一处别具小资情调的天堂，是继广西阳朔、湖南凤凰后中国西北地区最具情调的旅游特色街道，也将是"夜关中"生活的核心地带。其将彻底改变目前陕西省夜间娱乐活动单调、特色休闲娱乐设施缺乏的现状。

（6）特色客栈。

特色客栈是旅游者对关中地区文化最为直接的接触体验，特色客栈以关中地方建筑风格为特点，以关中文化为内涵，依江就势，别有情趣。为了保持客栈古朴并融入自然的气息，所有特色客栈限高三层，掩映于江岸的绿树间，主要作为中低端旅游接待。

（7）旅游码头。

在漆水河边，修筑一座古朴的旅游码头。旅游码头以古时候的水码头为原型，码头高度与水面贴近，由青石板阶梯连通江岸步道。旅游码头既可以作为漂流竹排停靠的码头，也可以作为一个旅游者与漆水河亲密接触的亲水平台。

（8）亲水平台。

亲水平台是特色客栈的"后花园"，是一个临水亲水的私家小平台，平台以石阶连通特色客栈后门，并以石阶的形式延伸至漆水河内。这里是一个观景亲水的娱乐平台，也是一个别具特色的餐饮平台。每当夜幕降临时，三五知己共聚一桌，于江风凛凛处笑看江中的春花秋月，举杯畅饮，岂不快哉。

（9）水车群。

仿三国武功人马钧所创"翻车"（龙骨水车），建造一个水车群。

水车是舞动水的精灵，它赋予了水灵动的灵魂。拟在漆水河入口处设置一座巨型水车，并在漆水河沿江设置大小不一形态各异的水车，形成一道迷人的水车群景观，用水车群在这里营造出水岸人家的静谧氛围，为"漆水河岸"旅游休闲游憩区增添浓郁的人文气息。

（10）船坊。

沿河而建的船坊，是水系景观的一大亮点，更是人们可以尽情享受农家美食的特色餐船。三五好友在这里或是小坐休闲，或是品茶聊天，或是饮酒下菜都是人生一大享受。

（四）"垄上行"大地艺术游览体验区

1. 思路。

利用西塬平坦沃土，建设田垄上的行者之家。以大地景观为图底，强化乡野气氛、艺术气息、泥土芬芳，为久居城市的人们，获得一个中高端的休闲之地。

同时吸引众多摄影家、艺术家，从事文化生产、艺术创作，形成文化产业园区，作为灵感之地、浪漫之所。

2. 重点项目。

（1）大地景观。

真实的土地，真实的农田是武功田园度假区的一大特点。保存现有的麦田，通过大面积种植麦子、玉米等具有较强观赏性的季节性农作物，营造出一种野趣天成的大地景色，以此为景观基底，唤起旅游者对泥土和乡野与生俱来的亲切感。

同时选取部分区域，通过有计划的栽种，以大地为画布，作物为颜料，进行艺术的创作，实现大地景观图案，实现天人合一的人间仙境。

（2）专家基地。

建设若干农业专家基地，创新引领农业新潮流。中远期应争取引进世界级的农业专家，让武功真正成为中国现代农业之都。

（3）文化产业基地。

建设田园里的文化产业基地。利用"垄上行"绝美的自然环境、艺术气息，为艺术工作者、文化工作者提供最佳的创作平台。手织布的作坊也可设置于此。

（4）采摘园。

传统观光型农业旅游。主要以不为都市人所熟悉的农业生产过程为卖点，在城市近郊或风景区附近开辟特色果园、菜园、茶园、花圃等，让游客入内摘果、拔菜、赏花、采茶，享尽田园乐趣。

（5）小型牧场。

可供游人自己放牧。

（6）桑基鱼塘。

桑基鱼塘是我国劳动生产者智慧的火花，它对生态的合理利用与开发是今天人们应该深刻反思和重视的。

在塬地上建设桑基鱼塘的同时，可结合进行垂钓园的建设。游客可自由垂钓，并可以将自己的战利品带到园区里的餐馆，由厨师马上煮享美味。

（五）"关中人家"农家乐休闲区

1. 思路。

建设关中平原上最具规模特色的农家乐群。提升陕西现有农家乐的水平，使其集合蔬果采摘、乡村生活体验、关中风情体验、农家美食、农家旅馆等于一体。

2. 重点项目。

（1）关中人家农家乐。

利用本片区离中心城市的便捷性，利用"中国农都"的影响力，对此片区的村落进行分主题的打造，形成各具特色的几个旅游专业村、农家乐专业村。实行统一外观格调、系统经营管理。使游客真正体验到原汁原味的关中农家生活。

重点打造一个民俗文化村，将关中民俗文化在此区淋漓尽致地反映出来，并以此为龙头，形成一定得知名度，带动其他农家乐以此为标本，发挥独有特色，本着"青出于蓝而胜于蓝"的理念向更好的方向发展，最终做大整个关中人家农家乐。

（2）锦绣关中艺术村。

将关中的工艺品实现一个大荟萃，如凤翔泥塑、渭南吊线木偶、华县皮影等进行集中展示、销售。

（3）设施农业基地。

打造设施农业基地，进行蔬菜及粮食作物的栽培。

（4）未来农业试验馆。

打造未来农业形态的研究、培植、游览基地。

（5）产权度假酒店。

以作物景观为特点的生态产权度假酒店。度假酒店主要由一栋多功能的主楼和众多别墅会馆群落组成。酒店部分房间将以产权拍卖的形式一次性向社会推出，这些产权酒店的房间投资者一般不在酒店居住，房间委托酒店管理公司统一出租经营，以获取年度客房利润分红，同时也可获得酒店管理公司赠送的一定期限免费入住权。

（6）国际老年公寓。

这是针对银发族推出的能满足养生疗养功能的产权式公寓。其将在充分研究银发族养生需求的前提下进行贴心化、细微化设计，提供中医中药养生、饮食养生、运动养生、生态养生等服务，是老年人归隐田园、修身养性、度假疗养的好去处。

（7）自由地。

城里人在乡下租一块"自由地"，假日里，偕妻带子，呼朋唤友，到乡下的"自家地里"翻土耕种，施肥浇水，平时则由农场主负责照看农园。这种"浅尝辄止"的劳作和"藕断丝连"的乡村情怀，为忙碌和烦躁的城市生活平添了许多雅趣。

（8）百果园。

打造陕西水果的集中栽种基地；观赏性与采摘参与性的生态游园。可根据不同水果的不同成熟季节举办各类的水果采摘节，让人们可以一边享受新鲜水果的健康美味一边享受劳动的乐趣。

（9）手工作坊群。

打造古法酿酒、制醋、懒驴拉磨等传统手工作坊，形成群落。

（10）百花谷。

种植各种花卉，既是美丽景观，又是农家风情体验中心。是农家乐产业的重要组成部分。

（11）晚秋栈道。

在大面积的金色麦田中，通过架空的木栈道连接成一个便捷的步道系统，通往散落在麦田四周的别墅会馆和酒店。同时写意的步道也连着一个个飘浮在稻海中央的方形 SPA 台，让旅游者在此完全融入这片妙不可言的大自然，融入蛙声麦香中。

（12）田园 T 台。

在麦田的海洋中，设立一个实景舞台，定期在此举行时装表演、瓜果选美比赛等活动，同时也可以通过装扮稻草人等，把稻草人打造成为独特的模特，在这里打造一个充满个性的田园秀。

（六）"黄土绝恋"隐世生活体验区

1. 思路。

在武功镇东塬北部建设一个具有隐世意境、具有苍凉感的特色体验区。本区域基本保留黄土塬地的风貌，老建筑尽量回复土黄色，新建筑借鉴世界文化遗产"福建土楼"的方式，建设北方土楼，或是采用黄土高原普遍存在但几近绝迹的生土建筑。形成影视城、隐世城以及具有特别味道的农耕生活体验区。这里可以见到驴拉磨，可以坐马车，俨然一副老关中的景象。

2. 重点项目。

（1）"黄土绝恋"景观营造。

以黄土、农作物构成主要景观。建筑实现"去现代化""朴素化""苍凉化"。部分区域有意实现海拔落差、仿黄土高原风貌，并点缀窑洞等设施。形成荒凉中有生机的独特人文环境。

（2）北方土楼群。

就地取材，以生土及杉木等为材料，打造北方土楼群及生土建筑群。

（3）"关中旧影"影视城。

对照老照片，打造一个老关中，并充分注重各类器物的复古性，不仅成为影视基地，也是大家体验古老关中文化的一个新热点区域。

（4）百草园。

种植各种草本植物，并建设小型牧场，形成"风吹草低见牛羊"的绝景。

（5）策划系列重大活动。

武功镇以"农事祭典""节事活动"为切入点、着力点和发力点，进行多层次、多渠道、全方位、立体化的旅游活动策划和整合宣传推广。并根据乡村游的特点策划有特色的"旅游活动"在不同季节对周边居民及各地游客产生吸引力。

八　启示与借鉴

（一）坚持规范管理，促进健康发展

制定完善休闲观光农业标准规程；规范农业生产管理，提升农业水平。要特别注意防范休闲观光旅游可能给农业、农村和农民带来的生态环境污染。

（二）坚持以农为本，促进持续发展

坚持农业基础地位，以农业为基础、农民为主体、农村为特色；把农业产业发展、扶持农民增收放在首位。

（三）因地制宜突出特色

挖掘保留各地特色农业文化，充实内涵，提高品位；树立"民俗文化就是资源，特色品牌就是客源"的理念；结合"一乡一品""一村一业"发展，因地制宜地选择适合自身的发展模式。

（四）加强产业引导

将休闲观光农业作为一项新兴产业加强引导，制定规范标准，促进产业健康发展。

（五）出台扶持政策

对休闲观光农业区内用于农业生产的管理用房、配套设施用房等所需土地指标，予以优先安排，对休闲观光农业建设提供信贷、金融等支持。

（六）建立沟通平台

建立地区间的沟通平台，定期举办各类交流活动，统筹协调各地休闲观光农业的发展。

参 考 文 献

一 研究著作

[1] 阮仪三：《江南古镇》，上海画报出版社 1998 年版。

[2] 马波：《现代文化旅游》，青岛大学出版社 1998 年版。

[3] 马波：《现代旅游文化学》，青岛出版社 1998 年版。

[4] 沈祖祥：《旅游文化概论》，福建人民出版社 1999 年版。

[5] 魏小安：《旅游文化与文化旅游（1987）·旅游发展与管理》，旅游教育出版社 1996 年版。

[6] 张国洪：《中国文化旅游——理论、战略、实践》，南开大学出版社 2001 年版。

[7] 刘住：《旅游学学科体系框架与前沿领域》，中国旅游出版社 2008 年版。

[8] 李天元：《旅游学》，高等教育出版社 2006 年版。

[9] 谢彦君：《基础旅游学》，中国旅游出版社 1999 年版。

[10] 保继刚、义芳：《旅游地理学》（修订版），高等教育出版社 1999 年版。

[11] 石奕龙：《应用人类学》，厦门大学出版社 1996 年版。

[12] 章海荣：《旅游文化学》，复旦大学出版社 2004 年版。

[13] 窦开龙：《甘肃文化旅游开发论》，人民出版社 2010 年 12 月第 1 版。

[14] 马耀峰：《旅游者行为》，科学出版社 2008 年版。

[15] 吕伟成、任昕竺主编：《中国旅游地理》，北京师范大学出版社 2008 年版。

[16] 杨立志：《自然·历史·道教》，社会科学文献出版社 2006

年版。

［17］李青、李文军、郭金龙：《区域创新视角下的产业发展：理论与案例研究》，商务印书馆 2004 年版。

［18］傅熹年：《中国古代建筑史》第 2 卷，中国建筑工业出版社 2001 年版。

［19］王建国：《城市设计》，东南大学出版社 2004 年版。

［20］傅熹年：《古代中国城市规划建筑群布局及建筑设计方法研究》，中国建筑工业出版社 2001 年版。

［21］陈立：《白虎通疏证》，中华书局 1994 年版。

［22］刘文典：《淮南鸿烈集解》，冯逸、乔华思校，诸子集成本，1989 年版。

［23］阮元校刻：《十三经注疏附校勘记》，中华书局 1980 年版。

［24］杨树达：《论语疏证》，江西人民出版社 2007 年版。

［25］陈鼓应注译：《庄子今注今译〔榷］》，中华书局 1983 年版。

［26］范晔：《后汉书》，中华书局 1965 年版。

［27］刘昫：《旧唐书》，中华书局 1975 年版。

［28］高贤伟、褚保金、应瑞瑶：《旅游农业理论与实践》，中国农业科技出版社 2001 年版。

［29］邹统钎：《北京市郊区旅游发展战略》，旅游教育出版社 2004 年版。

［30］卢云亭、刘军萍：《观光农业》，北京出版社 1995 年版。

［31］张琳：《农业观光园的规划理论研究》，东北林业大学出版社 2006 年版。

二 期刊

［1］于全涛：《关中地区乡村旅游探析——以礼泉袁家村为例》，《现代商业》2013 年第 8 期。

［2］林君飞、李玲：《陕西关中地区乡村体验旅游开发探讨》，《安徽农业科学》2008 年第 28 期。

［3］张清杉、杨尚英：《关中观光农业开发的初步研究》，《咸阳师范

学院学报》2003 年第 4 期。

[4] 张景群、马聘：《陕西生态旅游分区格局研究》，《生态经济》
     2005 年第 6 期。

[5] 赵克礼：《关中地区历史人文旅游资源的区域特征与综合开发》，
     《陕西师范大学学报》（哲学社会科学版）2002 年第 3 期。

[6] 史平：《关中书院旅游资源开发浅析》，《文学理论》2013 年第
     20 期。

[7] 刘晓军：《关中民居文化旅游资源的整合与开发》，《中国商贸》
     2011 年第 26 期。

[8] 马耀峰、李旭等：《陕西红色旅游发展战略研究》，《西北大学学
     报》（哲学社会科学版）2005 年第 4 期。

[9] 杜忠潮：《陕西关中地区帝陵遗产资源保护与旅游资源开发研
     究》，《咸阳师范学院学报》2011 年第 6 期。

[10] 王建力、郭可雷：《关中地区体育旅游资源的开发探析》，《中
     国商贸》2012 年第 12 期。

[11] 杜忠潮、李磊等：《陕西关中地区乡村旅游资源综合性定量评
     价研究》，《西北农林科技大学学报》（社会科学版）2009 年第
     2 期。

[12] 杜忠潮、文琦等：《关中地区都市旅游环境质量综合评价研
     究》，《干旱区资源与环境》2007 年第 9 期。

[13] 杜忠潮：《陕西旅游开发对环境的影响及旅游环境保护》，《西
     北农林科技大学学报》（社会科学版）2003 年第 1 期。

[14] 李胜利、顾韬：《基于游客体验的民俗旅游资源开发模式研
     究——以陕西关中地区为例》，《干旱区资源与环境》2009 年
     第 11 期。

[15] 金锐：《关中—天水经济去旅游业转型升级的路径研究》，《沿
     海企业与科技》2012 年第 21 期。

[16] 刘宏岐、张高举等：《法门寺佛教文化旅游区旅游业发展浅
     析》，《宝鸡社会科学》2004 年第 1 期。

[17] 魏小安：《旅游文化和文化交流》，《旅游论丛》1987 年第

2 期。

[18] 徐小波:《纵横聚焦:旅游城市连绵区文化资源整合的必然趋势——以宁镇扬旅游文化为例》,《旅游学刊》2007 年第 11 期。

[19] 卢长怀:《我国农村旅游文化资源的开发与保护》,《北方经贸》2006 年第 12 期。

[20] 牟红、姜蕊:《旅游景区文脉、史脉和地脉的分析与文化创新》,《重庆工学院学报》2005 年第 2 期。

[21] 高科:《近十年国内旅游文化研究综述》,《乐山师范学院学报》2001 年第 1 期。

[22] 邹本涛:《旅游文化建设论纲》,《渤海大学学报》2004 年第 2 期。

[23] 夏建国:《西方旅游文化建设及其对我国旅游业的启示》,《广州大学学报》2005 年第 6 期。

[24] 郑昌盛:《连云港市旅游文化建设探讨》,《连云港师范高等专科学校学报》2007 年第 4 期。

[25] 李建军:《信息社会的广州旅游文化建设》,《广州大学学报》2001 年第 3 期。

[26] 李淘:《论旅游者与旅游资源的双向吸引模式》,《经济地理》1993 年第 1 期。

[27] 郭丽华:《略论"文化旅游"》,《北京第二外国语学院学报》1999 年第 4 期。

[28] 蒙吉军、崔凤军:《北京市文化旅游开研究》,《北京联合大学学报》2001 年第 1 期。

[29] 孙文昌、李培祥:《鲁南地区祭祖旅游的开发》,《旅游学刊》1997 年第 3 期。

[30] 郭颖:《试论少数民族地区文化旅游资源的保护欲开发——以泸沽湖地区为例》,《旅游学刊》2001 年第 3 期。

[31] 王亚力:《南方长城"长城文化之旅"的开发》,《旅游学刊》2003 年第 3 期。

[32] 余青、吴必虎:《生态博物馆:一种民族文化持续发展模式》

《人文地理》2001 年第 6 期。

[33] 杨丽霞、喻学才：《中国文化遗产保护利用研究综述》，《旅游学刊》2004 年第 4 期。

[34] 徐菊凤：《北京文化旅游：现状·难点·战略》，《人文地理》2003 年第 5 期。

[35] 王好：《绍兴旅游建设中的文化资源开发》，《华东经济管理》2004 年第 6 期。

[36] 秦学：《宁波发展文化旅游对策研究》，《宁波大学学报》2004 年第 1 期。

[37] 刘晓霞：《陕西文化旅游资源开发研究》，《人文地理》2004 年第 5 期。

[38] 袁成：《论文化旅游产品的开发对策》，《经济师》2004 年第 5 期。

[39] 陶犁：《民族文化旅游产品开发探析》，《思想战线》2002 年第 4 期。

[40] 蔡红生：《文化概念的考证与辨析》，《新疆师范大学学报》（哲学社会科学版）2009 年第 4 期。

[41] 施海涛：《对文化概念及人类学研究范畴的思考》，《云南农业大学学报》2009 年第 3 期。

[42] 李巧玲：《文化旅游及其资源开发刍议》，《湛江师范学院学报》2003 年第 2 期。

[43] 田敏：《民族社区社会文化变迁的旅游效应再认识》，《中南民族大学学报》（人文社会科学版）2003 年第 5 期。

[44] 颜军、李荃辉等：《论文化旅游是实现旅游可持续发展的有效途径》，《改革与战略》2009 年第 12 期。

[45] 陆大道：《关于"点—轴"空间结构系统的形成机理分析》，《地理科学》2002 年第 1 期。

[46] 马秋芳、杨新军、康俊香：《传统旅游城市入境游客满意度评价及其期望—感知特征差异分析——以西安欧美游客为例》，《旅游学刊》2006 年第 2 期。

[47] 骞姣:《基于亲景度的西安入境旅游客源市场拓展研究》,《经济师》2010 年第 12 期。

[48] 毕丽芳:《西安主要入境旅游客源市场的演变分析》,《旅游经济》2013 年第 2 期。

[49] 王鑫:《西安入境旅游客源市场结构发展演变分析》,《山西师范大学学报》(自然科学版) 2013 年第 2 期。

[50] 杨智勇:《我国入境旅游客源市场竞争分析及对策》,《内蒙古财经学院学报》2005 年第 4 期。

[51] 赵艳昆:《女性旅游者行为研究》,《首都师范大学学报》(自然科学版) 2011 年第 1 期。

[52] 高军、马耀峰等:《国内外游客旅游动机及其差异研究——以西安市为例》,《人文地理》2011 年第 4 期。

[53] 彭丹、陈薇等:《高校教师旅游市场研究——长沙市 12 所高校教师旅游客源调查报告》,《经济与管理》2005 年第 5 期。

[54] 杨瑞、宋保平、白凯:《西安市大学生潜在旅游行为模式研究》,《西北农林科技大学学报》(社会科学版) 2007 年第 3 期。

[55] 王红、高夏芳:《我国农民旅游市场的开发策略研究》,《经济问题探索》2008 年第 6 期。

[56] 岳冬菊:《西安市入境游客旅游决策行为实证分析》,《西安文理学院学报》(自然科学版) 2011 年第 4 期。

[57] 王斌、赵荣、张结魁:《西安市国内游客旅游行为研究》,《经济地理》2001 年第 51 期。

[58] 岳冬菊、杨媛:《西安市国内游客旅游偏好实证分析》,《西安文理学院学报》(自然科学版) 2010 年第 2 期。

[59] 朱桃杏、陆林:《近 10 年文化旅游研究进展——〈Tourism Management6〉、〈Annals of Tourism Research〉 和〈旅游学刊〉研究评述》,《旅游学刊》2005 年第 6 期。

[60] 郑迎红:《论旅游的文化性》,《河北学刊》2007 年第 5 期。

[61] 张孔明:《陕西文化的旅游化和陕西旅游的文化化》,《渭南师

范学院学报》2007 年第 6 期。

［62］刘永生：《论文化旅游及其开发模式》，《学术论坛》2009 年第
3 期。

［63］刘晓霞：《陕西文化旅游资源开发研究》，《人文地理》2004 年
第 5 期。

［64］严伍虎、张淑琴、马宁：《陕西文化旅游产业可持续发展研
究》，《陕西行政学院学报》2013 年第 4 期。

［65］陈永芝：《陕西文化旅游产业发展问题的思考》，《经济研究导
刊》2012 年第 27 期。

［66］常莉：《陕西文化旅游产业发展与营销策略分析》，"陕西文化
产业发展"论坛交流论文选编。

［67］于全涛：《关中地区乡村旅游探析——以礼泉袁家村为例》，
《现代商业》2013 年第 8 期。

［68］吴晓隽：《文化遗产旅游的真实性困境研究》，《思想战线》
2004 年第 2 期。

［69］邹统钎、吴丽云：《旅游体验的本质、类型与塑造原则》，《旅
游科学》2003 年第 4 期。

［70］李晓梅、项桂芳：《武当道教文化旅游资源开发设想》，《十堰
职业技术学院学报》2009 年第 3 期。

［71］熊侠仙、张松、周俭江：《江南古镇旅游开发的问题与对策》，
《城市规划汇刊》2002 年第 6 期。

［72］胡静：《交通巨变后古镇旅游的可持续发展——以陕西省柞水
县凤凰镇为例》，《小城镇建设》2009 年第 1 期。

［73］况红玲：《四川古镇旅游开发中存在的问题及对策》，《宜宾学
院学报》2004 年第 3 期。

［74］张松：《历史城镇保护的目的与方法初探——以世界文化遗产
平遥古城为例》，《城市规划汇刊》1999 年第 7 期。

［75］张东婷、邱扶东：《国内外古镇旅游研究综述》，《旅游学科》
2011 年第 3 期。

［76］周范才：《法门寺景区开发争辩》，《瞭望东方周刊》2009 年第

21 期。

[77] 曹绘嶷:《中国宗教旅游项目开发经营现状研究》,《社会科学家》2002 年第 4 期。

[78] 曹洪、黄善明:《西部地区宗教旅游发展的现状及其对策研究》,《贵州民族研究》2005 年第 1 期。

[79] 吴玉鸣:《中国区域投资环境评估指标系统的构建及综合评价方法》,《南都学坛》(人文社会科学学刊) 2002 年第 2 期。

[80] 赵惠芳、游乐文、潘立生:《百货联销模式下品牌运营绩效的模糊综合评价》,《价值工程》2007 年第 1 期。

[81] 杨绪忠、张玉玲、刘冶:《文化产业指标体系研究》,《统计教育》2005 年第 9 期。

[82] 周冰:《大明宫遗址保护及周边环境改造必须破解的十大难题及对策》,《华讯直递》2008 年第 12 期。

[83] 刘军民、赵荣、周萍:《试论文物遗址开发利用的经济可行性——以西安市大明宫御道广场建设为例》,《生产力研究》2005 年第 10 期。

[84] 刘克成、肖莉、王璐:《盛世留影——唐大明宫丹凤门遗址保护及展示工程设计》,《建筑与文化》2007 年第 6 期。

[85] 王晓川、钱方、吴文:《浅析历史文化遗产保护区域的规划发展路径——以西安市大明宫区域规划设计为例》,《城市建筑》2008 年第 2 期。

[86] 李同升、马庆斌:《观光农业景观结构与功能研究——以西安现代农业综合开发区为例》,《生态学杂志》2002 年第 2 期。

[87] 李春生、娄玉芹、穆桂松等: 《城郊观光农业旅游开发研究——以郑州市近郊为例》,《河南教育学院学报》(自然科学版) 2001 年第 3 期。

[88] 张锡娟、秦华:《观光农业园的景观规划初探》,《西南农业大学学报》(社会科学版) 2005 年第 4 期。

[89] 李闽丽:《大江南农业观光园总体规划构想》,《林业资源管理》2000 年第 5 期。

［90］张毅川、乔丽芳、姚连芳等：《观光农业园景观规划探析》，《浙江林学院学报》2007 年第 4 期。

［91］马瑛、甘枝茂：《西安市观光农业旅游的开发构想》，《干旱地区农业研究》2003 年第 1 期。

［92］龙明秀、杜世平：《杨凌发展生态观光农业的对策与建议》，《西北农林科技大学学报》（社会科学版）2003 年第 6 期。

［93］田小琴：《杨凌观光农业发展现状及优化途径》，《陕西农业科学》2004 年第 4 期。

［94］王振江：《杨凌生态旅游农业及其发展研究》，《陕西农业科学》2001 年第 12 期。

［95］苟小东、王谊、张晓慧：《杨凌示范区农业旅游特色定位及发展策略》，《西北农林科技大学学报》（社会科学版）2003 年第 6 期。

［96］张社梅、李春安、刘为军：《杨凌示范区投资环境评价研究》，《西北农林科技大学学报》（社会科学版）2004 年第 2 期。

［97］任国霞、张襄英：《杨凌示范区农业劳动力现状及合理利用措施》，《西北农业大学学报》2000 年第 2 期。

［98］聂玮：《河北省新农村建设中发展农业休闲观光旅游的思考》，《河北农业科学》2009 年第 4 期。

［99］余丹：《我国古镇旅游的开发利用》，《资源开发与市场》2005 年第 4 期。

［100］李倩：《古镇旅游开发及其商业化现象初探》，《旅游学刊》2006 年第 12 期。

三 报纸

［1］王远坤：《关于文化旅游发展的几点思考》，《中国旅游报》2007 年 7 月 11 日第 15 版。

［2］赵登华：《乡村旅游要巧打"特色牌"》，《经济日报》2007 年 5 月 28 日。

［3］谌强：《文化有力推动新农村建设》，《光明日报》2006 年 11 月

29 日。

[4] 法门寺文化景区：《宝鸡市扶风县法门寺旅游再度升温》，《陕西日报》2009 年 8 月 13 日。

四　学位论文

[1] 王小磊：《杨凌旅游业发展模式研究》，硕士学位论文，西北农林科技大学，2008 年。

[2] 张建忠：《中国帝陵文化价值挖掘及旅游利用模式——以关中杨凌为例》，博士学位论文，陕西师范大学，2013 年。

[3] 宋咏梅：《区域旅游产业发展潜力测评及显化机制研究：以陕西为例》，硕士学位论文，陕西师范大学，2013 年。

[4] 刘敏娜：《陕西省旅游业可持续发展评价指标体系的构建及应用》，硕士学位论文，陕西师范大学，2007 年。

[5] 李文明：《庐山旅游文化深度开发研究》，硕士学位论文，中南林学院，2004 年。

[6] 谢吉红：《福州市文化旅游开发初探》，硕士学位论文，福州师范大学，2004 年。

[7] 余雷：《荆州文化遗产与文化旅游》，硕士学位论文，华中师范大学，2011 年。

[8] 陶云：《旅游产业增长极理论与应用研究——以安徽省为例》，硕士学位论文，安徽师范大学，2006 年。

[9] 董卫江：《基于引力模型的旅游目的地客源市场研究》，硕士学位论文，浙江大学，2011 年。

[10] 王记军：《河南旅游产业增长极研究》，硕士学位论文，河南科技大学，2012 年。

[11] 宋思蜀：《关中地区传统文脉传承的探索——以西安曲江民俗商业街设计为例》，硕士学位论文，西安建筑科技大学，2009 年。

[12] 张敏娜：《陕西省旅游业可持续发展评价指标体系的构建及应用》，硕士学位论文，陕西师范大学，2007 年。

［13］高妍：《生态工业园区评价指标体系与评价方法研究》，硕士学位论文，哈尔滨工程大学，2007 年。

［14］崔涛：《黑龙江省生态旅游产业发展的综合评价研究》，硕士学位论文，东北林业大学，2007 年。

［15］卢伟林：《政府政绩综合评价研究》，硕士学位论文，暨南大学，2003 年。

［16］王锦秀：《产业集群竞争力评价指标体系研究》，硕士学位论文，广东省社会科学院，2007 年。

［17］常书杰：《曲江旅游产业集群发展研究》，硕士学位论文，西安工业大学，2007 年。

［18］李悦：《西安文化产业竞争力研究》，硕士学位论文，西北大学，2009 年。

［19］崔明：《江苏省大遗址保护规划与利用模式研究》，硕士学位论文，东南大学，2006 年。

［20］俞峰：《唐大明宫遗址公园可行性研究》，硕士学位论文，西安建筑科技大学，2006 年。

五　电子文献

［1］《陕西省旅游政务网》（http：//www. sxta. gov. cn/）。

［2］《陕西省旅游资讯网》　（http：//www. sxtour. com/htmlpage/index. html）。

［3］《中华人民共和国文化部网站》（http：//www. cent. gov. cn/）。

［4］《中华人民共和国旅游局网站》（http：//www. cnta. gov. cn/）。

［5］《陕西省统计局网站》（http：//www. sn. stats. gov. cn/）。

［6］《陕西省旅游图书馆网站》　（http：//www. sxlib. org. cn/index. htm）。

［7］《陕西省非物质文化遗产数据库网站》（http：//www. snwh. gov. cn/feiwuzhi/）。

［8］《西安市旅游局网站》（http：//www. xian－tourism. com/）。

［9］《咸阳市秦都区文物旅游局网站》（http：//lywwj. snqindu. gov. cn/）。

[10]《宝鸡文物旅游局网站》（http：//www. baojitravel. gov. cn/）。

[11]《渭南文物旅游局网站》（www. wntour. gov. cn/）。

[12]《铜川文物旅游信息网》（http：//www. tcswwlyj. com/）。

[13]《杨凌旅游网》（http：//www. yanglingtour. com/）。

[14]《旅游网》（http：//travel. tom. com/）。

[15]《艺龙旅行网》（http：//trip. elong. com/chenluguzhen/）。

[16]《法门寺文化景区·法门寺文化景区优势》（http：//www. fm-sjq. com/）。

[17]《华商彩信手机报》，《法门寺多头管理地宫申遗谁来负责》（http：//hsb. huash. com）。

[18]《曲江新区网站》（http：//www. qujaing. tom. on/）。

[19] 百度百科：《民俗文化》（www. baidu. com）。

六　外文文献

[1] Charles R. Goeldner, J. R. Brent Ritchie, Robert W. Mcintosh, *Tourism Principles Practices Philosophies* (*8th Edition*), Canada: John Wiley & Sons Ltd. , 1999.

[2] Thorburn A. Marketing Cultural Heritage, "Does It Work Within Europe", *Travel and Tourism*, Analyst, 1996.

[3] Reisinger Y. , "Tourist – Host contact As Part of Cultural Tourism", *World Leisure and Recreation*, 1994.

[4] Steven Tufts, Simon Milne, Museums, "A supply – Side perspective", *Annals of Tourism Research*, 1999.

[5] Antonio Paolo Russo, "The 'vicious circle' of tourism development in heritage cities", *Annals of Tourism Research*, 2002.

[6] Cohen E. A. , "Phenomenology of Tourist Experiences", *Journal of the British Sociological Association*, 1979.

[7] Ted Silberberg, "Cultural tourism and Business Opportunities for Museums and Heritage Sites", *Tourism Management*, 1995.

[8] Myriam Jansen – Verbeke, Johan van Rekom, "Scanning Museum Vis-

itors urban Tourism Marketing", *Annals of Tourism Research*, 1996.

[9] Gianna Moscardo, Philip L. Pearce, "Understanding ethnic tourists", *Annals of Tourism Research*, 1999.

[10] Steve Charters, Jane Ail – Knight, "Who is wine tourist", *Tourism Management*, 2002.

[11] D. T. Herbert, "Artistic and literary places in France as tourist attract ions", *Tourism Management*, 1996.

[12] Antonia Besculides, Martha E. Lee and Peter J. McCormick, "Residents perceptions of the cultural benefits of tourism", *Annals of Tourism Research*, 2002.

[13] Jonathan Wager, "Developing a strategy for the Angkor world heritagesite", *Tourism anagement*, 1995.

[14] Peggy Ted, Brenda S. A. Yeoh, "Remaking local heritage for tourism", *Annals of Tourism Research*, 1997.

[15] Dallen J. Timothy, Geoffre Wall, "Selling to tourists Indonesian street vendors", *Annals of Tourism Research*, 1997.

[16] Bob McKercher, Pamela S. Y. Ho, Hilary duCros, "Attributes of popular cultural attract ions in Hong Kong", *Annals of Tourism Research*, 2004.

[17] Kennedy I. Ondimu, "Cultural tourism in Kenya", *Annals of Tourism Research*, 2002.

[18] Laurie Kroshus Medina, "Commoditizing culture tourism and Maya identity", *Annals of Tourism Research*, 2003.

[19] Lucero Morales Cano Avis Mysyk, "Cultural tourism, the state, and day of the dead", *Annals of Tourism Research*, 2004.

[20] Robert W. McIntosh, Charles R. Goeldner, *Tourism principle practices philosophies*, New York: John Wiley & Son Inc. , 1990.

[21] Craik J. , *The Cutlule of Tourism*, In Rojek, C. Urry, J. *Touring cultures: Transformtions of Traveland Theory*, London: Routledge, 1997.

[22] Doxey G. A. , "Causation Theory of Visitor Resident Irritants,

Methodology and Research Inference", *Proceedings of the Sixth Annual Conference on Travel and Research Association*, San Diego: C. A. , 1975.

[23] Howard L. Hughes, "Theatre in London and the inter – relationship with tourism", *Tourism Management*, 1998.

[24] Wood R. E. , "Caribbean Cruise Tourism – globalization at Sea", *Annals of Tourism Research*, 2000.

[25] Preston – Whyte R. A. , "Constructed Leisure Space: The Seaside at Durban", *Annals of Tourism Research*, 2001.

[26] T. C. Chang and Brenda S. A. Yeoh, " 'New Asia – Singapore': communicating local cultures through global tourism", *Geoforum*, 1999.

[27] Stephen Clift, Michael Luongo, "Gay Tourism: culture, Identityand Sex", *Annals of Tourism Research*, 2004.

七 其他

[1] 西安市 2001—2012 年的国民经济和社会发展统计公报。

[2] 宝鸡市 2001—2012 年的国民经济和社会发展统计公报。

[3] 咸阳市 2001—2012 年的国民经济和社会发展统计公报。

[4] 渭南市 2001—2012 年的国民经济和社会发展统计公报。

[5] 铜川市 2001—2012 年的国民经济和社会发展统计公报。

[6] 杨凌区 2001—2012 年的国民经济和社会发展统计公报。

[7] 《陕西省旅游发展总体规划（2006—2020 年）》。

[8] 《陈炉古镇旅游发展总体规划（2011—2025 年）》。

[9] 《唐大明宫保护总体规划》。

[10] 《大明宫复原研究》。

[11] 《唐长安城大明宫遗址环境整治规划》。

[12] 《黄帝陵风景名胜总体规划（2008—2030 年）》。

[13] 《西岐民俗生态园总体规划（2012—2025 年）》。

[14] 《关中印象地总体规划（2010—2020 年）》。

［15］《新韩城·新韩流旅游总体策划》。

［16］《楼观台道家文化展示区总体规划（2010—2030 年）》。

［17］《杨凌现代农业示范园（创新园、国际科技合作园、企业孵化园）修建性详细规划》。

［18］《中国农业硅谷·现代田园城市——陕西省杨凌城市与区域发展战略总体策划报告》。

［19］《陕西省武功县武功镇旅游开发总体策划》。

［20］《咸阳市旅游发展总体规划（2010—2020 年）》。

后　记

　　随着经济的发展和科技的进步，旅游业的发展也进入了新的阶段，文化旅游已成为 21 世纪旅游业发展的新潮流。寻求文化享受已成为当前旅游者的一种风尚。随着国民素质的全面提升，人们对旅游产品的文化需求也在不断升级，文化旅游作为一种具有深度体验性的旅游方式，必将成为未来旅游的主角。

　　2011 年曾被国家旅游局确定为"中华文化游"主题年，全国各地围绕这个主题，整合各方资源，在海内外广泛开展各项主题年宣传推广活动，宣传深厚的文化底蕴和文化遗产等旅游资源，招徕更多海外游客到中国旅游，感受博大中华文化，积极鼓励国人参与国内旅游，传承和保护中华文化，并提升旅游品质，推动旅游市场又好又快发展。

　　关中，即关中平原，又称渭河平原，在陕西省中部。它东起潼关，西至宝鸡，南接秦岭，北抵陕北高原，号称"八百里秦川"，包括了宝鸡、咸阳、西安、铜川、渭南、杨凌 6 市（区）。关中拥有十分丰富的文化旅游资源，关中文化是千百年来中国文化的积淀和当地不同民族融合的民族特性的综合体现，它散发着关中区域人们的细腻感情，体现着经过时间打磨后的审美情趣。最为凸显的文化种类有历史文化、民俗文化、宗教文化和农业文化。关中历史文化悠久，概括起来主要有始祖文化、故都文化、丝路文化、黄河文化等。关中民俗文化魅力多彩，主要由民间戏曲、民间音乐、民间美术、传统技艺、民俗活动和特色饮食等组成。此外，关中地区宗教文化多种多样，宗教信仰以佛教、道教、伊斯兰教为主，同时有少部分民众信仰天主教、基督教。同时，关中素有中国农业发祥地之称，农业历史悠久，农耕文化深厚，现代农业文明熠熠生辉。

　　如何让关中的深厚文化发挥最大的价值，这就要求我们对关中文化旅游显性资源和隐性资源均进行深度挖掘，寻求关中最具价值和垄断性的文化来塑造其旅游的核心吸引力和卖点，这也是本书撰写的初衷。

　　我们作为生长于关中的三秦子弟，对关中悠久的历史文化尤为着迷，所以我们分别选择了与文化开发最为接近的景区旅游开发与规划、旅游发展规划方向作为自己教学和研究方向。

　　我们对近10年的景区规划实践与科研项目进行了梳理，希望将我们关于文化旅游开发的心得体会运用在关中地区，将特色鲜明的历史文化、民俗文化、宗教文化和农业文化包装开发成为吸引游客的旅游产品，为家乡的旅游发展提供一些借鉴和帮助。

　　在本书撰写过程中，我们参考了国内外大量文献资料，参考了大量规划项目资料，感谢本书所转载的文献资料和引用的规划项目资料所有者，其成果对我们有着不可忽视的借鉴和启发意义，对其作者表示诚挚的谢意，并在参考文献和脚注中标出。特别要感谢中国旅游设计院、陕西师范大学旅游规划设计研究院、西安曲江管委会、陕西文化投资集团、陕西旅游集团、西安市城市规划设计研究院、咸阳市文物旅游局等单位。在书稿撰写过程中，王美凤、郑建平、李家洋、张哲、刘三英等好友都给了我们莫大的帮助和鼓舞，也正是在大家一起不断研究和探索的过程中，我们的写作思路才越来越明晰。感谢这个文化旅游发展的大时代，感谢所有的同事、亲朋、好友、家人。

　　由于我们学识水平有限，拥有的资料也不充分和全面，本书难免有不足之处，真诚地希望读者们提出宝贵意见，以便在今后的学习和研究中加以改进。

　　全书由崔琰撰写第一章、第二章、第三章、第七章、第九章，张曼撰写第四章、第五章、第六章、第八章、第十章。